Printed in the United States
By Bookmasters

معابر الحضارة

الإسلامية إلى أوروبا

معابر الحضارة الإسلامية إلى أوروبا

محمد فاروق أحمد الإمام

تقديم الشيخ منير غضبان

جامعة أم القرى

مكة المكرمة

دار المأمون للنشر والتوزيع

الطبعة الأولى

١٤٢٩هـ - ٢٠٠٨م

المملكة الأردنية الهاشمية
رقم الإيداع لدى دائرة المكتبة الوطنية
(٢٠٠٨/٤/١٢٠٢)

٩٥٦
الإمام ، محمد فاروق
معايير الحضارة الإسلامية إلى أوروبا / محمد فاروق الإمام
عمان: دار المأمون ،، ٢٠٠٨.
(٢٣٨) ص
ر.أ: (٢٠٠٨/٤/١٢٠٢).
الواصفات: الحضارة الإسلامية// أوروبا//تاريخ العرب /

❖ أعدت دائرة المكتبة الوطنية بيانات الفهرسة والتصنيف الأولية

دار المأمون للنشر والتوزيع
العبدلي - عمارة جوهرة القدس
تلفاكس: ٤٦٤٥٧٥٧
ص.ب: ٩٢٧٨٠٢ عمان ١١١٩٠ الأردن
E- mail: daralmamoun@maktoob.com

بسم الله الرحمن الحيم

الحمد لله رب العالمين والصلاة والسلام على سيدنا محمد وعلى آله وصحبه أجمعين وبعد:

متعة روحية خالصة، وأنا أتجول في عباب التاريخ مع أخي محمد فاروق الإمام الذي أخذ بيدي في أبهاء العصور الماضيات الخالدات، ليطلعني على مشرق حضارة الغرب، وأنها ما كان لها أن تشرق إلا من المشرق الإسلامي. وإن أفولها سيكون من الغرب، لأن علائم سقوطها لم يعد سرا يذاع، ولا خبرا يلقى، إنما ظاهرة تدرس ويتداعى عقلاء الغرب لمعالجة البناء قبل الانهيار. ولم يدعني أخي فاروق إلا وتجول بي في كل صقع وكل واد مع فن من فنون حضارتنا الإسلامية، بحيث كدت أعتب عليه أنه لم يسر-بي في أعظم ما قدمه الإسلام للبشرية، وهي شريعة العدل، والرحمة المهداة للبشرية. لولا أن تدارك الأمر فكانت آخر جولاته مع أثر الحضارة الإسلامية في الحضارة الغربية في مجال القيم والأخلاق، وهي التي تحتاج إلى سفر خاص لعرضها، ومتابعة آثارها في بناء الإنسان الغربي.

وقبل أن أودع الأخ محمد فاروق لا بد أن أشير إلى أنه أبدع في مجال الجمع والانتقاء، وهو في رأيي الميزة الكبرى لهذا الكتاب النفيس، حيث قدم أهم المعلومات في أوجز الاختيارات. وكان لتنوع ما يعرض علينا وما ضم الكتاب احترام هذه الجهود الدؤوبة، خاصة وهو يؤرخ لمواضيع عويصة معقدة، فيقدم عليها بشجاعة ومغامرة نادرة، غير هياب ولا وجل.

سائلا الله عز وجل أن ينفعنا وينفع الجيل المسلم والأمة المسلمة، بهذا الإنتاج المتنوع، وأن يأخذ بيدنا للبحث عن هويتنا من جديد، وننتقل من التطفل على موائد الغرب إلى موقع العطاء والإبداع، لنكون أساتذة البشرية بحق كما كان

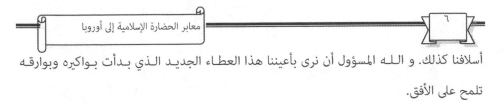

أسلافنا كذلك. و الله المسؤول أن نرى بأعيننا هذا العطاء الجديد الذي بدأت بواكيره وبوارقه تلمح على الأفق.

وإذا رأيت من الهلال نموه ... أيقنت أن سيصير بدراً كاملا

ويحضرني وأنا أتابع باهتمام هذه اللقطات الممتعة من أخي محمد فاروق ما قاله الرصافي وهو يتحدث عن الفخر للأمة بقوله:

وخير الناس ذو حسب قديم ... أضاف لمجده حسباً جديدا

وشر الناس ذو حسب قديم ... إذا فاخرته ذكر الجدودا

وآخر دعوانا أن الحمد لله رب العالمين.

المقدمة

من رحم المعاناة التي نعيشها كمسلمين وعرب، رحت أبحث عن الدوافع التي تجعل الغرب يفعل بنا ما يفعله على مستوى الإنسان والأرض، واستغرق بحثي هـذا فتـرة طويلة عشت نهارها وليلها مع صفحات ما كتب قديماً وحديثاً حول العلاقة التي قامت بين المسلمين العرب وبين الغرب، من بداية الفتح الإسلامي العربي لبلاد الشام ومصر، وحتى خروجهم من الأندلس (إسبانيا حاليا).

وركزت خلال مطالعتي على ما كتبه أبناء الغرب عن تلك الفترة من حياة العلاقات بين الأمم، ومن بينها علاقة الحضارة الإسلامية العربية بالغرب، فوجدت العجب العجاب مـما قدمـه العرب - الذين أفاء اللـه عليهم بنور الإسلام - من خدمات جُلّى ومن أيادٍ بيضاء أزاحت ظلمة الليل الطويل عن حياة أوروبا بفضل ما قدموه لهم من علوم ومعارف شـملت كل مناحي الحيـاة مـن إنسانية ورياضية وفلكية وطبية وفنية وخُلقية وفروسية.

وراحت أوروبا - بفضل هذه العلوم وهذه المعارف - تنفض عن كواهل شعوبها غبار التخلف والجهل، وتزيل كوابيس ظلم الإنسان للإنسان، وَتفشّي الخُرافة والسحر والشعوذة، وتقـف في وجـه الصلف الكنسي ورجالاته الذين تبلدت عقولهم عـن فهم المعـاني العظيمـة التـي جاء بها السيد المسيح عليه السلام، الذي كان يُحرِّم كتم أنفاس الناس والحجر عـلى عقولهم. ولكن - ويا للأسـف الشديد - بدلاً من أن يكافئ الغـرب المسلمين العرب عـلى مـا قدموه لهم مـن علوم ومعارف وخدمات ساعدتهم على الخروج من ظلمة النفق الطويل الذي عاشوا فيه لقرون طويلة لينعمـوا بفوائد هذه العلوم وهذه المعارف ردحاً طويلاً من الزمن.. امتد من بدايـة القرن السابع الميلادي وحتى أوائل القرن الثامن عشر الميلادي. أقول - ويا

للأسف الشديد - كانت مكافأة الغرب للمسلمين على هذه الخدمات الجلى التي قدموها لهم، كمكافأة (النعمان لسنمار).

لقد مدَّ الغرب للمسلمين العرب أيدٍ وبها سكاكين مشحوذة يمزقون بها أوصالهم، ويقطّعون بها أرضهم، ويسلبون بها خيرات أوطانهم، ويحيكون بها المؤامرات للفتك بهم أنى استطاعوا إلى ذلك سبيلا، من بداية القرن السادس عشر الميلادي وحتى اليوم عبر محاكم التفتيش التي أقاموها لهم في الأندلس، وحملات الاحتلال البرتغالي والفرنسي والإنكليزي والإسباني لبلادهم، ومن ثم الاستعمار الطويل الذي جثم الأوروبيون من خلاله على صدر هذه الأمة، وأحالوها إلى شذر مذر، يمتصون خيرات أرضها، ويعبثون بعقول أبنائها فساداً، زارعين في صفوفهم النزاعات والشقاقات والخلافات العرقية والإقليمية والقطرية والدينية والمذهبية والطائفية، ولا يزال الغرب يتحكم بهذه الأمة بعد أن زرع في قلبها وطنا مغتصبا لليهود في فلسطين، وتمكن من تمزيق الراية المسلمة الواحدة - عندما تقاسم بموجب اتفاقية (سايكس بيكو) أراضي الدولة العثمانية، فيما قام أحد من تربوا على عيونه (أتاتورك) بإلغاء الخلافة العثمانية - تلك الراية التي قادت مشاعل النور لتزيل دياجير الظلمة عن أوروبا - كما سماها ملك إنكلترا عندما بعث بابنة أخيه على رأس بعثة إلى الأندلس لتنهل من علوم العرب المسلمين - وتبدد عن شعوبها ظلمة التخلف والانحطاط، وتخرجهم من أقبية العبودية والشعوذة إلى فضاء الحرية والعزة والكرامة.

وخرجت بعد البحث الطويل والمتعمق بفيض كبير من المعلومات التي تحكي فصول هذه القصة الإنسانية، التي كان أبطالها شموساً تضيء أينما رحلت وحيثما حلت، وهي تحمل أنقى وأطهر المعاني الإنسانية الصافية، ولتنتهي هذه القصة على أيد الغرب اللئيمة الملوثة بقاني الدم المسلم.

ووجدت أن من الوفاء لتلك العقول النيرة، صاحبة القلوب الصافية التي احتضنتها نفوس أحبت الخير للبشرية جمعاء، فوهبت بلا ثمن، وأعطت بلا أجر، فتجمّع لدي الكثير من المعلومات القيمة الثمينة، فجعلت منها كتابا كل ما فيه يشير إلى لؤم الغرب الحاقد، ويتغنى بفضل المسلمين عليه، وسميته (علوم المسلمين شموس سطعت في سماء أوروبا). ثم عدلت عن تلك التسمية فيما بعد وسميته (معابر الحضارة الإسلامية إلى أوروبا)، وقسمته إلى ثمانية فصول شملت معابر الحضارة الإسلامية العربية إلى الغرب، والعلوم التي أخذها الغرب عن المسلمين، عبر المؤسسات الثقافية الإسلامية، ومدى تأثر جامعات الغرب بالجامعات الإسلامية.

وتوخيت الموضوعية العلمية في استنباط هذه المعلومات من مصادر شتى، طلبا للحقيقة دون مبالغة، وركزت بشكل واضح على ما كتبه الغرب وفلاسفته ومفكروه ومستشرقوه، واعترافاتهم بفضل المسلمين على الغرب بما ينعم به الآن من تقدم وعلوم ومدنية.

ولا بد للغرب أن يعترف - وهذا ثابت وموثق في بطون كتب التاريخ العربية والغربية - أن المسلمين هم أول من اكتشف القهوة وجعلها مشروباً عالمياً. حدث ذلك عندما كان عربي اسمه خالد يرعى أغنامه في منطقة بجنوب أثيوبيا حيث اكتشف أن أغنامه صارت أكثر حيوية بعد تناولها نوعاً من الحبوب، فأخذ بعضاً منها وغلاها ليصنع منها أول مشروب للقهوة. وكان الصوفيون أول من استورد القهوة من أثيوبيا إلى اليمن حيث كانوا يشربونها كي يسهروا طويلاً للتعبد والصلاة. وفي نهاية القرن الخامس عشرـ وصلت القهوة إلى مكة وتركيا ومن ثم إلى البندقية في إيطاليا. وفي منتصف القرن السابع عشر وصلت إلى إنجلترا بواسطة شخص تركي حيث فتح أول محل لبيع القهوة في شارع لامبارد بلندن. ومن ثم أصبح اسم القهوة التركية (كهفي) وبالإيطالية (كافا) وبالإنجليزية (كافي).

وأن ابن الهيثم عالم الرياضيات والفلك والفيزياء هو مخترع الكاميرا التي تعتبر عماد الحياة الإعلامية الحديثة، وقد أخذت اسمها من كلمة (قمرة) العربية وتعني الغرفة المظلمة أو الخاصة.

وأن الفلكي والشاعر والموسيقي والمهندس عباس بن فرناس كان قد سبق الأخوين رايت بألف عام في صناعة آلة الطيران. وقد طار لأول مرة من على مئذنة في مدينة قرطبة مستخدما عباءة محشوة بمواد خشبية، وقد كانت عباءة بن فرناس أول مظلة في التاريخ، ثم اخترع مظلة أخرى من الحرير وريش النسور وطار فيها من أعلى جبل وبقي في الجو لمدة عشر دقائق ثم سقط، واكتُشف فيما بعد أن سبب سقوطه يعود إلى عدم صنع ذيل لطائرته.

وأن المسلمين هم أول من طوّروا الصابون الذي نستخدم اليوم وأضافوا له الزيوت النباتية وهايدروسيد الصوديوم كعطر الزعتر. بينما تفوح من أجساد الصليبيين الذين غزوا الأرض العربية روائح كريهة للغاية حسبما يقول مسلمو ذلك الزمان. وقد جلب الشامبو إلى إنجلترا لأول مرة شخص مسلم وقد عُين فيما بعد في بلاط الملكين جورج وويليام الرابع لشؤون النظافة والشامبو.

وأن جابر بن حيان هو مخترع الكيمياء الحديثة وإليه يعود الفضل في صناعة كل أجهزة التقطير والفلترة والتبخير والتطهير والأكسدة المستخدمة هذه الأيام.

وأن الفضل يعود إلى المهندس الجزائري في تصميم أهم الاختراعات الميكانيكية في تاريخ الإنسانية، فهو الذي صمم أول صمامات عرفها الإنسان وهو الذي اخترع الساعات الميكانيكية وهو أبو علم الآليات والتسيير الذاتي الذي تقوم عليه الصناعات الحديثة. وللتذكير أيضاً فهو أول من اخترع القفل الرقمي الذي نراه الآن مستخدماً في الحقائب والخزائن.

وأن أول من صنع المواد العازلة هم المسلمون، وهم الـذين ابتكروا الألبسة المحشوة بمواد عازلة التي كان وما زال يرتديها العسكريون.

وأن المهندسين المسلمين هم أولُ من صمموا الأقواس الهندسية التي أخذها عنهم الغرب فيما بعد في علم هندسة البناء، ولولا العلوم الهندسية الإسلامية لما شاهدنا الكثير مـن القلاع والقصور المنيفة والأبراج الهائلة والكاتدرائيات في بلدان الغرب.

وأن كل الأدوات المستخدمة في الجراحة والتشريح اليوم هـي نفسها التي اخترعها العالم الزهراوي في القرن العاشر. وأن المئتي أداة التي يستعملها الأطباء اليوم هي من تصميم الزهراوي. وهو أول من اكتشف الخيوط المستخدمة في العمليات الجراحية والتي تـذوب في الجسـم بعـد العملية.

وأن ابن النفيس هو الذي اكتشف الدورة الدموية في القرن الثالث عشر قبل هارفي بثلاثمائة سنة.

وأن العلماء المسلمين هم أول من اخترع (البنج) أي المخدر الطبي الذي يعطى للمـرضى قبـل إجراء العمليات الجراحية، وهم الذين مزجوا الأفيون بالكحول للغرض نفسه.

وأن المسلمين هم أول من اخترع الطاحونة الهوائية لطحن الذرة والري. ولم تعرفها أوروبا إلا بعد خمسمائة سنة.

وأن أول من اكتشف التلقيح والتطعيم الطبي هـم المسـلمون وليس باستور الفرنسي ـ وقـد أوصلته إلى أوروبا زوجة السفير البريطاني في اسطنبول عام ١٧٢٤م.

وأن الأتراك كانوا يلقحون أطفالهم ضد بعض الأمراض المميتة قبـل الأوروبيين بـأكثر مـن خمسين عاماً.

وأن الفضل يعود إلى سلطان مصر الذي طلب تصنيع قلم حبر لا يوسخ الأيدي والملابس فجاء اختراع أقلام الحبر الناشف التي تستخدم على نطاق واسع في كل أنحاء العالم الآن.

وأن نظام الترقيم وضعه الخوارزمي والكندي. وأن الخوارزمي هو واضع علم الجبر. وأن العالم الإيطالي فيبوناتشي هو الذي نقل علم الحساب العربي إلى أوروبا بعد أكثر من ثلاثمائة سنة على اكتشافه عربيا. والمؤسف أنه معروف في الغرب على أنه مكتشفه لا ناقله.

وأن عالماً مسلماً هو مكتشف اللوغاريتمات. وأن مكتشف أصل علم المختصرات عربي.

وأن علي بن تافي الملقب بزرياب هو الذي وضع أسس التغذية الحديثة، فهو الذي جاء من العراق إلى قرطبة بفكرة الوجبة الثلاثية التي تتألف من الشوربا والصحن الرئيسي- من اللحم أو السمك ثم الفاكهة والمكسرات. وهو الذي طور أيضا كؤوس الكريستال التي عمل على اختراعها في البداية عباس بن فرناس.

وأن المسلمين هم أول من وضع علم النسيج والحياكة والسجاد تحديداً، بينما كانت أرض المنازل في أوروبا من التراب والسطوح البدائية. وقد انتشرت السجاجيد فيما بعد في الغرب انتشار النار في الهشيم.

وأن كلمة (شيك) الإنجليزية أصلها عربي، فهي مأخوذة عن كلمة صك، أي التعهد بدفع ثمن البضائع عند استلامها وذلك تجنباً لتداول العملة في المناطق الخطرة. وفي القرن التاسع كان رجال الأعمال المسلمون يأخذون الكاش مقابل شيكاتهم في الصين المسحوبة على حساباتهم في بغداد. وهذا يعني أن المسلمين هم أول من وضعوا أسس الاقتصاد المالي.

وأن ابن حزم هو أول من اكتشف أن الأرض كوكب يدور قبل العالم الغربي غاليلي بخمسمائة عام، وأن الفلكيين العرب كانوا يحسبون حركة الأفلاك بدقة متناهية. وهل يمكن أن ينسى ـ الغرب العالم الإسلامي الإدريسي الذي قدم للملك روجر في صقلية الإيطالية كرة أرضية مرسوما عليها أقاليم وبلدان العالم في القرن الثاني عشر.

وأن العلماء المسلمين هم أول من استخدم البارود للأغراض العسكرية بإضافة البوتاسيوم له، وهم أول من صنع صاروخا ينفجر في سفن الأعداء عند إصابتها.

وأن المسلمين هم أول من صمموا الحدائق للتمتع بجمال الطبيعة والاسترخاء بينما كان الغربيون يستخدمونها فقط لزراعة الأعشاب والخضار والبطيخ. وأيضاً هم أول من زرع الزنبق والفل الذي يزين حدائق أوروبا هذه الأيام.

هذا غيض من فيض من المآثر العلمية الإسلامية التي يحيا عليها العالم المعاصر والموثّقة غربيا.

كل هذه المآثر الحضارية الكبيرة لم تشفع للمسلمين عند الغرب الذي قطف ثمارها وهو يتنعّم بها دون أن يرد بعض الجميل للعرب المسلمين الذين نقلوا لأجدادهم هذه الحضارة العظيمة، بل بعكس ذلك كان جزاء المسلمين شن الحروب عليهم ومحاولة اجتزاز شأفتهم وإبادتهم وتهميشهم ونهب ثرواتهم ومحاولة تجهيلهم، وهل كان المسلمون يستحقون كل هذا التنكر اللئيم الذي يشبه إلى حد بعيد جزاء النعمان لسنمار ؟!!

ولا يسعني إلا أن أتقدم بالشكر لكل الأخوة الذين شجعوني في متابعة كتابة فصول هذا الكتاب من البداية وحتى النهاية، وأخص بالذكر شيخي الفاضل منير الغضبان الذي راجع الكتاب وأبدى ملاحظاته القيمة التي أعانتني في إخراج هذا الكتاب، كما وشرفني في كتابة تقديم له. أيضا أذكر بالعرفان والجميل أخي

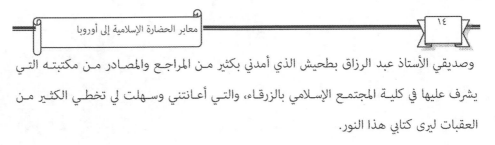

وصديقي الأستاذ عبد الرزاق بطحيش الذي أمدني بكثير من المراجع والمصادر من مكتبته التي يشرف عليها في كلية المجتمع الإسلامي بالزرقاء، والتي أعانتني وسهلت لي تخطي الكثير من العقبات ليرى كتابي هذا النور.

ختاما أرجو من القارئ الكريم أن يكون لي عونا في قابل الأيام عند تقييمه لكتابي هـذا وأن يكون منصفا بالنقد، معترفا بقصوري عن الإلمام بكل الحقائق والأحداث والمعلومات، مقراً بعدم العصمة عن الخطأ والوقوع فيه.

(ربنا لا تزغ قلوبنا بعد إذ هديتنا وهب لنا من لدنك رحمة إنك أنت الوهاب).

محمد فاروق الإمام

تمهيد

من المؤكد لكل باحث منصف أن يعترف أن المسلمين الذين اندفعوا من شبه الجزيرة العربية في القرن الأول الهجري/السابع الميلادي، ليشيدوا دولة واسعة مترامية الأطراف، امتدت من المحيط الهندي والصين شرقا، إلى حدود المحيط الأطلسي- وفرنسا غربا، لم يكونوا كغيرهم من الشعوب الهمجية التي انسابت من جوف القارة الأوروبية (كالفيكنج)[١] أو (الجرمان)[٢]. أو من جوف القارة الاسيوية (كالمغول)[٣]، والتي لا ترتبط أسماء هذه الشعوب في التاريخ إلا بالغزو والنهب والوحشية والعنف وسفك الدماء وقهر الشعوب، والقضاء على كل أشكال المدنية، من تخريب للمدن، وحرق للكتب، وتدمير لدور العلم، والقضاء على كل أشكال الحضارة والمدنية والثقافة والمعرفة عند شعوب البلدان التي دخلوها.

(١) الفيكنج: محاربون اسكندينافيون، اتسمت الفترة بين القرنين الثامن والعاشر الميلادي على أوربا والجزر البريطانية بعصر الفيكنج، وغزا هؤلاء السواحل البريطانية، وكانوا أفضل بحارة العالم آنذاك، وأعظم بناة للسفن، وبدأ هؤلاء باعتناق المسيحية في نهاية ذلك العصر. اشتهروا بالعنف وسفك الدماء. لقد كان الحال التي آل إليه الشرق والغرب قبل أن يبزغ نور الإسلام في سماء الجزيرة العربية يرثى لها من جهل وتخلف، ومنازعات وحروب، فاستحالت بعد الفتح الإسلامي منارات حضارية، يشع منها نور العلم، وبريق المعرفة. ولم يفعل الفاتحون المسلمون ما فعله الغزاة المتوحشون في أوروبا عندما دخلوها(٤)، ولم يفعلوا ما فعله المغول في (بغداد) و(حلب) و(دمشق) عندما غزوها، فقد كانت تسير الحضارة في ركاب الفاتحين المسلمين أينما اتجهوا، وتصاحبهم حيثما حلوا.

(٢) الجرمان: سكان شمالي ألمانيا وشواطئ البلطيق. كانوا الخطر الأكبر على الإمبراطورية الرومانية في القرون الأولى للميلاد. انتشروا في غرب وشرق وجنوب أوروبا غازين وفاتحين.

(٣) المغول: شعب آسيوي من سكان منغوليا ومنشوريا ووسط سيبريا وبعض مناطق روسيا، ظهر هؤلاء على مسرح الأحداث العالمية بزعامة جنكيز خان وخلفائه عندما فتحوا أكثر أقاليم أوروبا وآسيا، وأسسوا ممالك في الصين وروسيا وتركستان وفارس والهند، وهم الذين اجتاحوا الخلافة العباسية ودخلوا بغداد سنة ٦٥٦هـ بقيادة كبير قادتهم هولاكو.

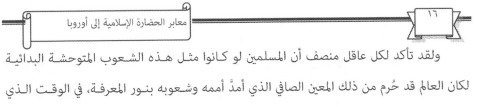

ولقد تأكد لكل عاقل منصف أن المسلمين لو كانوا مثل هذه الشعوب المتوحشة البدائية لكان العالم قد حُرم من ذلك المعين الصافي الذي أمدَّ أممه وشعوبه بنور المعرفة، في الوقت الذي كان فيه هذا العالم أحوج ما يكون إلى ذلك العلم وتلك المعرفة بعد أن خبت حضارة اليونان واندثرت مدنيتي الرومان والفرس، وانزوت حكمة الهند، وانغلقت معارف الصين وثقافتها خلف سورها العظيم.

ولم يفعل الفاتحون المسلمون ما فعله الغزاة المتوحشون في أوروبا عندما دخلوها[1]، ولم يفعلوا ما فعله المغول في (بغداد) و (حلب) و (دمشق) عندما غزوها، فقد كانت تسير الحضارة في ركاب الفاتحين المسلمين أينما اتجهوا، وتصاحبهم حيثما حلوا.

لقد كان الحال التي آل إليه الشرق والغرب قبل أن يبزغ نور الإسلام في سماء الجزيرة العربية يرثى لها من جهل وتخلف، ومنازعات وحروب، فاستحالت بعد الفتح الإسلامي منارات حضارية، يشع منها نور العلم، وبريق المعرفة.

لقد كانت أوروبا تعيش حياة شاقة وسيئة، رغم ظهور قوى سياسية متعددة في بعض بلدانها. وقد طفحت أوروبا بالعيوب والآثام، وتحلّلت من النظافة وتهربت من العناية بالإنسان والمكان، وزخرت بالجهل والفوضى والتناحر، وشيوع الظلم والاضطهاد، وعاشت في ظلام وهمجية وقسوة، وفشت فيها الأمية، ونشبت

---

(١) للمزيد من المعلومات حول غزو الفيكنج والجرمان لأوروبا، وغزو المغول للعراق وبلاد الشام راجع: تاريخ أوروبا في العصور الوسطى للسيد سعيد عبد الفتاح عاشور - بيروت- دار النهضة العربية ١٩٦٧-ص(١٧٤-٢٠٣)، والموسوعة العربية الميسرة لمحمد شفيق غربال-القاهرة-دار إحياء التراث العربي ص(٢/١٣٤٩)، وموسوعة السياسة لعبد الوهاب الكيالي- بيروت-المؤسسة العربية للدراسات والنشر-ط٢ ١٩٩٠-ص(٤/٦٨٨) وقصة الحضارة لول ديورانت-بيروت-دار الفكر ١٩٨٨-الجزء الثالث من المجلد الرابع ص(٣١٣-٣٢٤).

فيما بين شعوبها الحروب الطاحنة الضروس، فلم يُسمع بحرب قامت لمئة عام متواصلة إلا على أرضها. وتغوّل الحكام على الشعوب بما عرف بعهد الإقطاع، وكانت للحروب مسرحا وللاضطهاد ميدانا. وقد أوجز (رينو)[١] حالة أوروبا في تلك العصور قائلا: (قد افترستها الفوضى وطحنتها المحنة، فهي غائصة في فتن كقطع الليل المظلم)[٢].

أما حياة الناس في أوروبا فقد كانت تعسة وشاقة وكئيبة، تموج دنياهم بالمناكر والسيئات، وهم عليها مقيمون وبها يتعاملون، بل لعلهم غدوا بذلك يتفاخرون ويتنافسون، وأضحى الحال عاما وعلى كل مستوى وإطار.

بدأ هذا الدرك - من الهبوط الإنساني العام - واضحا في جنبات حياتها، وملموسا في غاراتها على الشرق الإسلامي خلال قرنين من الحروب الصليبية. بدت ظواهر هذا الهبوط في الفكر والعلم والثقافة، والخُلق وأسلوب التعامل والتصرف، والنظرة إلى الآخرين وإلى الإنسان والالتزام بالقيم والعهود وكانوا عراة في الفكر والنفس والخُلق.

كان حال أوروبا هكذا عامّا، حتى في الطبقات العليا عندهم من الزعماء والحكام والسادة والنبلاء والإقطاعيين والرهبان - محتكري المعرفة القليلة المحدودة - دلَّ على ذلك المصادر الوفيرة المتواترة الأخبار.

---

(١) هو جوزيف توسان رينو: مستشرق فرنسي. ولد في لامبسك سنة ١٧٩٥ ومات في باريس سنة ١٨٦٧، اخذ العربية عن سلفستر دي ساسي، ونشر كتبا كثيرة بالعربية والفرنسية.

(٢) تاريخ غزوات العرب-جوزيف رينو- ترجمة شكيب أرسلان-بيروت ١٩٦٦-ص(٢٩٥).

يقول (لوبون)[١] : (إذا رجعنا إلى القرن التاسع والقرن العاشر من الميلاد، حين كانت الحضارة الإسلامية في إسبانيا ساطعة جدا، رأينا مراكز الثقافة في الغرب كانت أبراجا يسكنها (سنيورات) متوحشون يفخرون بأنهم لا يقرؤون، وأن أكثر رجال النصرانية معرفة كانوا من الرهبان المساكين الجاهلين، الذين يقضون أوقاتهم في أديرتهم ليكشطوا كتب الأقدمين النفيسة بخشوع، وذلك كيما يكون عندهم من الرقوق ما هو ضروري لنسخ كتب العبادة).

ويتابع (لوبون) قائلا: (ودامت همجية أوروبا البالغة زمنا طويلا من غير أن تشعر بها. ولم يبد في أوروبا بعض الميل إلى العلم إلا في القرن الحادي عشر وفي القرن الثاني عشر من الميلاد، وذلك حين ظهر فيها أناس رأوا أن يرفعوا أكفان الجهل الثقيل عنهم، فولوا وجوههم شطر العرب الذين كانوا أئمة وحدهم..)[٢].

أما (ترند) فيقول: (من الثابت أنه بينما كانت أغلب أوروبا ترزح تحت نير الشقاء والعناء، ماديا وروحيا، أقام المسلمون في الأندلس حضارة زاهرة وحياة اقتصادية منظمة. لعب الأندلسيون دورا حاسما في تطور الفن والعلم والفلسفة والشعر، وأثرت حتى في أرفع أعلام الفكر النصراني للقرن الثالث عشر، كما عند (توما الأكويني ودانتي) فكانت إسبانيا - مرة - مشعل أوروبا)[٣].

(١) هو جوستاف لوبون: عالم نفس واجتماع فرنسي. كان متعصبا للعنصرية، ذو نزعات مضادة للديمقراطية. ألف عددا من الكتب في علم النفس الاجتماعي والفلسفة، وهو من الكتاب الذين أنصفوا الحضارة الإسلامية واشادوا بفضلها على الحضارة الغربية. مات سنة ١٩٣١.

(٢) حضارة العرب-جوستاف لوبون-ترجمة عادل زعيتر-القاهرة ١٩٥٦-ص(٥٦٦-٥٦٧).

(٣) تراث الإسلام-ترند-ترجمة د. حسين مؤنس-القاهرة ١٩٣٦ (إسبانيا والبرتغال) ص- (٢/١٠).

ويصف المؤرخ (ول ديورانت)[1] العالم الغربي ما بين عامي ٥٦٥-١٠٩٠م بكلمات تنم عن الحزن والإشفاق، فهو يقول: (إذا حولنا الآن نظرنا من الجانب الشرقي للنزاع الدائم بين الشرق والغرب، شعرنا من فورنا بالعطف على دولة عظيمة - يقصد دولة بيزنطة[2] - تنتابها محنتان في وقت واحد، تمزقها الانقسامات في الداخل، ويهاجمها الأعداء من جميع الجهات في الخارج. فقد كان (الآفار) و(الصقالبة) يعبرون (نهر الدانوب) ويستولون على أراضي الإمبراطورية وبلدانها؛ وكان الفرس يستعدون لاجتياح آسيا الغربية، وخسر (القوط) الغربيون إسبانيا، واستولى (اللمبارد) بعد ثلاث سنين من موت (جستنيان)[3] على نصف إيطاليا سنة ٥٦٨م. وفشا الطاعون في جميع أنحاء الإمبراطورية في عام ٥٤٢م، وعاد إليها مرة أخرى في عام ٥٦٦م؛ وعمتها المجاعة في عام ٥٦٩م، وعطلت الحروب والهمجية، والفقر، وسائل الاتصال ووقفت في سبيل التجارة، وقفت على الآداب

---

(١) ول وايزل ديورانت: من اهم كتاب الغرب الذين أنصفوا العرب والحضارة الإسلامية وفضلها على حضارة أوروبا، وهو من الكتاب القلائل الذين اعترفوا بفضل الحضارات الشرقية وتأثيرها الكبير في الحضارة اليونانية والرومانية واللاتينية وكتابه: قصة الحضارة سفر يستحق الاهتمام والاقتناء.

(٢) بيزنطة: الإمبراطورية البيزنطية التي قامت على أنقاض الإمبراطورية الرومانية، وتعرف أيضا بالإمبراطورية الشرقية الرومانية. انسلخت عن الإمبراطورية الرومانية سنة ٣٩٥م وكانت عاصمتها القسطنطينية (اسطنبول الآن). كانت قمة ازدهارها في عهد الإمبراطور يوستنيان الأول ما بين عامي ٥٢٧و٥٦٥م. انتزع المسلمون منها سورية ومصر وأفريقيا وصقلية. دخلها الصليبيون سنة ١٢٠٤م. سقطت القسطنطينية بيد العثمانيين سنة ١٤٥٣م. وبذلك تبددت تلك الإمبراطورية وسقطت.

(٣) جوستنيان: إمبراطور بيزنطي حكم ما بين عامي ٥٢٧-٥٦٥م. كان من أشهر حكام بيزنطة، جمع القانون الروماني وهو يعرف بمجموعة القانون المدني، وهو باني كنيسة أيا صوفيا التي حوّلها العثمانيون إلى مسجد بعد فتحهم للقسطنطينية. مات سنة ٥٦٥م.

والفنون، وعندما أراد الإمبراطور (موريق)[1] - موريس- أن يسعى لوقف التدهور الذي أصاب هذه الإمبراطورية، وأصدر أمرا يمنع الأديرة من قبول أعضاء جدد - كان الشباب يهربون من التجنيد ويلجؤون إلى الأديرة - إلا بعد زوال الخطر عن الدولة، نادى الرهبان بسقوطه. وتزعم (فوقاس) - الذي عمّر مئة عام - ثورة قام بها الجيش والعامة على الأشراف والحكومة سنة ٦٠٢م، وذبح (فوقاس) أبناء (موريق) الخمسة أمام عينيه، ثم قطع رأسه، وعلقت الرؤوس الستة لتتمتع بها أعين الشعب، وألقيت جثثهم في البحر. وذبحت الإمبراطورة (قسطنطينية) وبناتها الثلاث، وكثير من الأشراف، وكان مقتلهم مصحوبا في العادة بضروب من التعذيب، فسملت أعينهم، واقتلعت ألسنتهم من أفواههم، وبترت أطرافهم، وارتكبت الفظائع التي تكررت فيما بعد أثناء الثورة الفرنسية)[2].

إن ما ذكرناه كانت حالة عامة تشمل أوروبا شرقها وغربها وبقية العالم، قبل أن يسطع نور الإسلام، ويعم العالم شرقه وغربه، حيث أخذت خيوط هذا النور تمتد خارج مهبط الوحي (الجزيرة العربية) لتزيل عن تلك البلاد دياجير الظلمات بفضل فيضه الخيّر، بعد أن أشرقت الأرض بنور ربها، وعم فضله بلدانها، وعمّر شرعه أرجاءها.

أما بلدان أوروبا التي لم يصلها هذا النور، فقد ختم الله على قلبها، وبقيت تتقلب في أحضان البؤس والجهل تكتنفها مخالب رجال الكنيسة وسطوتهم، وقد

---

(١) موريق (موريس): إمبراطور بيزنطي حكم بين عامي ٥٨٢-٦٠٢م، أعاد كسرى الثاني إلى عرش فارس سنة ٥٩١م. قتل على يد المغتصب الملك فوقاس سنة ٦٠٢م.

(٢) ديورانت-ص(١٥٢-١٥٣) الجزء الثالث من المجلد الرابع.

حشوا عقول الناس بالأفكار الجامدة والمواقف المفجعة، وإثارتهم للحروب بين الأمم ودعوتهم إلى الحملات الصليبية.

وحتى نوثق هذه المعلومات بحقائق لا تقبل الشك فيها، فإننا ننقل بعض ما تركه لنا الرحالة المسلمون من أخبار ذات قيمة تاريخية كبيرة عن تلك الشعوب وأحوالها.

فهذا (ابن دحية الكلبي)[١] يقول واصفا حال سكان إحدى البلدان الاسكندنافية (الدانمارك)، التي كان يسكنها (النورمان)[٢]- وقد عرف هؤلاء في المصادر الأندلسية بالمجوس -: (فيها من المجوس مالا يحصى عددهم، وتقرب من تلك الجزيرة جزائر كثيرة، منها صغار وكبار، أهلها كلهم مجوس، وما يليها من البر أيضا لهم مسيرة أيام، وهم مجوس، وهم اليوم على دين النصرانية وقد تركوا عبادة النار، ودينهم الذي كانوا عليه، ورجعوا نصارى إلا أهل جزائر منقطعة في البحر هم على دينهم الأول من عبادة النار، ونكاح الأم والأخت وغير ذلك من أصناف الشنار. وهؤلاء يقاتلونهم ويسبونهم)[٣].

---

(١) ابن دحية الكلبي، هو عمر بن الحسن بن علي، أبو الخطاب، أديب مؤرخ، حافظ للحديث، من أهل سبتة الأندلسية. ولي قضاء دانية. ورحل إلى مراكش والشام والعراق وخراسان واستقر بمصر. وكان كثير الوقيعة في العلماء والأئمة، فأعرض بعض معاصريه عن كلامه، وكذبوه في انتسابه إلى دحية وقالوا: إن دحية الكلبي لم يعقب. وهجاه ابن عنّين. وتوفي بالقاهرة سنة ٦٣٣هـ/١٢٣٦م. من أهم تصانيفه (المطرب من أشعار أهل المغرب). الأعلام-خير الدين الزركلي-ص(٥/٤٤) وابن خلكان-معجم البلدان-ص(١/٣٨١).

(٢) النورمان: أصلهم من اسكوتلندا، عرفوا بالنورمان بعد غزوهم نورمانديا، غزوا إنكلترا سنة ١٠٦٦م وملكوها، وغزوا جنوب إيطاليا، وكانوا شعبا متعطشاً للغزو وسفك الدماء والسلب. كانوا ممن شجعوا على قيام الحروب الصليبية وتبنوا حملاتها الأولى.

(٣) المطرب من أشعار أهل المغرب-ابن دحية الكلبي الأندلسي-تحقيق إبراهيم الأبياري وآخرين-القاهرة ١٩٥٤.

ويصف (صاعد الأندلسي)[1] بعض سكان البلاد الأوروبية بقوله: (فهم أشبه بالبهائم منهم بالناس، لأن من كان منهم موغلا في بلاد الشمال ما بين آخر الأقاليم السبعة التي هي نهاية المعمورة في الشمال، فإفراط بعد الشمس عن مساماته رؤوسهم، برد هواءهم وكثف جوهم، فصارت لذلك أفرجتهم باردة، وأخلاقهم فجة، فعظمت أبدانهم، وابيضت ألوانهم، وانسدلت شعورهم، فعدموا بهذه دقة الأفهام، وثقوب الخواطر، وغلب عليهم الجهل والبلادة، وفشا فيهم العمى والغباءة، كالصقالبة، والبلغر، ومن اتصل بهم)[2].

أما (البكري)[3] فيذكر نقلا عن عمّا رواه الرحالة الأندلسي - إبراهيم بن يعقوب الطرطوشي - من أهل القرن الرابع الهجري/العاشر الميلادي، يصف أهل بلد جليقية[4] بأنهم (أهل غدر ودناءة أخلاق، لا ينظفون ولا يغتسلون في العام إلا مرة أو مرتين بالماء البارد. ولا يغسلون ثيابهم منذ يلبسونها إلى أن تنقطع عليهم، ويزعمون أن الوسخ الذي يعلوها من عرقهم تنعم به أجسامهم وتصح أبدانهم. وثيابهم اضيق الثياب، وهي مفرجة يبدو من تفاريجها أكثر أبدانهم)[5].

---

(١) صاعد بن أحمد بن عبد الرحمن بن صاعد الأندلسي التغلبي: مؤرخ، بحاث. أصله من قرطبة، ومولده في المرية سنة ٤٢٠هـ/١٠٢٩م. ولي القضاء في طليطلة إلى أن توفي سنة ٤٦٢هـ/١٠٧٠م. الزركلي-ص(٣/١٨٦).

(٢) طبقات الأمم (جغرافية الأندلس وأوروبا) صاعد الأندلسي-القاهرة-ص(١٥٤-١٥٥).

(٣) عبد الله بن عبد العزيز بن محمد البكري الأندلسي: مؤرخ، جغرافي، ثقة. علامة بالأدب، له معرفة بالنبات. نسبته إلى بكر بن وائل. كانت لسلفه إمارة في غربي جزيرة الأندلس، وقيل كان أميرا، وتغلب عليه المعتضد. ولد في شلطيش (غربي إشبيلية) سنة ٤٠٥هـ/١٠١٠م وانتقل إلى قرطبة. ثم صار إلى المرية، فاصطفاه صاحبها (محمد بن معن) لصحبته. ورجع إلى قرطبة بعد غزوة المرابطين. وتوفي فيها سنة ٤٨٧هـ/١٠٩٤م. له كتب جليلة. من أهمها (المسالك والممالك). الزركلي-ص(٤/٩٨).

(٤) جليقة: هي المنطقة التي تعرف باسم (غاليسيا) وتقع شمال غربي إسبانيا.

(٥) العرب في إسبانيا - استانلي لين بول - ترجمة علي الجارم - القاهرة ١٩٦٠-ص(١١٦).

ويؤكد هذا المعنى المؤرخ الأوروبي (لين بول)، فيقول: (تظهر المقابلة جلية غريبة بين حاضـرة الأندلس وغيرها من المدن، إذا ذكرنا أن أوروبا كلها في هذا العهد كانت غارقة في حمأة مـن الجهـل وخشونة الأخلاق)[١].

ويصرح هذا المؤرخ أيضا بأن (قرطبة العظيمة)[٢]، التـي كانـت أعجوبـة العصـور الوسـطى، غارقة في الجهالة البربرية، فريسة للشقاق والحروب)[٣].

ويحدثنا البكري عن أهل (روما)[٤] قائلا: (يدبر أمرهم برومة البابه - البابا - ويجـب عـلى كل ملك من ملوك النصارى إذا اجتمع بالبابه أن ينبطح على الأرض بين يديه، فلا يزال يقبل رجل البابه ولا يرفع رأسه حتى يأمره البابه بالقيام)[٥].

إن ما سردناه من حقائق هي غيض من فيض مما حوته بطون كتب التـاريخ التـي اطلعـت عليها، وهي تزخر بحقائق مذهلة عن أوضاع أوروبا في القرن الرابـع الهجـري/العـاشر المـيلادي. في حين قطع العالم الإسلامي مرحلة كبيرة على هدى الإسلام، الذي كرّم الإنسـان دون تفريـق بـين ذكـر وأنثى. حيث يقول تعالى: (ولقد كرمنا بني آدم وحملناهم في البر والبحر)[٦].

_____

(١) المسالك والممالك-أبو عبيد البكري-جغرافية الأندلس وأوربا ووصف أفريقيا والمغرب-ص(٨١).
(٢) قرطبة: عاصمة الأندلس الكبرى، تقع في وسط الأندلس على نهر الوادي الكبير، وكانت عاصمة بني أمية هناك، وفيها الجامع المشهور الذي ما يزال قائما كأبهى الآثار العمرانية. كانت مركز الثقافة والتجارة والسياسة في التاريخ الأندلسي.
(٣) لين بول-نفس المصدر-ص(٣٧).
(٤) عاصمة إيطاليا اليوم، تقع في وسطها قرب الساحل الغربي على ضفتي نهر التيبر، فيها الفاتيكان مقر البابوية. أسسها (رومولوس) سنة ٧٥٣ ق.م وكانت حاضرة الإمبراطورية الرومانية.
(٥) أبوعبيد البكري-المصدر السابق-ص(٢٠٢).
(٦) سورة الإسراء - آية: (٧٠).

ويؤكد عالم النفس والاجتماع الفرنسي (جوستاف لوبون) أن أثر المسلمين الحضاري، لم يقتصر على الشرق، وإنما كان تأثيرهم في الغرب لا يقل خطورة وأهمية. فإذا كان أثر المسلمين قد تجلى في الشرق واضحا في الدين واللغة، فإن أثرهم في الغرب قد تجلى في النواحي العلمية والأدبية والخلقية[١].

أما المستشرق الفرنسي (جان جاك سديو)[٢] فيقول في كتابه (تاريخ العرب العام): (ومهما يكن الأمر فقد نجح العرب نجاحا باهرا في القيام بدور الوسيط بين مختلف الشعوب من الفرات حتى جبل طارق.. وساعدهم على ذلك ما امتازوا به من نشاط ليس له مثيل وتسامح عظيم، ولا سيما تجاه اليهود..)[٣].

ولقد أنصف (ديورانت) المسلمين إلى حد بعيد حين ذكر بأمانة فضلهم على أوروبا وتأثر الغرب بالحضارة الإسلامية حيث يقول: (لقد ظل الإسلام خمسة قرون من عام ٧٠٠م إلى عام ١٢٠٠م يتزعم العالم كله في القوة، والنظام، وبسطة الملك، وجميل الطباع والأخلاق، وفي ارتفاع مستوى الحياة، وفي التشريع الإنساني الرحيم، والتسامح الديني، والآداب، والبحث العلمي، والعلوم، والطب والفلسفة). ويقول أيضا: (وكان الفن والثقافة في بلاد الإسلام أعم وأوسع انتشارا بين الناس مما كان في البلاد المسيحية في العصور الوسطى، فقد كان الملوك أنفسهم خطاطين، وتجارا، وكانوا كالأطباء، وكان في مقدورهم أن يكونوا فلاسفة).

---

(١) حضارة العرب-جوستاف لوبون-ترجمة عادل زعيتر-القاهرة ١٩٥٦-ص(٥٨٦)

(٢) جان جاك امانوبل سيديو: مستشرق فرنسي. تعلم العربية في مدرسة اللغات الشرقية بباريس، وتولى التدريس فيها مدة. له دراسات في العلوم الرياضية عند العرب، واشتهر بكتابه (تاريخ العرب العام) مات في باريس سنة ١٨٣٢.

(٣) تاريخ العرب العام-جان جاك سديو-ترجمة عادل زعيتر-القاهرة ١٩٤٨-ص(٣-٢/٤).

ويتابع ديورانت قائلا: (وكان المسلمون أكمل من المسيحيين، فقد كانوا أحفظ منهم للعهد، وأكثر منهم رحمة بالمغلوبين، وقلما ارتكبوا في تاريخهم من الوحشية ما ارتكبه المسيحيون عندما استولوا على (بيت المقدس)[١] في عام ١٠٩٩م. ولقد ظل القانون المسيحي يستخدم طريقة التحكيم الإلهي بالقتال، أو الماء، أو النار، في الوقت الذي كانت الشريعة الإسلامية تضع فيه طائفة من المبادئ القانونية الراقية ينفذها قضاة مستنيرون. واحتفظ الدين الإسلامي، وهو أقل غموضا في عقائده من الدين المسيحي، بشعائر أبسط، وأنقى، وأقل اعتمادا على الظاهرة المسرحية من الدين المسيحي)[٢]. ثم يقول: (لقد كان للعالم الإسلامي على العالم المسيحي أثر بالغ في مختلف الأنواع، فقد تلقت أوروبا من بلاد الإسلام الطعام، والشراب، والعقاقير، والأدوية، والأسلحة، وشارات الدروع ونقوشها، والدوافع الفنية، والتحف، والمصنوعات، والسلع التجارية، وكثيرا من الصناعات، والتشريعات والأساليب البحرية، والعلماء العرب هم الذين احتفظوا بما كان عند اليونان من علوم الرياضة، والطبيعة، والكيمياء، والفلك، والطب، وارتقوا بها، ونقلوا هذا التراث اليوناني بعد أن أضافوا إليه من عندهم ثروة عظيمة جديدة إلى أوروبا. ولا تزال المصطلحات العلمية العربية تملأ اللغات الأوروبية. وظل أطباء العرب يحملون لواء الطب في العالم خمسمائة عام كاملة، وفلاسفة العرب هم الذين

---

(١) بيت المقدس: هي مدينة الحرم القدسي وثالث الحرمين الشريفين. كانت تدعى (إيليا) وهي المدينة التي بناها الرومان بعد هدم أورشليم سنة ٧٠م. احتلها الصهاينة سنة ١٩٦٧، بعد هزيمة العرب على يديهم، وأصدرت الدولة العبرية المغتصبة لفلسطين قانونا اعتبرها عاصمة لها دون أن يعترف لها بذلك، وهي الآن العقدة المستعصية في إبرام سلام بين الفلسطينيين واليهود.

(٢) ديورانت-المصدر السابق-الجزء الثاني من المجلد الرابع-ص(٣٨٢-٣٨٣).

احتفظوا لأوروبا بمؤلفات (أرسطو)[١]. وكان (ابن سينا)[٢] و(ابن رشد)[٣] نجمين لاحا من الشرق للفلاسفة المدرسين الذين كانوا ينقلون عنهما، ويعتمدون على كتبهما، ويثقون بها ثقة لا تزيد عليها إلا ثقتهم بالنصوص اليونانية.

ويعزى انتعاش فن الخزف الرفيع في إيطاليا وفرنسا إلى انتقال صنّاع الخزف المسلمين في القرن الثاني عشر إلى هذين البلدين، وإلى زيارة صنّاعه الإيطاليين إلى بلاد الأندلس الإسلامية. ولقد أخذ صنّاع الحديد والزجاج في (البندقية)[٤]، ومجلدوا الكتب في إيطاليا، وصانعو الدروع والسلاح في إسبانيا،

(١) أرسطو: (٣٨٤ق.م-٣٢٢ق.م): فيلسوف ومفكر سياسي يوناني. وضع نظرية وفلسفة الدولة المدينية. وكان معلم ومدرس الإسكندر الكبير. يعتبر أرسطو من أكبر المفكرين الذين عرفتهم الإنسانية في كل العصور. وكان يقسم الحكومات إلى استبدادية وديمقراطية وثالثة وسط بينهما. تأثرت به العديد من فلاسفة المسلمين العرب. الكيالي-ص(١/١٤٨) وغربال-ص(١/١١٧).

(٢) ابن سينا (٣٧٠-٤٢٨هـ/٩٨٠-١٠٣٧م): الحسين بن عبد الله بن سينا، الفيلسوف الرئيس، صاحب التصانيف في الطب، والمنطق والطبيعيات الإلهية. أصله من بلخ، ومولده في إحدى قرى بخارى. نشأ وتعلم في بخارى، وطاف البلاد، وناظر العلماء، واتسعت شهرته، وتقلد الوزارة في همذان، وثار عليه عسكرها ونهبوا بيته، فتوارى، ثم صار إلى أصفهان. وصنف بها اكثر كتبه. وعاد في أواخر أيامه إلى همذان، فمرض في الطريق، ومات بها. صنف نحو مئة كتاب. ابن خلكان-ص(١٥٧-٢/١٦٢). والزركلي -ص(٢٤١-٢/٢٤٢) وغربال-ص(١/١٩) والكيالي-ص(٢٢-١/٢٣).

(٣) ابن رشد (٥٢٠-٥٩٥هـ/١١٢٦-١١٩٨م): محمد بن أحمد بن محمد بن رشد، الفيلسوف، من أهل قرطبة، عني بكلام ارسطو وترجمه إلى العربية، وزاد عليه زيادات كثيرة. وصنف نحو خمسين كتابا، وكان ابن رشد دمث الأخلاق حسن الرأي، عرف (المنصور المومني) قدره فأجله وقدمه. واتهمه خصومه بالزندقة والإلحاد، فأوغروا عليه صدر المنصور، فنفاه إلى مراكش، وأحرق بعض كتبه، ثم رضي عنه وأذن له بالعودة إلى وطنه، فعالجته الوفاة بمراكش، ونقلت جثته إلى قرطبة. الزركلي-ص(٥/٣١٨) وابن خلكان-ص(٧/١٣٥) والكيالي-ص(١/٢٢) وغربال-ص(١/١٦).

(٤) البندقية: تدعى (فينيسيا) مدينة ومرفأ إيطالي، تقع في شمالي بحر الأدرياتيك على جزر وقنوات يجري التنقل فيها بالزوارق. كان لسكانها البنادقة فيما مضى علاقات تجارية وثيقة مع دول الشرق الدنى، ولا سيما دولة المماليك في مصر والشام.

أخذ كل هؤلاء فنونهم عن الصنّاع المسلمين، وكان النساجون في جميع أنحاء أوروبا تقريبا يتطلعون إلى بلاد الإسلام ليأخذوا منها النماذج والرسوم، وحتى الحدائق نفسها قد تأثرت إلى حد بعيد بالحدائق الفارسية).

(إن عصور التاريخ الذهبية دون غيرها هي التي أنجب فيها المجتمع، في مثل هذا الزمن القصير، ذلك العدد الجم من الرجال الذين ذاع صيتهم في الحكم، والتعليم، والآداب، واللغة، والجغرافيا، والتاريخ، والرياضة، والفلك، والكيمياء، والفلسفة، والطب، كما أنجب الإسلام في الأربعة القرون الفاصلة بين (هارون الرشيد) و(ابن رشد..).

ويختم ديورانت كلامه قائلا: (.. فإن العالم لا يكاد يكون خليقا باسمه إذا ما حمل معه في أثناء دراسته أهواء سياسية، أو نزعات عنصرية، أو عداوات دينية، وهو يقدم لكل شعب حمل مشعل الحضارة وأغنى تراثها شكره وإجلاله)[1].

أما (موريس لومبارد) فيقول: (إن سر قوة العالم الإسلامي وهو في أوجه إنما تكمن في هذه الشبكة من العلاقات التي أقامها بين هذه المدن - يقصد المدن الإسلامية - والتي أعطته هيكله الاقتصادي والاجتماعي والثقافي. وجعلت فيه المدن مرة أخرى نقاط الارتكاز الحيوية للحياة الاقتصادية. لقد كانت أشبه بالمضخات القوية تمتص الإنتاج المحلي وتعاود توزيعه على البضائع العالمية التي تمر بها إلى مراكز الاستهلاك في المدن الأخرى القصية).

ويتابع موريس قائلا: (إن أولية المدنية في العالم الإسلامي ما بين القرن الثاني الهجري/ الثامن الميلادي وحتى الخامس الهجري/الحادي عشر الميلادي ظاهرة

---

(١) ديورانت-المصدر السابق-ص(٣٥٦-٣٦١).

ثابتة ورئيسة للحقبة التي ندرس. فمن (سمرقند)[١] إلى قرطبة كانت الحضارة الإسلامية حضارة مدينية تتميز بوحدتها وبحركة تنقل (حرة) واسعة للناس والبضائع والأفكار فيها... وهكذا كان العالم الإسلامي يبدو كسلسلة من الجزر المدينية المرتبط بعضها مع بعض بخطوط تجارية. ولكن الأزمات والاضطرابات وغزوات النصف الثاني من القرن الخامس الهجري/ الحادي عشر ـ الميلادي (من الشرق والغرب) وجهت ضربة قاصمة لهذا التنظيم المدني الجميل وأدت إلى انقطاع تواصل التيارات التجارية الكبرى مما سبب انحطاط المدن...)[٢].

في حين يستعرض (مكسيم رودنسون) حال المدن الإسلامية التجارية فيقول: (ونستطيع القول إن المدن الإسلامية بلغت في التجارة مستوى لم تبلغه مدينة أخرى من قبلها ولا في زمانها، فكثافة العلاقات التجارية في قلب العالم الإسلامي كانت تؤلف سوقا عالمية ذات أبعاد لم تُعرف قط من قبل.. وخلقت علاقات من التبعية الاقتصادية المتبادلة بين مراكز كثيرا ما كانت جد بعيدة بعضها مع بعض. ولقد كانت سوق عالمية من هذا الطراز قد نشأت في الإمبراطورية الرومانية ولكن السوق المشتركة الإسلامية كانت أوسع كثيرا ويبدو أنها كانت أيضا أكثر رأسمالية..)[٣].

---

(١) سمرقند: من بلدان ما وراء النهر المعروفة وكانت قاعدة بلاد الصغد، شرقي بخارى، خربها المغول سنة ١٢١٩م ثم جدد بناءها تيمور لنك واتخذها عاصمة له وشيد فيها المساجد وأقام الرُبط، وما زال بعض ذلك قائما إلى يومنا. وكانت أكبر مركز لصناعة الورق (الكاغد) ومنها انتشر في العالم الإسلامي منذ القرن الثالث الهجري، وهي اليوم تقع في دولة (أوزبيكستان). يرجع تاريخ بنائها إلى القرن الرابع قبل الميلاد. غزاها الإسكندر الأكبر سنة ٣٢٩ق.م. فتحها قتيبة بن مسلم الباهلي في القرن الثامن الميلادي.

(٢) الإسلام في فجر عظمته-موريس لومبارد-ترجمة حسين العودات-دمشق-الكنيسة اللاهوتية ١٩٧٩-ص(١٨-١٩).

(٣) الإسلام والرأسمالية-مكسيم رودنسون-ترجمة نزيه الحكيم-بيروت-دار الطليعة ١٩٦٨-ص(١٠٦).

وفي الوقت الذي كانت فيه الحضارة تشع في سماء دولة الخلافة الإسلامية بتأييد وتشجيع من ملوكها وأمرائها وفقهائها وعلمائها، كانت أوروبا في العصور الوسطى تعيش في نفق مظلم، وفي جاهلية عمياء، بفعل رجال الكنيسة التي كانت أداتها حفنة من الحكام الطغاة المتسلطين، حيث سعت الكنيسة لحصر تفكير الناس داخل دائرة ضيقة من الخرافة والطقوس والمراسيم والتعاليم الكنسية واللاهوتية، وقيدت تفكير الناس في أوروبا وألزمتهم بحصر نشاطهم الفكري داخل حدود معينة، بعكس ما كان عليه المسلمون من نهضة فكرية عالية تشمل كل مناحي الحياة السياسية والاجتماعية والطبية والاقتصادية والفلسفية والفلك والرياضيات.

ولو تتبعنا جذور الاتصال الحضاري والفكري بين المسلمين وغرب أوروبا منذ أواخر القرن العاشر الميلادي لوجدنا شهادات علماء الغرب واضحة كالشمس تشيد بعلوم المسلمين ومعارفهم وبفضلهم على الغرب.

فهذا (جريردي أورالباك)[1] يقصد الأندلس ويتتلمذ على أساتذتها في (إشبيلية)[2] و(قرطبة)[3] حتى أصبح أوسع علماء عصره في أوروبا ثقافة بالعربية

---

(١) جريردي أورلياك (٣٢٧-٣٩٢هـ/٩٣٨-١٠٠٣م): هو من الرهبانية البندكتية، قصد الأندلس ، وقرأ على أساتذتها، ثم انتخب - بعد عودته - حبرا أعظم تحت اسم (سلفستر الثاني) عام٩٩٩م وحتى عام ١٠٠٣م فكان بذلك أول بابا فرنسي. الندوة العالمية للشباب الإسلامي-ص(٣٣).

(٢) أشبيلية: مدينة كبيرة بالأندلس وقد دعاها المسلمون من جند الشام (حمص). تقع غربي مدينة غرناطة على نهر الوادي الكبير. ازدهرت أيام بني عبّاد وأيام الموحدين، ثم سقطت بيد الأسبان عام ١٢٤٨م.

(٣) قرطبة: أعظم مدينة في الأندلس – وكانت عاصمة الأمويين فهي تقع على نهر الوادي الكبير. ازدهرت في عهد الرومان. وآلت للعرب سنة ٧١١هـ ووصلت أوج عظمتها كعاصمة لإمارة عربية (خلافة فيما بعد) في العهد الأموي (٧٥٦ – ١٣٠١م)، وكانت حينذاك من أعظم مدن أوروبا. ومن أروع الآثار الإسلامية فيها المسجد الكبير، وأطلال قصر الحمراء، بلغت المدينة أقصى ازدهارها في حكم عبد الرحمن الثالث. وفي عام ١٢٣٦ استولى عليها ملك قشتالة فرديناند الثالث.

والرياضيات والفلك، ثم تقلد فيما بعد منصب (البابوية) في روما تحت اسم (سلفستر الثاني) ما بين عامي ٩٩٩-١٠٠٣م. وليعرف الغرب فيما بعد ولأول مرة بعض المصطلحات العربية مثل: (الاصطرلاب)[1] وأسماء النجوم ومجاميعها.

وهذا (فريدريك الثاني)[2] حاكم (صقلية)[3] الذي أصبح إمبراطورا لألمانيا عام ١٢١٥م لا يتحدث إلا العربية ويتشبه بالعرب في لباسهم وعاداتهم، ويتحمس للفلسفة والعلوم العربية، وقد أمر أن تدرس هذه العلوم في قصره في (بالرمو)[4] عاصمة ملكه لشغفه بها. وقد أهدى هذا الإمبراطور وابنه (مانفرد)[5] إلى جامعات

---

(١) الاصطرلاب: جهاز استعمله العرب في تعيين ارتفاعات الأجرام السماوية، ومعرفة الوقت والجهات الأصلية.

(٢) فردريك الثاني: قلده البابا أنوسنت الثالث حكم صقلية عام ١١٩٧م. توج ملكا في آخن، بعد أن خلع أوتو عام ١٢١٥م، وإمبراطورا في روما عام ١٢٢٠م. وقاد حملة صليبية متأخرة (١٢٢٨-١٢٢٩م). وأدت إلى النزول السلمي عن القدس والناصرة وبيت لحم للنصارى، وإلى تتويجه ملكا على القدس. ولكن ما لبث المسلمون أن نقضوا تلك الاتفاقية وتم خلعه من قبل البابا أنوسنت الرابع عام ١٢٤٥م، وكانت وفاته عام ١٢٥٠م.

(٣) صقلية: جزيرة كبيرة تقع في جنوبي غربي إيطاليا ويفصلها عنها مضيق (مسينا) فتحها المسلمون أيام إبراهيم بن الأغلب على يد قاضيه أسد بن الفرات عام ٢١٢هـ/٨٢٧م أيام الخليفة المأمون العباسي، وكانت تخضع من قبل للحكم البيزنطي وهي اليوم جزء من إيطاليا.

(٤) بالرمو: عاصمة جزيرة صقلية، وأكبر مدنها وموانئها بإيطاليا. أسسها الفينيقيون في القرن (٨-٦ق.م) وأصبحت فيما بعد قاعدة حربية للقرطاجنيين حتى غزاها المسلمون في عهد إبراهيم بن الأغلب عام ٨٣١م. وغزاها النورمانديون عام ١٥٧٢م وجعلوها عاصمة لصقليا، ازدهرت ثقافيا واقتصاديا إبان حكم المسلمين لها، وبلغت أوج مجدها إبان حكم الإمبراطور فردريك الثاني.

(٥) مانفرد: آخر ملك على صقلية (١٢٥٨-١٢٦٦م): وهو ابن غير شرعي للإمبراطور فردريك الثاني. أجبر في عام ١٢٥٤م على إعادة صقلية إلى البابوية، ثم تمرد على البابوية وغزا إيطاليا وصقلية، وتوج نفسه في بالرمو عام ١٢٥٨م، ثم هزم وقتل عام ١٢٦٦م.

(بولونيا)[١] و(باريس)[٢] ترجمات لكتب فلسفية مترجمة عن العربية. وفي عام ١٢٢٤م أسس الإمبراطور جامعة (نابولي)[٣] وجعل فيها أكاديمية لإدخال العلوم العربية إلى العالم الغربي، مما أدى حب هذا الإمبراطور لعلوم العرب ولغتهم إلى أن طرده البابا (جريجوري التاسع) من الكنيسة عام ١٢٣٩م. وقد كانت إحدى التهم التي وجهت إليه هي ما يبديه من مظاهر الود تجاه الإسلام[٤].

لم تفرق مدارس العلم وكليات المعرفة بالأندلس بين مسلم أو نصراني أو يهودي، ولا بين عربي أو قوطي أو جرماني، فقد كانت مناهل العلم مشرعة أبوابها لكل ساع لها أو باحث عنها. فقد اختار مسلمو الأندلس أن يوطّدوا سلطانهم في إسبانيا عن طريق العلم، فانصرفوا نحو العناية بالآداب والعلوم والفنون، مما أتاح ذلك لأوروبا موردا عذبا استساغت شرابه فظلت تنهل منه منذ أواخر القرن الحادي عشر الميلادي حتى النهضة الإيطالية في القرن الخامس عشر.

---

(١) بولونيا: عاصمة رومانيا. سوق تجاري ومركز ثقافي. ترجع إلى ما قبل عهد الرومان. انتقلت في القرن الثامن الميلادي إلى حكم البابا. نشأت جامعة بولونيا الشهيرة في القرن الحادي عشر الميلادي، وكانت المدينة، أحد مراكز العلم الرئيسية في العصور الوسطى.

(٢) باريس: عاصمة فرنسا على نهر السين، وهي أكبر مدن فرنسا، وأهم مراكزها الصناعية، ومركز مالي لأدوات الترف وصناعة الأزياء، وهي أكبر مركز سياحي في العالم. كانت لها الزعامة الفكرية والفنية للعالم في القرون (١٧-١٩م) ويطلق عليها لقب مدينة النور، مشهورة ببرج إيفل. احتلها الألمان لأربع سنوات في الحرب العالمية الثانية.

(٣) جامعة نابولي: جامعة إيطالية أقيمت في مدينة نابولي عام ١٢٢٤م، وتضم عدداً كبيراً من الكليات العلمية والإنسانية.

(٤) الاستشراق والخلفية الفكرية للصراع الحضاري-د. محمود حمدي زقزوق-مطابع الدوحة الحديثة ١٩٨٣-ص(٢٠).

وأصبحت (قرطبة) في أيام الخليفة الأموي (الحكم الثاني)[1] قبلة العلم وناشدي المعرفة، فقد استجلب من (بغداد) و(القاهرة) و(دمشق) وغيرها من حواضر الإسلام في المشرق والمغرب عيون التآليف والمصنفات العربية في العلوم القديمة والحديثة. حتى قيل: إن مكتبة الحكم الثاني كانت تضم عشرات الآلاف من الكتب والمخطوطات في كل علم وفن.

ونسوق هنا نص الرسالة التي حملتها البعثة العلمية الإنكليزية من ملك إنكلترا (جورج الثاني) إلى أمير الأندلس (هشام الثالث)[2] جاء فيها:

(من جورج الثاني ملك إنكلترا والغال والسويد والنرويج إلى الخليفة ملك المسلمين في مملكة الأندلس صاحب العظمة (هشام الثالث) الجليل المقام.

بعد التعظيم والتوقير، فقد سمعنا عن الرقي العظيم الذي تتمتع بفيضه الصافي معاهد العلم والصناعات في بلادكم العامرة، فأردنا لأبنائنا اقتباس نماذج من هذه الفضائل لتكون بداية حسنة في اقتفاء أثركم لنشر أنوار العلم في بلادنا التي يسودها الجهل من أركانها الأربعة. ولقد وضعنا ابنة شقيقنا الأميرة (دوبابت) على رأس بعثة من بنات أشراف إنكلترا لتتشرف بلثم أهداب العرش والتماس العطف لتكون مع زميلاتها موضع عناية عظمتكم، وحماية الحاشية الكريمة، وحدب من

---

(١) الحكم بن عبد الرحمن الناصر الأموي: خليفة أموي أندلسي. ولد بقرطبة عام ٩١٤م، وتولى الخلافة عام ٩٦١م. غزا الفرنجة ودانوا إليه واستجار بعض ملوكهم به. كان عالما بالدين ملما بالأدب والتاريخ، محبا للعلماء، جمّاعا للكتب، قيل: إن مكتبته بلغت أربع مائة ألف مجلد. دامت خلافته خمسة عشر عاما، وتوفي عام ٩٧٦م.

(٢) هشام بن الحكم بن عبد الرحمن الأموي: من خلفاء الدولة الأموية في الأندلس ولد بقرطبة عام ٩٦٦م، وبويع له بالخلافة عام ٩٧٧م، فاستأثر بالملك وزير أبيه محمد بن أبي عامر (الحاجب المنصور). مات عام ١٠١٣م.

اللواتي سيتوفرن على تعليمهن. ولقد أرفقت مع الأميرة الصغيرة هدية متواضعة لمقامكم الجليل، أرجو التكرم بقبولها مع التعظيم والحب الخالص).

من خادمكم المطيع

جورج الثاني

ملك إنكلترا والغال والسويد والنرويج

ولقد رد الخليفة هشام الثالث على رسالة الملك جورج الثاني بهذه الرسالة الرقيقة البليغة:

(بسم الله الرحمن الرحيم. الحمد لله رب العالمين، والصلاة والسلام على نبيه سيد المرسلين.

وبعد: إلى ملك إنكلترا وإيكوسيا واسكندنافيا الأجل:

لقد اطلعت على التماسكم فوافقت بعد استشارة من يعنيهم الأمر من أرباب (الشونة) - أي أركان الدولة - على طلبكم. وعليه فإننا نعلمكم بأنه سيتم الإنفاق على هذه البعثة من بيت مال المسلمين؛ تأكيدا على مودتنا لشخصكم الملكي. أما هديتكم، فقد تلقيتها بسرور زائد. وبالمقابلة أبعث إليكم بغالي الطنافس الأندلسية من صنع أبنائنا أهديت لحضرتكم، وفيها المغزى الكافي للتدليل على اتفاقنا ومحبتنا والسلام)

خليفة رسول الله على ديار الأندلس

هشام[١]

وليس غريبا إذا عرفنا أن الحضارة الإسلامية بلغت ذروتها في الأندلس في النصف الثاني من القرن العاشر الميلادي، فقد غدت (قرطبة) أعظم مدن العالم، فقد

(١) روائع وطرائف-إبراهيم النعمة-بغداد-الموصل-مكتبة الحدباء ١٩٩٠-ص(٣٠-٣١)، ومجلة الوعي الإسلامي-عدد٣٧ السنة الرابعة-١٩٦٨-ص(٩٢) والمقال للأستاذ سليم طه التكريتي.

ضمت ما يزيد على مئتي ألف منزل يسكنها مليون نسمة، وأن أهلها كانوا يستطيعون المشي في شوارعها بعد غروب الشمس على ضوء المصابيح العامة، في حين ظلت مدينة لندن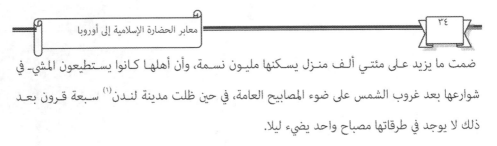[١] سبعة قرون بعد ذلك لا يوجد في طرقاتها مصباح واحد يضيء ليلا.

لقد كان المسلمون يتمتعون بحضارة زاهرة، ولما كان العلم يقف على قدميه في كل مكان وصله المسلمون، كانت أوروبا متخلفة من الناحية الحضارية والمدنية، تنتشر في معظم بلدانها الجهالة، في حين لم يدخل القرن الثامن الميلادي حتى كانت البلاد الإسلامية تحوي الكثير من المؤسسات التعليمية المنتشرة في أنحاء العالم الإسلامي. وبدخول القرن التاسع الميلادي ظهر العلماء المسلمون في الأندلس، وانتشرت فيها المدارس، وظلوا على اتصال بإخوانهم علماء بلاد المغرب ومصر والشام والعراق وإيران وأفغانستان والهند والصين.

كان المسلمون يسيرون قدما في إقامة صرح حضارة إسلامية عامرة شامخة، وكانوا يضربون أروع المثل في حرية الفكر وتشجيع البحوث والدراسات العلمية الجادة والترجمة، وقد أخذت حضارة العالم الإسلامي هذه تتسرب إلى أوروبا عن طريق الأندلس وصقلية والمغرب ومصر وبلاد المشرق الإسلامي بعدما اجتاحته الحروب الصليبية[٢]، التي أفادت منها أوروبا فائدة كبيرة من الناحية الحضارية،

---

(١) لندن: عاصمة المملكة المتحدة (بريطانيا) وأكبر مدنها. تقع على جانبي نهر التايمز. فقدت أهميتها بعد أن تركها الرومان في القرن الخامس الميلادي، ثم عادت إلى سابق مجدها في عهد الفرد عام ٨٨٦م. أفنى طاعون عام ١٦٦٥م حوالي (٧٥،٠٠٠) ألفاً من سكانها ودمر حريق هائل عام ١٦٦٦ معظم المدينة.

(٢) الحروب الصليبية: سلسلة حروب مدمرة شنها الغرب الصليبي بين القرنين الحادي عشر والرابع عشر الميلادي على بلاد المسلمين لانتزاع الأراضي المقدسة في فلسطين، وكانت هذه الحملات في ظاهرها دينية، ولكنها كانت تهدف إلى تأسيس إمارات في الشرق الإسلامي والاستيلاء على كنوز وخيرات الشرق. وتمكنوا في عام ١٠٩٩م من الاستيلاء على القدس، وتأسيس مملكة فيها، وتصدى الزنكيون لحملات الصليبيين إلى أن تمكن قائد جيوشهم صلاح الدين الأيوبي عام ١١٨٧م من هزيمتهم في معركة (حطين) الشهيرة وتحرير القدس من أسرهم. إلى أن تمكن المماليك فيما بعد من إخراج الصليبيين من مصر وبلاد الشام بسقوط آخر معاقلهم (عكا) عام ١٢٩١م.

لأنها صارت على اتصال مباشر ووثيق بالعالم الإسلامي في مراكز إشعاعه الفكري والحضاري. كما أن طلاب العلم في بلاد أوروبا الغربية أخذوا يتقاطرون على مواطن الحضارة الإسلامية منذ نهاية القرن الحادي عشر الميلادي. فكان لهذا كله أثر في قيام وثبة مدنية في أوروبا في مطلع القرن الثاني عشر الميلادي، وكانت من ثمار الاتصال الحضاري بين الغرب المسيحي والشرق الإسلامي.

وقال (فولتير)[1] عندما ذكر لديه (لوثير)[2] و(كلفين)[3]: (كلاهما لا يصلح أن يكون حذاء لمحمد)[4].

---

(١) فولتير (١٦٩٤-١٧٧٨م): هو فرانسوا فولتير. فيلسوف ومفكر فرنسي. نشأ في باريس. دخل الباستيل سجينا مرتين. ثم أبعد إلى إنكلترا. كتب تاريخ (شارل الثاني عشر). اهتم بعد عودته إلى فرنسا بالتجارب الطبيعية والكيماوية. وبدأ مسرحيته عن (محمد صلى الله عليه وسلم). وكرس حياته للدفاع عن ضحايا رجال الدين والسياسة. وعند موته رفض رجال الكنيسة دفنه في باريس. جمعت آثاره في سبعين مجلدا. غربال-ص(٢/١٣٣٧) والكيالي-ص(٦٤٩-٤/٦٥٠) وشيخاني-ص(٢٥٧-١/٢٥٩)

(٢) لوثر (١٤٨٣-١٥٤٦م): هو مارتن لوثر، زعيم الإصلاح البروتستانتي. نال شهادة أستاذ في العلوم من جامعة (ايرفورت) عام ١٥٠٥م وبدأ يدرس القانون، ثم تحول عنه ودخل ديرا للرهبان. في عام ١٥١٧م تحدى (تيتزل) الذي كان يبيع (صكوك الغفران). فثارت السلطات الكنسية عليه، وحرم لوثر من غفران الكنيسة عام ١٥٢١م. وكان له كثير من المعارضين. ونشط لوثر في وضع نظام تربوي فعال، وكتب الكثير عن أمور الكنيسة. ويعرف المذهب الديني المرتكز على تعاليمه (باللوثرية). غربال-ص(٢/١٥٧١) والكيالي-ص(٤٩٧-٥/٤٩٩).

(٣) كلفين (١٨٢٤-١٩٠٧م): هو وليم طومسون كلفن. رياضي وفيزيقي إنكليزي. اشتهر ببحوثه في الحرارة والكهرباء، اخترع عدة وسائل لنقل الرسائل عبر البحار خلال أسلاك تحت الماء. وأمكنه تنسيق نظريات الحرارة المختلفة. وضع قانون (جول) لبقاء الطاقة على أسس سليمة. اخترع مقياس كلفن أو المقياس المطلق للحرارة. غربال-ص(٢/١٤٧٣).

(٤) ذكر فولتير هذه الجملة أمام البرنس (سيندورف) النمساوي الذي صار فيما بعد رئيسا لوزراء سلطنة النمسا، وعندما دخل بونابرت فيينا كان هذا البرنس هو رئيس الحكومة فيها وكان تقلقه هذه الجملة عن فولتير في أيام شبابه عندما اجتمع به في سويسرا فقيّدها في مذكراته المحفوظة في خزانة كتب فيينا وعنها نقلتها جريدة (الطان) الفرنسية، ونحن نقلناها عنها. لماذا تأخر المسلمون ولماذا تقدم غيرهم-شكيب أرسلان-القاهرة-البشير للطباعة والنشر والتوزيع - ص(١٢٩-١٣٠).

الفصل الأول

معابر الحضارة الإسلامية العربية إلى الغرب

١- بلاد الشام

٢- صقلية

٣- الأندلس

الفصل الأول

معابر الحضارة الإسلامية العربية إلى الغرب

لقد سلكت الحضارة الإسلامية في وصولها إلى الغرب ثلاثة معابر هي: بـلاد الشـام ومـا ارتبـط بمسرحها من حروب صليبية، وصقلية، والأندلس.

١- بلاد الشام:

لقد بالغ كتاب القرن التاسع عشر في أهمية الحروب الصليبية وبلاد الشام كطريق نفذت منـه الحضارة الإسلامية إلى الغرب. غير آخذين بالاعتبار أن الصليبيين قصدوا بـلاد الشـام لأجل الغـزو والحرب لا لطلب العلم والمعرفة، فقد اتصفت حياتهم في بلاد الشام بما تتصف به عادة حياة الجند من فظاظة وخشونة. فلم يكن للصليبيين من هم إلا تحصين مواقعهم التي استولوا عليهـا، والـدفاع عن كياناتهم التي أقاموها في بلاد الشام وسط بحر إسلامي متلاطم الأطـراف وهـائج الأمـواج تـؤثر فيه أقل عوامل الجزر والمد.

ومن خلال استعراض الفترة التي بقي فيها الصليبيون في بلاد الشام نجد أن حـدّة الاقتتال لم تخف يوما من الأيام بينهم وبين المسلمين، إلا بعد أن تمكن المسلمون من طردهم نهائيا مـن بـلاد الشام عام (٦٨٩هـ/١٢٩١م). وإذا حدث وخفت حدة الحروب بـين المسـلمين والصـليبيين فتـرة مـن الزمن، إلا أنها كانت تتجدد بعد قليل.

وهكذا نجد أنه لم تتم للصليبيين في بلاد الشام حياة الاستقرار الضرورية لمباشرة النشـاط الفكري والحضاري، ولم تتح لهم فرصة الاتصال السلمي بمسلمي بـلاد الشام بالقـدر الـذي أتيحـت لإخوانهم الأوروبيين في صقلية والأندلس.

صحيح أن الصليبيين استطاعوا أن يقيموا أربع إمارات قوية في كل من: (الرها)[١] و(أنطاكية)[٢] و(طرابلس)[٣] و(الكرك)[٤]، ومملكة في (بيت المقدس). ولكن هذا لم يكن سوى وحدات صليبية دخيلة لم يستطع أهلها رغم كل السنين الطويلة التي بقوا فيها أن يحتكّوا بأبناء البلاد أو يتعاونوا معهم، فلم يكن المسلمون في يوم من الأيام ينظرون إلى هذه المعاقل والثكنات الصليبية إلا كوابيس تؤرق حياتهم، في حين كان الصليبيون ينظرون إلى واقع حالهم فيجدون أنفسهم وقد حُشروا في محيط هائل من الأعداء المتربصين بهم الدوائر، وبالتالي خيم عليهم جو من الرعب والفزع جعلهم لا تستقيم معه بأي حال من الأحوال حياة علمية مثمرة.

---

(١) الرها: مدينة أوديسا، وهي مدينة بيزنطية تقع في الجزيرة شمالي حران، عند منابع أحد روافد نهر البليخ، والعرب الذين سموها الرها بعد فتحها، وهي اليوم من بلاد تركيا وتسمى أورفة.

(٢) أنطاكية: مدينة يونانية تقع غربي مدينة حلب على نهر العاصي قريبا من مصبه في البحر المتوسط. أسسها القائد (سلوقس الأول) في أواخر القرن الرابع قبل الميلاد وجعلها مقر حكمه، ثم اتخذها البيزنطيون مقرا لهم، ومنها غادر هرقل سورية منذ وقعة اليرموك، فأصبحت من أهم المدن الإسلامية في بلاد الشام. وفي سنة ٣٥٨هـ/٩٦٨م استولى عليها الروم، ثم غدت إمارة صليبية سنة ١٠٩٨م، ثم عادت إسلامية بعد طرد الصليبيين من بلاد الشام، ولما استقلت سورية عن الدولة العثمانية دخلت ضمن الأراضي السورية، ثم سُلخت عنها عام ١٩٣٨م. بمؤامرة من فرنسا، وأُلحقت بتركيا مع لواء اسكندرون.

(٣) طرابلس: مدينة مشهورة تقع على الساحل الشرقي للبحر المتوسط، كانت من المراكز الفكرية والتجارية الهامة في العهد الإسلامي، وقد أقام فيها الصليبيون إمارة دامت نحو قرنين، وهي الآن المدينة الثانية في لبنان.

(٤) الكرك: مدينة وسط المملكة الأردنية الهاشمية، وهي مركز تجاري، احتلها الصليبيون، وبها حصن منيعا عرف بحصن الكرك، وقد حررها صلاح الدين الأيوبي عام ١١٨٨م من الصليبيين وقتل أميرها (أرناط) الذي كان يعمل الأفاعيل بالحجاج إلى بيت الله الحرام.

ويتساءل (أرنست باركر)[(١)] قائلا: (... أنه حتى لو توافرت مقومات الحياة العلمية للصليبيين الذين أقاموا في بلاد الشام فأين لهم بالعلوم التي يأخذونها ؟ ذلك أن عصر الحروب الصليبية بالذات امتازت بنوع من النضوب الفكري في بلاد المشرق الإسلامي؛ فقلَّ الإقبال على الفلسفة بوفاة (ابن سينا) عام ١٠٣٧م و(الغزالي)[(٢)] عام ١١١١م؛ بل إن الخليفة العباسي (المقتفي)[(٣)] في بغداد أمر عام ٥٤٥هـ/ ١١٥٠م بإحراق الكتب الفلسفية ومن بينها مؤلفات (ابن سينا) نفسه. فهل كان يُنتظر في مثل هذه الظروف أن يستطيع رسل الغرب الاستفادة من المسلمين وعلومهم ؟[(٤)].

ولا بد إنصافا للحقيقة أن نشير إلى أن الحروب الصليبية صحبها بعض النشاط الحضاري والفكري. ذلك أنه وجد من الغربيين الذين استقروا في الأراضي المقدسة من كَتَبَ في التاريخ مثل: (وليم الصوري)[(٥)]، أو في القانون مثل: (حنا الإبليني)، و(فيليب نافاري).

---

(١) أرنست باركر: تربوي إنكليزي، أصبح مديرا لكلية الملك بلندن عام ١٩٢٠، وعمل على التوفيق بين وزراء التعليم بلندن أثناء الحرب العالمية الثانية، وكان أحد محرري كتاب (تاريخ الحضارة الأوروبية). توفي عام ١٩٦٠.

(٢) محمد بن محمد الغزال (الغزالي) (٤٥٠-٥٠٥هـ/١٠٥٨-١١١١م): فيلسوف، متصوف، له نحو مئتي مصنف، مولده ووفاته في الطابران بخراسان. رحل إلى نيسابور ثم إلى بغداد فالحجاز فبلاد الشام فمصر، وعاد إلى بلدته. نسبته إلى صناعة الغزل. ابن خلكان-ص(٢١٦-٢١٩) والزركلي-ص(٢٢-٥/٢٣).

(٣) المقتفي محمد بن أحمد: خليفة عباسي، قضى على نفوذ السلاجقة في بغداد، وقبض على أزمة الأمور، ونهض بأعباء الدولة، خرج على أيامه عماد الدين الزنكي أمير الموصل، ثم ابنه نور الدين للجهاد ضد الصليبيين. توفي سنة ١١٦٠م.

(٤) حضارة ونظم أوروبا في العصور الوسطى-عاشور-بيروت-دار النهضة العربية للطباعة والنشر ١٩٧٦-ص(٢٦٢).

(٥) وليم الصوري (١١٣٠_١١٨٥م): مؤرخ ورئيس أساقفة (صور) ولد في مملكة القدس اللاتينية، وربما كان من أصل فرنسي. أكمل دراسته في أوروبا. ثم عاد إلى فلسطين. استخدمه الملك (أمالرك الأول) في سفارات مختلفة. ثم أصبح كبير وزراء المملكة. وتقوم أهميته على مؤلفاته التاريخية. غربال-ص(٢/١٩٦٢).

كذلك أثرت الحروب الصليبية في تطور فن الحرب عند الغربيين، لا سيما فيما يتعلق ببناء القلاع ذات الحوائط المزدوجة. كما أن هذه الحروب أدت إلى تقدم حركات الحصار واستعمال (المجانيق)[١] و(الكباش)[٢] الهادمة، واستخدام الدروع للفرسان وخيولهم، وإرسال الرسائل الحربية عن طريق (الحمام الزاجل)[٣]. ومن المحتمل أن يكون الشرق الإسلامي إبان الحروب الصليبية هو المصدر الذي أخذ عنه الغرب الأوروبي ألعاب المبارزة، التي تشبه كثيرا ألعاب الجريد - التحطيب - عند الشرقيين. كذلك نلاحظ كثرة استعمال الشارات و(الرنوك)[٤] في الغرب الأوروبي نتيجة للاتصال بالعرب في الشام.

ولما كان حديثنا محصوراً في انتقال الحضارة الإسلامية إلى الغرب وقنوات انتقالها، لذا نكتفي بذكر بعض المؤثرات الإسلامية في الحياة الأوروبية العامة نتيجة لنمو التبادل التجاري فهناك نباتات وحاصلات زراعية وأشجار نقلها الصليبيون عبر حملاتهم على الشرق الإسلامي إلى بلادهم مثل: (السمسم، والأرز، والليمون، والبطيخ، والثوم) كما نقلت أنواع من العقاقير والصباغ والتوابل، أيضا أقبل الصليبيون على استعمال الأقمشة والملابس العربية، والتي احتفظت بأسمائها العربية في اللغات الأوروبية.

---

(١) المنجنيق: آلة حرب ضخمة تجر على عربة، وكانت تستعمل في مهاجمة الأسوار لهدمها.

(٢) الكباش: آلة حرب كانت تستعمل في الحصار لقذف الحصون.

(٣) الحمام الزاجل: ضرب من الحمام المدرب الذي يتحمل مشاق الطيران الطويل يرسل إلى مسافات بعيدة بالرسائل.

(٤) الرنك: شعار للملوك والأمراء الأتراك والمماليك بمصر. انتقلت من المسلمين للغرب.

٢- صقلية

لقد لعبت جزيرة (صقلية) دورا مميزا في انتقال الحضارة العربية الإسلامية إلى الغرب، حيث غدت هذه الجزيرة قاعدة للحضارة الإسلامية، مما جعل لها شأناً كبيراً في العصور الوسطى. فبعد أن ثبّت المسلمون أقدامهم في (صقلية) في القرن التاسع الميلادي اهتموا بالزراعة، فحفروا الترع والقنوات، وأنشأوا المجاري المعقوفة التي كانت مجهولة قبلهم، كما أدخلوا زراعة (القطن وقصب السكر).

واستغل المسلمون ثروة الجزيرة الطبيعية، فاستخرجوا منها (الفضة والحديد والنحاس والكبريت)، وأدخلوا إليها صناعة (الحرير). أما تجارة صقلية فقد اتسع نطاقها على أيام المسلمين، بعد أن كانت شبه معدومة أيام من سبقهم.

لقد بلغت (بالرمو) - عاصمة صقلية - في العهد الإسلامي مبلغا واسعا من التضخم في السكان وفي المساجد (٣٠٠ ألف نسمة ونيف وثلاثمائة مسجد).

ولم يبق الآن في الجزيرة من آثار المسلمين سوى القليل النادر، ولكنها تشهد جميعها بالروعة والجمال الأخاذ. فقد وصف (الإدريسي)(١) عاصمتها بالرمو على عهد (روجر الثاني)(٢) - أي بعد زوال حكم المسلمين لها - بأنها مليئة بالقصور والدور والمتنزهات التي ما زالت شامخة تحكي حضارة المسلمين فيها.

---

(١) محمد بن محمد بن عبد الله الإدريسي (١١٠٠-١١٦٥م): مؤرخ، من أكابر علماء الجغرافيا، من أدارسة المغرب الأقصى. ولد في سبتة ونشأ وتعلم بقرطبة، ورحل رحلة طويلة انتهى بها إلى صقلية، فنزل على صاحبها (روجر الثاني) ووضع له كتابا سماه (نزهة المشتاق في اختراق الآفاق) أكمله سنة (٥٤٨هـ/١١٥٣م) وهو أصح كتاب ألفه المسلمون العرب في وصف بلاد أوروبا وإيطاليا، وكل من كتب عن الغرب من العلماء المسلمين العرب أخذ عنه. توفي بسبتة. الزركلي-ص(٧/٢٤ وغربال-ص(١/٩٩).

(٢) روجر الثاني: أول ملك على صقلية سنة ١١٣٠م، عارضه البابا ولكنه هزم جيوشه سنة ١١٣٩م. فتح عدة مدن على الساحل الإفريقي، وشجع على اندماج الجماعات البشرية المختلفة في مملكته، فأقام إدارة مركزية قوية، وأعاد لصقلية رخاءها الذي فتر بعد إخراج المسلمين منها. كان بلاطه مركزا للآداب والفنون. مات سنة ١١٥٤م.

وهكذا يبدو لنا الفارق العظيم إذا ما قارنّا بين أحوال جزيرة صقلية من النواحي العمرانية والاقتصادية والاجتماعية بعد أن فتحها المسلمون واستقروا بها، وبين أحوالها بعد إخراجهم منها.

ولم تنته الحضارة الإسلامية بانتهاء حكمهم للجزيرة، فقد وجدت الحضارة من ملوك النورمان الذين استولوا عليها فيما بعد خير مشجع لها. فقد قام هؤلاء الملوك بحماية المسلمين الذين بقوا في صقلية، كونهم لمسوا منهم تقدما في الفنون والعلوم والصناعات، وأدركوا أن تشجيع (الجالية الإسلامية) في الجزيرة سيعود عليهم بفوائد عظيمة. مما جعل (روجر الأول)[١] يشمل المسلمين برعايته، ويحسن المحافظة عليهم وحمايتهم. فقد كتب مراسيمه بالعربية إلى جانب اللاتينية واليونانية[٢].

وامتازت النقود التي سكها هذا الملك بأن نصفها جاء مكتوبا عليه بالعربية والنصف الآخر باللاتينية، كما أن بعض نقوده اشتمل على رمز الإسلام والبعض الآخر على شعار المسيحية. وقد سار خلفاء روجر على سنته، فاستعان (روجر الثاني) بعلماء المسلمين كما درس (وليم الثاني)[٣] اللغة العربية، ورجع إلى

---

(١) روجر الأول: مُخرج المسلمين من جزيرة صقلية والمستولي عليها. جاء إلى إيطاليا سنة ١٠٥٧م لينضم إلى أخيه روبرت في الاستيلاء على أبوليا وكلابريا من البيزنطيين. استولى ما بين عامي (١٠٦١-١٠٩١م) على صقلية من المسلمين، وأصبح كونتا على صقلية. وانفرد بحكم البلاد بعد موت أخيه سنة ١٠٨٥م. حكم مختلف الأجناس المقيمة في مملكته بعدل وتسامح. توفي سنة ١١٠٤م.

(٢) عاشور-المصدر السابق-ص(٢٦٤). والحضارة والنظم الأوروبية في العصور الوسطى-القسم الأول-د. السيد الباز العريني-بيروت-دار النهضة العربية-ص(٧).

(٣) وليم الثاني: ملك إنكلترا. انتزع أموالا طائلة من رعاياه، وأرهب رجال الدين ببيعه الكنائس وأراضيها، واحتل نورماندي عندما كان أخوه روبرت الثاني مشغولا بحرب صليبية، وسيطر على العرش الاسكتلندي سنة ١٠٩٧م. مات سنة ١١٠٠م.

مستشاريه العرب في أهم شؤونه. ويوجد في (نورمبرج)[١] رداء من الحرير اعتاد أن يلبسه ملوك صقلية، وهو مطرز بكتابات عربية كوفية الخط، يرجع تاريخها إلى عام ١١٣٣م. كذلك اتخذ ملوك النورمان بصقلية لأنفسهم حراسا من العرب ارتدوا زيا اختلف عن حراسهم من النورمان[٢].

وليس هناك من شك في أن الشعر العربي كان ينشد في بلاط ملوك صقلية النورمان، فقد صدح الشاعر العربي بصوته في قصر الإمبراطور (فريدريك الثاني) في القرن الثاني عشر الميلادي، وهو الإمبراطور الذي سمته بعض الكتب (نصف شرقي)[٣].

وقد دهش العالم فيما بعد من اتساع معلوماته ودقتها، فقد تعلم اللغتين العربية واليونانية، وكان يراسل الملك (الكامل الأيوبي)[٤] باللغة العربية، ومما كان يقول للكامل في رسالته: (إنه أعز أصدقائه بعد أولاده). وكان أكبر ما يبعث في نفسه رغبته إلى العلوم والفلسفة التي خلّفها المسلمون في صقلية. وقد قرأ بنفسه كثيرا من روائع الكتب العربية الخالدة، واستدعى إلى بلاطه كثيراً من العلماء والفلاسفة المسلمين واليهود، وأجاز العلماء على ترجمة المراجع العامة اليونانية والإسلامية.

---

(١) نورمبرج: مدينة ألمانية بمقاطعة فرانكوفيا. ذات ثقافة وتاريخ عريق. مركز هام للمواصلات والصناعة. وهي مركز قديم للطباعة والعلوم واختراع الآلات. وقبلت الإصلاح الديني منذ القدم. وهي مقر محكمة دولية لمحاكمة مجرمي الحرب بعد الحرب العالمية الثانية.

(٢) عاشور - المصدر السابق - ص(٢٦٤).

(٣) عاشور-المصدر السابق-ص(٢٦٤).

(٤) الكامل الأيوبي: ناصر الدين ابن العادل الأيوبي: من ملوك مصر. استقل بملكها سنة ١٢١٨م. قرّب إليه العلماء، وباشر أمور مملكته بنفسه، ووسع ملكه، فاستولى على حران والرها والرقة وآمد، وغيرها. توفي بدمشق سنة ١٢٣٨م، ودفن في قلعتها.

وقد بلغ من ولعه بالعلوم الرياضية أن أقنع سلطان مصر - الكامل - بأن يبعث له أحد الرياضيين الذائعي الصيت. وكان شغوفا بالاطلاع في جميع العلوم، فكان يبعث بالأسئلة العلمية والفلسفية إلى العلماء المقيمين في بلاطه وإلى غيرهم في البلاد النائية كمصر، وبلاد المغرب، والشام والعراق. ويقول ديورانت في هذا المجال: (ويبدو أن اتصال فريدريك الوثيق بزعماء المسلمين ومفكريهم قضى على عقيدته المسيحية. وقد افتتن بعلوم المسلمين ورآها أسمى قدرا من أفكار المسيحيين ومعارفهم. ويقال عنه: إنه يوافق على شريعة محمد ويؤمن بها أكثر من إيمانه بشريعة المسيح عيسى.. وصداقته للمسلمين أقوى من صداقته للمسيحيين)[1].

ويقول المستشرق الكبير (ميكيله أماري)[2]: (.. أنه لو زادت معرفتنا بالشعر الشعبي العربي في صقلية، لأصبح من المحتمل أن نكشف عن صلات وثيقة بينه وبين الشعر الإيطالي القديم الذي نشأ في أواخر العصور الوسطى). ويقول أيضا: (إن الباعث على ممارسة الشعر باللغة العامية في صقلية هو علم أهلها بأخبار العرب وشعرائهم، وما كانوا يلقونه من تشجيع من الأمراء المسلمين)[3].

٣- الأندلس

مهما يكن من أهمية الدور الذي أسهمت به كل من بلاد الشام وصقلية في تغذية أوروبا بأصول الحضارة العربية الإسلامية، فإن الفضل الأكبر يرجع - بلا

---

(١) ديورانت-المصدر السابق-الجزء الرابع من المجلد الرابع-ص(٢٧٧-٢٩٦).
(٢) ميكيله أماري: مستشرق إيطالي، ولد ونشأ في بالرمو بجزيرة صقلية، وعاش فترة طويلة في باريس. من آثاره: (المكتبة العربية الصقلية) و(رحلة ابن جبير) و(تاريخ المسلمين في صقلية). توفي سنة ١٨٧٩م.
(٣) تراث الإسلام-جب-ص(١٧٤).

شك - إلى العرب المسلمين في الأندلس، الذين قدّموا خلاصة الفكر الإسلامي في العلوم والآداب والفلسفة إلى أوروبا، فضلا عن تعريف الغرب بكثير من تراث اليونان القديم الذي زال من الوجود ولم يبق إلا في التراجم العربية.

ولم تكن أسبانيا عندما فتحها المسلمون العرب في أوائل القرن الثامن الميلادي تختلف عن بقية بلاد الغرب الأوروبي المعاصرة، من حيث انتشار الجهل والتخلف والفوضى بسبب النزاعات الاجتماعية والفتن الداخلية.

ولعل من أكبر مظاهر هذا الانحلال والانقسام أن (يوليان)[1] أحد كبار الأمراء الأسبان شارك مع رئيس أساقفة (أشبيلية) في مساعدة المسلمين في فتح أسبانيا، إضافة إلى توسلات اليهود للمسلمين أن يسارعوا في فتح أسبانيا ليخلصوهم من ظلم ملوكها وجور رجال كنيستها.

---

(١) يوليان: حاكم سبتة في المغرب، وحاكم جبل طارق. أقام صلات حسنة مع المسلمين العرب، وكان على درجة كبيرة من الحصافة والحكمة. نقم على ملك القوط (لذريق) قتله لسلفه دون وجه حق واغتصابه الملك، كذلك ما أقدم عليه من جريمة اخلاقية بحق ابنته. فقد كان يوليان قد أرسل ابنته - وكانت بارعة الجمال - (فلوريدا) لتعيش في بلاط الملك القوطي لذريق، في طليطلة، على عادة بنات الأشراف والنبلاء والموسورين، فتتعلم عادات القصور وتتأدب بآدابها. إلا أن لذريق انجذب إليها وبهره جمالها (فاغتصبها نفسها فأرسلت إلى أبيها ودست إليه). وهذا جعل يوليان يحقد بشدة على الملك المغتصب الذي تجاهل مكانته ونفوذه، وكذلك تجاوز التزامات الضيافة والأمانة فصمم على الانتقام منه، فذهب إلى القيروان حيث اجتمع بالوالي المسلم العربي (وقرب عليه مرام غلبته الأندلس وسرعة فتحها وكثرة أموالها وجمال سبيها، وانها بلاد مياه كثيرة وجنات وانهار). وبالفعل شارك يوليان المسلمين العرب بكل إمكانياته في دخول الأندلس في شهر تموز من عام ٧١١م/رمضان ٩١هـ البيان المغرب-ابن عذاري-بيروت ١٩٥٠م-ص(٦و٢/٩) وكتاب الاكتفاء (تاريخ الأندلس)-ابن الكردوس-تحقيق العبادي ١٩٧١م-ص(٤٤) وتاريخ الدولة الأموية في الأندلس-النعنعي-ص(٤٩-٥٠).

يقول (ديورانت): (لم تنعم الأندلس طول تاريخها بحكم رحيم، عادل، كما نعمت به في أيام الفاتحين العرب)، ويقول أيضا: (... وما من شك في أن حكمهم كان أفضل من حكم من سبقوهم من (القوط الغربيين)؛ ولقد كانوا أقدر أهل زمانهم على تصريف الشؤون العامة في العالم الغربي؛ فكانت قوانينهم قائمة على العقل والرحمة، تشرف على تنفيذها هيئة قضائية حسنة النظام. وكان أهل البلاد المغلوبون يحكمون في معظم الأحوال حسب قوانينهم وعلى أيدي موظفين منهم. وكان في المدن شرطة تسهر على الأمن فيها، وقد فرضت على الأسواق، والمكاييل، والموازين، رقابة محكمة؛ وكانت الحكومة تقوم بإحصاء عام للسكان والأملاك في فترات منظمة؛ وكانت الضرائب معقولة إذا قورنت بما كانت تفرضه (روما) أو (بيزنطة). وبلغت الإيرادات في أيام (عبد الرحمن الثالث)(١) (١٢،٠٤٥،٠٠٠) دينار ذهبي (أي ما يعادل (٥٧،٢١٣،٧٥٠) دولاراً أمريكياً، وأكبر الظن أن هذا كان يفوق إيرادات حكومات البلاد المسيحية اللاتينية مجتمعة. ولم يكن مصدر هذه الإيرادات هو الضرائب العالية بقدر ما كان أثرا من آثار الحكم الصالح، وتقدم الزراعة والصناعة ورواج التجارة)(٢).

---

(١) عبد الرحمن الثالث: الخليفة الأموي الناصر في الأندلس. تولى الحكم ولمّا يتجاوز الحادية والعشرين سنة ٩١٢م ودام حكمه حتى سنة ٩٦١م. يمثل عهده الذروة في العهد الأموي بالأندلس. وكان أعظم رجال عصره، أخضع كل الثورات في الأندلس واستتب له حكمها كاملا. هزم الجيوش الأسبانية ودخل عاصمة نافار سنة ٩٢١م. وفد عليه ملوك أوروبا يطلبون وده. أنشأ عبد الرحمن أسطولا حربيا وجيشا قويا. ونشر سلطانه على جزء كبير من شمال إفريقية. استخدم الصقالبة في الجيش. وفد عليه رسل الملوك من إيطاليا وألمانيا وفرنسا يخطبون وده، وازدهرت قرطبة في عهده فبلغ سكانها نصف مليون، وكان بها سبعمائة مسجد وثلاثمائة حمام. وخصص عبد الرحمن ثلث جبايته للعمران. فبنى مدينة الزهراء سنة ٩٣٦ بالقرب من قرطبة، وشهدت قرطبة نهضة ثقافية وعلمية كبيرة. توفي سنة ٩٦١م.

(٢) ديورانت-المصدر السابق-الجزء الثاني من المجلد الرابع-ص(٢٩٢-٢٩٣).

وانتقلت الأندلس بعد أن فتحها المسلمون من حالة التردي التي كانت تعيشها إلى مرحلة جديدة من الاستقرار، حيث اتجه المسلمون نحو إحياء الأرض الميتة، وتعمير المدن الخربة، وتنشيط التجارة الراكدة، وإنعاش الصناعة المتأخرة، حتى غدت الأندلس في ظل الخلافة الأموية أغنى البلاد الأوروبية وأكثرها ازدحاما بالسكان.

واختار المسلمون أن يوطّدوا سلطانهم في أسبانيا عن طريق العلم، فانصرفوا نحو العناية بالآداب والعلوم والفنون، وعندئذ لم يقنعوا بما وصل إليه إخوانهم في المشرق من تقدم، بل زادوا على ذلك وابتكروا وجددوا، مما أتاح لأوروبا موردا عذبا استساغت شرابه فظلت تنهل منه منذ أواخر القرن الحادي عشر الميلادي حتى النهضة الإيطالية في القرن الخامس عشر.

ولم يدخر الأندلسيون وسعا في الحصول على علوم الشرق الإسلامي عبر ثلاثة طرق: طريق استدعاء علماء المشرق كما حصل مع (أبي علي القالي)[1]، وطريق ابتعاث مجموعات من أهل الأندلس إلى المشرق للتزود بالعلوم والمعرفة ثم العودة إلى الأندلس لنشر ما حصلوه وجمعوه من العلوم والمعارف، ومن أمثلة هؤلاء: (يحيى بن يحيى الليثي)[2]، وإما عن طريق جمع الكتب التي هي أهم وسائل النشاط العلمي، حتى قيل: إن الخليفة (الحكم الثاني) قد ضمت مكتبته الآلاف من الكتب.

---

(١) أبو علي القالي هو إسماعيل البغدادي، عالم اللغة المشهور، ولد في منزاجرد بارمينية سنة ٩٠١م، وعلّم ببغداد وقرطبة وتوفي بها سنة ٩٦٧م، من أهم كتبه (الأمالي).

(٢) يحيى بن يحيى الليثي: عالم الأندلس في عصره، من طنجة. قرأ في قرطبة، ورحل إلى المشرق شابا، فسمع الموطأ من الإمام مالك وأخذ عن علماء مكة ومصر. وعاد إلى الأندلس، فنشر مذهب مالك. وعلا شأنه عند السلطان. وترفّع عن ولاية القضاء. وصفه الإمام مالك قائلا: هذا عاقل أهل الأندلس. توفي بقرطبة سنة ٨٤٩م.

لقد حكمت أسبانيا أسرة من (القوط الغربيين) قبل الفتح الإسلامي لها وظلت هذه الأسرة تحكمها إلى أن أزال اللـه ملكها على يدهم.

وقد عاشت هذه الأسرة تتخبط في حكم أسبانيا دون نظام أو قانون منـذ عـام (٤٦٦-٦٣٤م)، حيث وضعت بإرشاد رجال الدين طائفة من القوانين، كانت أفظع شرائع البرابرة وأقلها تسامحا.

ولم تأخذ هذه الطائفة من القوانين بمبدأ حرية العبادة، فقد حتمت عـلى جميع السكان أن يعتنقوا المسيحية الصحيحة، وأقرت اضطهاد يهود أسبانيا الـذي دام طويلا، وارتكبت فيه أشـد ضروب القسوة، إلى أن خلّصهم المسلمون من هذا الاضطهاد.

ولم يحفظ التاريخ من أسماء الأدباء في أسبانيا القوطية إلا اسم (ازدرو الأشبيلي) حوالي سـنة (٥٦٠-٦٣٦م)، وكان أسقف (أشبيلية)، ولسنا نعلم إلا القليل عن حياته، وكل ما نستطيع أن نقولـه إنه وجد بين مشاغله الدينية الكثيرة، متسعا من الوقت يكتب فيه ستة كتب. ولعلـه أراد أن يعـين ذاكرته فجمع في خلال عدد كبير من السنين فقرات مختلفة في جميع الموضوعات نقلها مـن كتـب المؤلفين الوثنيين والمسيحيين.

وبحوثه خليط من الاشتقاق الغريب، والمعجزات التي لا يقبلها عقل، ومن تفسيرات مجازية خيالية للكتاب المقدس، ومن العلوم الطبيعية والتاريخ حورت لكي تثبت مبادئ أخلاقية، وأخطاء في الحقائق يكفي القليل من الملاحظة لتصحيحها. وكتابه هذا أثر خالد يدل على ما كان فاشيا في ذاك العهد من جهالة.

وظل استغلال الأقوياء والمهرة البائسين والسذج يجري مجراه في عهـد القوط الغربيين، كـما كان يجري في عهد سائر الحكومات القديمة. فكان الأمراء والأحبار يجتمعـون في حفـلات دينيـة أو دنيوية فخمة، ويضعون قواعد للتحليل والتحريم،

ويدبّرون وسائل للإرهاب والرعب ليتغلبوا بذلك كله على مشاعر الجماهير ويهدئوا أفكارهم. وتركزت الثروة بأيدي عدد قليل من الأفراد، وكانت الثغرة الواسعة التي تفصل الأغنياء عن الفقراء، والمسيحيين عن اليهود قانون ثلاث دول مختلفة، فلما جاء المسلمون لم يبال الفقراء واليهود بسقوط دولة ملكية، وكنيسة لم تظهر شيئا من الاهتمام بفقرهم وسامتهم كثيرا من أنواع الاضطهاد الديني.

وبعد أن دخل القائد المسلم (مغيث الرومي)[1] قرطبة جعل يهود المدينة يساعدونه في ضبط الأمن فيها وفي تصريف شؤون سكانها. وكان يهود قرطبة كسائر يهود شبه الجزيرة الإيبرية راغبين في مساعدة المسلمين كرها بالقوط وتأثرا منهم لما نالوه من أذى على يد أبناء دينهم في كل قطر دخلته جيوش المسلمين في المشرق كما في مصر وفي بلدان شمال أفريقيا.

ولم يلبث أن اشتد إعجاب الأسبان بثقافة المسلمين وحضارتهم، كما يتضح مما ذكره (الفارو) الكاتب المسيحي المتعصب في القرن التاسع الميلادي، فقد كتب يقول: (إن إخواني المسيحيين يدرسون كتب فقهاء المسلمين وفلاسفتهم، لا لتفنيدها بل لتعليم أسلوب عربي بليغ. وآه أسفاه ! إنني لا أجد اليوم علمانيا يقبل على قراءة الكتب الدينية أو الإنجيل، بل إن الشباب المسيحي الذين يمتازون بمواهبهم الفائقة أصبحوا لا يعرفون علما ولا أدبا ولا لغة إلا العربية ! ذلك أنهم يقبلون على كتب العرب في نهم وشغف، ويجمعون منها مكتبات ضخمة تكلفهم الأموال الطائلة في الوقت الذي يحتقرون الكتب المسيحية وينبذونها)[2].

---

(١) مغيث الرومي: هو مغيث بن الحارث ين الحويرث بن الأيهم الغساني. سبي من الروم صغيرا فأدبه عبد الملك بن مروان. نشأ في دمشق، وجهه موسى بن نصير مع طارق بن زياد إلى الأندلس. قتل في الصراع العربي-العربي سنة ١٢٣هـ/٧٤١م.

(٢) تراث الإسلام-غوستاف-ترجمة عبد العزيز توفيق جاويد-القاهرة ١٩٦٥-ص(٨١-٨٢).

ومن المفيد أن نعرف أن سكان الجزيرة الأندلسية أقبلوا على الإسلام طواعية ليدخلوا في دين الله أفواجا، حتى غدت الأندلس جزيرة إسلامية، عاش أهلها الأصليون - الذين دخلوا الإسلام - مع الفاتحين المسلمين إخوانا، حتى أصبح الجميع سواء دون تمييز امتثالا لقوله تعالى: (إنما المؤمنون إخوة)[١]. ومن هنا نتلمس الفارق بين ما كان عليه الحال عند الفاتحين المسلمين وبين ما فعله الغربيون عندما دخلوا أمريكا كيف ذبحوا السكان الأصليين حتى الذين دخلوا دينهم، وكذلك فعلوا بسكان استراليا الأصليين نفس الشيء، في حين جعلوا من سكان جنوب أفريقيا الأصليين عبيداً وعاملوهم معاملة دون معاملة الكلاب !

وهكذا كانت الأندلس كلما تقدم الزمن فيها نجد الإسلام مستمرا بالانتشار في أرجائها، إلى أن أصبح غير المسلمين أقلية، ولكن عوملوا بكل احترام وكفلت لهم حقوقهم وحريتهم في المعتقد والعبادة ولم يعاملوا كمواطنين من الدرجة الثانية ! مما جعل الأسبان يعجبون لهذه المعاملة التي اتسمت بالتسامح والإنصاف، وجعلتهم يؤثرون التعايش مع المسلمين، لينعموا بالأمن والأمان، وأن يأخذوا الكثير من عادات المسلمين، ويتقمّصون أسلوب حياتهم ومعاشهم، ولم يكتفوا بذلك بل أقبلوا على دراسة اللغة العربية، ومارسوا الأساليب الإسلامية في حياتهم، فلبسوا ملابسهم، واستعملوا الختان، وامتنعوا عن أكل الخنزير، وتسموا بالأسماء العربية إلى جانب أسمائهم اللاتينية، وأتقنوا العربية وتذوقوها قراءة وكتابة وإنشاء وأدبا. وهذا دفع (الفارو القرطبي) إلى انتقادهم بمرارة من توجههم نحو العربية والبعد عن اللاتينية[٢].

---

(١) سورة الحجرات: (١٠).

(٢) التاريخ الأندلسي-عبد الرحمن علي الحجي-دمشق-دار القلم ط٣ ١٩٨٧م - ص(١٧١).

ولكن الإسلام انتشر - بفضل اللـه - بقوته الذاتية التي حققت المثل الإنسانية الفريدة، وبقي يمدها بالحياة والحركة، فالإنسان به غني وبغيره فقير مدقع.

واستمر شعاع الحضارة الإسلامية مضيئا في سماء الأندلس ليمتد نوره إلى غرب أوروبا في القرنين الثاني عشر والثالث عشر الميلادي وما بعدهما.

ولقد ساعد على انتقال حضارة عرب الأندلس إلى الغرب سياسة التسامح التي اتبعها المسلمون من منطلق أن العلم حق لكل الناس كافة دون تمييز كحقهم في الماء والكلأ والنار لا يجوز حجبه عن أحد.

وقد دفع هذا التسامح المستعربين الأسبان [1] - كما قلنا - يتسابقون لاعتناق دين الإسلام، وتعلم اللغة العربية، حتى أن اليهود كانوا يسارعون للانخراط في دراسة اللغة العربية على يد الأساتذة المسلمين، مما أدى بالتالي إلى إيجاد مدرسة كبيرة من غير المسلمين، كان لأفرادها دور القيام بوظيفة السفراء بين الأندلس وغرب أوروبا.

وشارك اليهود بصفة خاصة في الحياة الثقافية بالأندلس مشاركة فعالة في القرنين الثاني عشرـ والثالث عشر الميلادي، بما ترجموه من كتب عربية كثيرة إلى اللاتينية، مع ملاحظة أن نشاط يهود أسبانيا في ذلك العصر كان جزءا لا يتجزأ من نشاط المسلمين الحضاري.

_____

(١) الواقع أن حركة الاستعراب، كانت تحمل في طياتها، مع نجاحها وسرعة نموها، بذور تفجر رهيب، فالسرعة التي كان يتحول بها الأسبان عن لغتهم وقوميتهم ما كان يمكن إلا أن يخلق في بعض الأوساط المحافظة والمتعصبة لدينها وقوميتها ردود فعل سلبية، إذ أن ذلك كان يثير شعورا داخليا بالخوف والقلق من أن يتحول الأسبان النصارى في مستقبل قريب إلى أقلية صغيرة تعيش على هامش الأحداث في أرضها ووطنها. وبالفعل التحق عدد كبير منهم بالوظائف العامة في الإدارة وفي الجيش.

وعندما سقطت (طليطلة)[١] في يد الفونسو الأسباني سنة ١٠٨٥م ازداد تدفق طلاب العلم من مختلف بلاد غرب أوروبا على أسبانيا للاستزادة من الدراسات الإسلامية، فنشطت حركة الترجمة عن العربية نشاطا منقطع النظير، واستمرت حتى القرن الخامس عشر. فترجم كثير من المؤلفات العربية في مختلف العلوم والفنون، كما ترجمت عن العربية بعض مؤلفات اليونان مثل كتب (جالينوس[٢] و(بقراط)[٣]

(١) طليطلة: مدينة قديمة في أسبانيا، تقع وسط شبه جزيرة إيبريا. كانت مزدهرة أيام الرومان، ثم صارت حاضرة الدولة القوطية. فتحها المسلمون بقيادة طارق بن زياد سنة ٧١٣م، وجعلوها قاعدة الثغر الأدنى للدولة الإسلامية. وحينما سقطت دولة الخلافة الأموية في الأندلس وانقسمت الأندلس إلى طوائف، كانت طليطلة مستقلة يحكمها بنو ذي النون سنة ١٠٣٥م. سقطت طليطلة بيد ملك قشتالة الفونسو السادس سنة ١٠٨٥م. كانت مركزا مهما لحركة الترجمة من العربية إلى اللاتينية، ومنها انتشرت الحضارة الإسلامية في أوروبا في العصور الوسطى.

(٢) جالينوس (١٣٠-٢٠٠م): طبيب وكاتب يوناني. ولد في برجامون وعمل جراحا لمدرسة المصارعين، ثم أقام بروما حيث ذاع صيته فاختاره (مرقص اوريليوس) طبيبا لبلاطه. وينسب إلى جالينوس ٥٠٠ مؤلف أغلبها في الطب والفلسفة، وبقي من مؤلفاته الطبية ٨٣ على الأقل. وأقام الطب على نسق يوافق نظرياته التي أكدت أن كل شيء مخلوق لهدف معلوم، وأضاف الكثير إلى المعرفة بالمخ والأعصاب والحبل الشوكي والنبض. غربال-المصدر السابق-ص(١/٥٩٧).

(٣) بقراط (٤٦٠-٣٧٠ق.م): طبيب يوناني يعرف بأبي الطب. فصل الطب عن الخرافات والغيبيات وأقامه على أساس علمي فكان له أعمق الأثر في تقدمه. ومجمل نظريته عن المرض أن الجسم يحتوي على أربعة أخلاط، الدم والبلغم والسوداء والصفراء، وأن علاقة بعض هذه الأخلاط ببعض تقرر صحة المرء ومزاجه. وقد ثبت خطل النظرية. وليس في مجموعة رسائل أبقراط إلا القليل مما تأكد نسبته إليه. غربال-المصدر السابق-ص(١/٧).

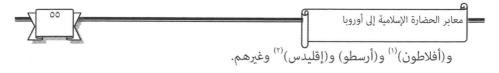

و(أفلاطون)[١] و(أرسطو) و(إقليدس)[٢] وغيرهم.

لقد وجد من بين حكام اسبانيا من قدّروا الثقافة العربية الإسلامية، وكان في مقدمتهم (الفونسو العاشر)[٣] ملك (قشتالة)[٤] و(ليون)[٥] الملقب (بالحكيم). الذي أعجب بما وجده في (أشبيلية) من علوم المسلمين، فتحدى المتعصبين من أهل ملته باستخدام العلماء العرب واليهود والمسيحيين على السواء لترجمة كتب المسلمين إلى اللغة اللاتينية كي تستطيع أوروبا أن تفيد من هذه العلوم. وقد أنشأ هذا الملك مدرسة لعلم الهيئة هي صاحبة (الأزياج الأذفنشية)[٦] الخاصة بالأجرام

---

(١) أفلاطون (٤٢٧-٣٤٧ق.م): فيلسوف ومفكر إغريقي وسياسي مثالي. ولد في أثينا ومات فيها. أسس عام ٣٨٨ق.م أكادمية في اثينا لتدريب الساسة. تدخل مرتين في السياسة لإنشاء دولة فلسفية في سراتوسيا وأخفق. تقوم فكرة جمهوريته على: النخبة القادرة على الحكم. الشعب عاجز عن المشاركة. أما تقسيمه لطبقات جمهوريته فهي: ١-الفلاسفة ٢-الطبقة الوسطى من الجنود والموظفين ٣-الطبقة الدنيا من الحرفيين والعامة. ولا تزال مؤلفاته مصدر إلهام لكثير من المفكرين السياسيين. الكيالي-المصدر السابق-ص(١/٢٣٢، وغربال-المصدر السابق-ص(١/١٨١).

(٢) اقليدس الميغاري (٤٥٠-٣٧٥ق.م): فيلسوف يوناني تلقى عن سقراط وأسس المدرسة الميغارية التي ضمت المذهب الإيلي في وحدة الوجود. غربال-نفس المصدر-ص(١/١٨٦).

(٣) الفونسو العاشر (الحكيم): ملك قشتالة وليون بين سنتي (١٢٥٢-١٢٨٤م) انتخبه الأمراء الألمان ملكا على ألمانيا سنة ١٢٥٦م. استولى على قادس من المسلمين سنة ١٢٦٢م. كان راعيا للعلم وصاحب فضل كبير في تصنيف المجموعة القانونية. توفي سنة ١٢٨٤م.

(٤) قشتالة: إمارة مسيحية عاصمتها مدينة برغش. انضمت إلى نافار وضمت إليها ليون سنة ١٤٦٩م.

(٥) ليون: اتحدت مع قشتالة سنة ١٢٣٠م. وهي اليوم إحدى الولايات الأسبانية.

(٦) هي جداول جافة مقسمة حسب الأقاليم إلا أنها تحوي أهم الظواهر الجغرافية، ومنها المدن وتحدد أطوالها وعروضها. وقد اهتم بذلك (الخوارزمي) ثم (البيروني) الذي كانت له اليد الطولى في هذا العلم فحقق مواقع العديد من المدن على وجه الصحة، وأضاف إلى ذلك ذكر صفاتها والممالك والنواحي التابعة لها. وكذلك فعل ابن سعيد ويمكن اعتبار كتاب (تقويم البلدان) لأبي الفداء نوعا من الأزياج الموسعة التي أضاف صاحبها ضبط السماء والتحديد الواقعي للأقاليم، وعددا من الأوصاف الأساسية لكل مدينة. كما يعتبر (معجم البلدان) لياقوت الحموي نوعا من الأزياج الموسعة.

السماوية وحركاتها التي أضحت المرجع الذي يعتمد عليه علماء الهيئة المسيحيين. ونظم هذا الملك هيئة المؤرخين، التي وضعت كتابا أسمته باسمه جمعت فيه تاريخ أسبانيا، وتاريخا عاما واسعا للعالم كله.

وبعكس (الفونس الحكيم) جاء بعض الحاقدين على الإسلام والمسلمين مندفعين وراء أحقادهم ليحرقوا (ثمانين ألف كتاب من كتب العرب) بعد طردهم من أسبانيا)[1].

ولقد ظن هؤلاء الحاقدون (أعداء الإنسانية والعلم) أن في عملهم الإجرامي والبدائي وغير الحضاري يستطيعون محو آثار الحضارة الإسلامية بالأندلس. فقد فات أمثال هؤلاء الهمج أن ما تركه العرب المسلمون من مدن عامرة بالقصور الفارهة، والمساجد الشامخة بقبابها ومآذنها، والطرق المعبدة، والمشافي الراقية، والفنادق الزاهية، والحدائق الغناء، وقنوات المياه المنظمة، وأساليب الري المتطورة، كان كل هذا كفيل بتخليد العرب المسلمين. ونكتفي في هذا السياق أن ننقل شهادة (جوستاف لوبون) حيث يقول: (إنه لا يوجد في أسبانيا المعاصرة من أعمال الري سوى ما أتمه العرب)[2].

لقد استيقظ الغرب من ثباتهم الطويل في العصور الوسطى، ليجدوا أنفسهم أمام معين لا ينضب من المؤلفات الإسلامية في شتى أنواع العلوم والفنون، فأقبلوا يرتشفون من ذلك المعين المتدفق في كل المدن الإسلامية، وبأية طريقة يرونها تحقق لهم هضم هذه العلوم.

---

(١) قام بهذا العمل الشنيع رئيس أساقفة (أكزيمنيس) بعد إخراج العرب من الأندلس.

(٢) حضارة العرب-جوستاف لوبون-ترجمة عادل زعيتر-القاهرة ١٩٥٦م-ص(٢٩٤).

فهذا (أديلار الباثي)[١] يقوم برحلة طويلة طلبا للعلم، فيطوف بمصر ـ والشام والأندلس، ويدرس على العرب علمي (الفلك والهندسة).

أيضا هناك (ليوناردو فيبوناتشتي)[٢] - الذي عاصر فريدريك الثاني - والذي طاف بمصر والشام حيث تعلم أصول (علم الجبر) من العرب، وكان أول عالم مسيحي اشتغل به.

في حين شكل رئيس رهبان (كلوني) -بطرس الموقر -[٣] المتوفي سنة ١١٥٦م جماعة من المترجمين في أسبانيا يعملون كفريق واحد من أجل الحصول على معرفة علمية موضوعية عن الدين الإسلامي، وقد كان (بطرس الموقر) وراء ظهور أول ترجمة لمعاني (القرآن الكريم) إلى اللغة اللاتينية في عام ١١٤٣م.

والواقع أنه جاء وقت على غرب أوروبا في العصور الوسطى، ضاق فيه الناس ذرعا بتزمت الكنيسة التي حصرت تفكيرهم داخل دائرة ضيقة، فأصبحوا يتطلعون إلى حياة علمية وفكرية أخصب وأكثر تنوعا. وفي الوقت الذي قيدت

---

(١) أديلارد الباثي (القرن الثاني عشر الميلادي): فيلسوف إنكليزي. درس الفكر العربي، وجاب بلاد الشرق وأقطار البحر المتوسط، وربما أنفق بعض الوقت في الأندلس.

(٢) ليوناردو دافينشي (١٤٥٢-١٥١١م): مصور، ونحات، ومعماري، وموسيقي، ومهندس، وعالم إيطالي. ولد ببلدة (فينشي) كان ابنا غير شرعي لكاتب عقود (فلورنس) وفتاة ريفية. ذهب إلى ميلانو سنة ١٤٨٢م حيث عمل مصورا في بلاط (لودفيكو سفورتسا). عاد في سنة ١٥٠٠م إلى فلورنسا، وخدم (سيزار بورجيه) مهندسا حربيا. أمضى أواخر حياته في فرنسا، حيث أتيح له أن يتابع بحوثه العلمية المتعددة بحرية وهدوء. غربال-المصدر السابق-ص(١٦٠٣-١٦٠٤/٢).

(٣) بطرس الموقر (١٠٩٤-١١٥٦م): هو بطرس المكرم، فرنسي من الرهبانية البندكية، رئيس دير كلوني، قام بتشكيل جماعة من المترجمين للحصول على معرفة موضوعية عن الإسلام، وكان هو ذاته وراء أول ترجمة لمعاني القرآن الكريم إلى اللغة اللاتينية سنة ١١٤٣م والتي نفذها الإنكليزي (روبرت أوف كيتون). الندوة العالمية للشباب الإسلامي-الموسوعة الميسرة-الرياض ط٢ ١٩٨٩-ص(٣٤).

الكنيسة تفكير الأهالي في غرب أوروبا وألزمتهم بحصر نشاطهم الفكري داخل حـدود معينـة، كـان مفكرو المسلمين وعلى رأسهم (ابن رشد) يضربون مثلا فريدا في حرية الفكر.

مما دعا الأوربيين أن يولوا وجوههم شطر الحضارة الإسلامية التي طبقت الآفاق، ووجدت لها منارات مضيئة في (دمشـق) و (بغـداد) و(القيـروان) و(القـاهرة) و(قرطبـة)، وانصرفوا إلى دراسـة علومهم في شراهة بالغة وحماسة كبيرة. مما ترك آثارا واضحة في الفكر الأوروبي. ولا أدل على عظم أثر المسلمين في الحضارة الأوروبيـة مـن إلقـاء نظـرة سـريعـة عـلى أهـم مظـاهر هـذه الحضارة في النواحي الفكرية والأدبية والفنية، ومدى تأثرها بحضارة الإسلام.

الفصل الثاني

العلوم التي أخذها الغرب عن المسلمين العرب

١-الأدب

٢-الفلسفة

الفصل الثاني

العلوم التي أخذها الغرب عن المسلمين العرب

١- الأدب

لقد تأثر الأدب الغربي في العصور الوسطى وبداية العصر الحديث تأثرا واضحا بأسلوب الأدب العربي المعروف بالخصوبة والإبداع. فهذا (جب) يقول: (إن خير ما أسدته الآداب الإسلامية لآداب أوروبا أنها أثرت بثقافتها وفكرها العربي في شعر العصور الوسطى ونثرها)[١].

والمعروف أن الأندلس امتازت بنوع خاص من الشعر الرقيق، والذي بدا واضحا في صورة (الموشحات) والتي اشتهر بها (عبادة القزاز)[٢] و(ابن عبد ربه)[٣] و(لسان الدين ابن

---

(١) تراث الإسلام-جب-بيروت-دار الطليعة ط٢ ١٩٧٢م-ص(١٨٩-١٩٠).

(٢) عبادة القزاز هو محمد بن جعفر التميمي (٩٥٣-١٠٢١م): أديب عالم باللغة، من أهل القيروان مولدا ووفاة. رحل إلى الشرق، وخدم العزيز بالله العبيدي (الفاطمي) صاحب مصر. وصنف كتبا. وعاد إلى القيروان، فتصدّر لتدريس العربية والأدب إلى أن توفي. له العديد من المؤلفات الأدبية، وله شعر رقيق. والقزاز نسبة إلى عمل القز. ابن خلكان-المصدر السابق-ص(٤/٣٧٤) والزركلي-المصدر السابق-ص(٦/٧٢).

(٣) ابن عبد ربه هو أحمد بن محمد بن عبد ربه (٨٦٠-٩٤٠م): صاحب العقد الفريد. من أهل قرطبة. كان جده الأعلى (سالم) مولى لهشام بن عبد الرحمن بن معاوية، وكان ابن عبد ربه شاعرا مذكورا، فغلب عليه الاشتغال في أخبار الأدب وجمعها. له شعر كثير. وله في عصره شهرة ذائعة. أصيب بالفالج قبل وفاته بأيام. ابن خلكان-المصدر السابق-ص(١١٠-١١٢/١) والزركلي-المصدر السابق-ص(١/٢٠٧).

الخطيب)[١]. ويقال: إن (مقدم بن معافر العزيري) هو الذي اخترعه سنة ٩١٢-٩١٣م. ويمتاز هذا اللون من فنون الشعر العربي بصدق تمثيله لنفسية الإنسان وخواطره. وقد أكد (جورج يعقوب)[٢] أن هذا الفن أينع وكثر في الأندلس دون سائر الأقطار العربية[٣].

وظهر في شمال أسبانيا لون مشابه للشعر الأندلسي- الخفيف، كذلك في إقليم (بروفانس) بجنوب فرنسا، وذلك منذ أواخر القرن الحادي عشر- الميلادي، ومن ثم شق طريقه إلى مختلف الدول الأوروبية وبخاصة إيطاليا.

وإن موازنة سريعة بين الأزجال التي كتبها الشاعر الأندلسي (ابن قزمان)[٤] في أوائل القرن الثاني عشر الميلادي، وبين أشعار

(١) لسان الدين الخطيب هو محمد بن عبد الله بن سعيد الأندلسي (١٣١٣-١٣٧٤م): وزير مؤرخ، أديب نبيل. ولد ونشأ بغرناطة، واستوزره سلطانها (أبو الحجاج يوسف بن إسماعيل) سنة ١٣٣٣م، ثم ابنه (الغني بالله) من بعده. ثم ارتحل إلى تلمسان سنة ١٣٧١م بعد تغير السلطان أبو الحجاج عليه. حيث أقام في معية السلطان (عبد العزيز بن علي المريني) ثم استقر بفاس القديمة. وبعد فترة تقلبت الأحوال وتسلم البلاد السلطان (المستنصر أحمد بن إبراهيم) الذي عقد له مجلس شورى (محاكمة) بناء على طلب (أبو الحجاج) فأدخل السجن، ثم خنق فيه. وكان يلقب بذي الوزارتين: العلم والسيف. وتقع مؤلفاته في نحو ستين كتابا. تاريخ ابن خلدون-ابن خلدون-بيروت-مؤسسة جمال للطباعة والنشر-ص(٧/٣٤١) والزركلي-المصدر السابق-ص(٦/٢٣٥).

(٢) جورج يعقوب (جيورج ياكب): مستشرق ألماني. ولد في كونيجربرج سنة ١٨٦٢م، وعني بالدراسات الشرقية اللاهوتية. ألف بالألمانية كتبا عن حياة البدو في العصر الجاهلي، وجغرافيي العرب، وشعراء العرب، وخيال الظل وتاريخه، وأثر الشرق في الغرب. مات سنة ١٩٣٧م.

(٣) اثر الشرق في الغرب-جورج يعقوب-ص(٨٦).

(٤) ابن قزمان هو محمد بن عيسى بن عبد الملك ابن قزمان (١١٦٠م): إمام الزجالين بالأندلس. وله شعر. كاتب (المتوكل) صاحب بطليموس. وهو من أهل قرطبة. كان يتردد إلى أشبيلية. وتناقل الناس أزجاله في أيامه، وكان أزرق العينين أشقر الشعر. الزركلي-المصدر السابق-ص(٦/٣٢٢).

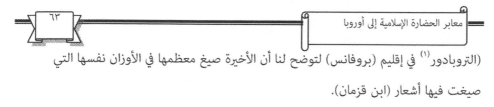

(التروبادور[1] في إقليم (بروفانس) لتوضح لنا أن الأخيرة صيغ معظمها في الأوزان نفسها التي صيغت فيها أشعار (ابن قزمان).

وإن كلمة (تروبادور) ما هي إلا تحريفا للفظ العربي (دور طرب) لا سيما وأن لغة (بروفانس) شأنها شأن كثير من اللغات الأوروبية، تقدم الصفة على الموصوف والمضاف إليه على المضاف، فقالوا: (طرب دور) التي حرفت إلى (تروبادور).

وثمة ظاهرة جديرة بالملاحظة في الشعر العاطفي الأوروبي الذي ظهر خلال الشطر الأخير من العصور الوسطى، هي العناية بالقافية. والمعروف أن الشعر الأوروبي الكلاسيكي لم يهتم بالقافية، ولم يعطها عناية تذكر في مختلف أدواره، بخلاف الوضع في الشعر العربي الذي يرتكز على القافية ويعتبرها منذ نشأته ركنا من أهم أركانه. وهذه الظاهرة جعلت كثيرا من الباحثين والمستشرقين يعتقدون أن القافية جاءت أوروبا عن طريق الشعر العربي.

وهذا المستشرق (جورج يعقوب) يقول: (إن القافية هي التي خلقت ذلك النثر القوي في شعر (جوتة)[2] الوجداني، وإليها يرجع الفضل في هذه الموسيقى الجميلة التي يحسها القارئ لشعر (بلاتن) ونثر (ستفن جورج) وغيرهما من أعلام الأدب في أوروبا)[3].

---

(١) تروبادور: جماعة من شعراء العصور الوسطى في جنوب فرنسا. وكان أغلب هؤلاء من طبقة الأشراف، ينظمون في مختلف فنون الشعر، ويتكلمون في الحرب والسياسة. ولكن الموضوع الذي استهواهم جميعا الحب. بلغ عدد هؤلاء الشعراء نحو أربعمائة شاعر بين أواخر القرن الحادي عشر وأواخر القرن الثالث عشر. واشتهر هؤلاء في أسبانيا وإيطاليا.

(٢) جوته: هو يوهان فولفانج فون، شاعر وكاتب ومسرحي وروائي ألماني. ظهرت عبقريته في ميادين شتى في الأدب والعلم على السواء. ولد سنة ١٧٤٩م، بلغت مؤلفاته مئة وأربعين مجلدا. وظل يؤلف الشعر والأدب حتى مات سنة ١٨٣٢م.

(٣) جورج يعقوب-المصدر السابق-ص(٨٤).

أما بالنسبة لتأثير العرب في النثر الأوربي فليس فيه مجال للشك، فاهتمام الأوربيين بالدراسات والكتب العربية العلمية صحبه اهتمام آخر بالمؤلفات الأدبية عند العرب، وبصفة خاصة (القصص الخيالية) ذات المغزى الأخلاقي أو التي تتخذ الحيوان موضوعا لها.

وهذا اللون من الأدب الشرقي عرفه الشعر العربي قبل أن يظهر في الأدب الأوروبي بقرون طويلة، كما هو واضح في لامية (الشنفري)(١). وكان الأدب الأسباني هو أول ما تأثر بالأدب العربي، فنقل (بطرس الفونس) اليهودي من العربية إلى الأسبانية مجموعة قصص هندية، هي التي عُرفت باسم (التعاليم الكنسية).

وفي سنة ١٢٥١م ترجمت من العربية إلى الأسبانية أيضا مجموعة القصص الهندية المعروفة باسم (كليلة ودمنة). وأعقب ذلك بقليل ترجمة قصص الحكماء السبعة أو (السندباد) سنة ١٢٥٣م، ثم كثرت بعد ذلك تراجم الحكم والقصص الخلقية، وانتشرت في أوروبا بوجه عام.

وقد استمرت روح الأدب العربي في الأندلس بعد جلاء العرب عنها، ويقول (جب): (إنه قل من يستطيع أن ينكر أن ما تمتاز به آداب الجنوب الأوروبي من انبساط وخيال خصب يرجع إلى تأثير تلك الآداب بالمؤثرات العربية، كما يرجع إلى ما خلفته الثقافة العربية من آثار في أهل الأندلس)(٢).

---

(١) الشنفري هو عمر بن مالك: شاعر جاهلي، يماني، من فحول الطبقة الثانية. كان من فتّاك العرب وعدّائيهم. وهو أحد الخلعاء الذين تبرأت منهم عشائرهم. قتله (بنو سلامان). وقيست قفزاته ليلة مقتله، فكانت الواحدة منها تقريبا من عشرين خطوة. وهو صاحب لامية العرب. اختيارات من كتاب الأغاني-الأصفهاني-صنعة د. إحسان النص-بيروت-مؤسسة الرسالة ط٢- ١٩٨٢م ص(٧٥-١/٧٨)، والزركلي-المصدر السابق-ص(٦/٨٥).

(٢) جب-المصدر السابق-ص(١٩٢).

وقد لاحظ الباحثون أوجه شبه واضحة بين القصص العربي الخيالي وبين بعض القصص التي عرفتها أوروبا في العصور الوسطى، مثل قصة (ايزولد) (ذات اليد البيضاء) وقصة (فلورا والزهرة البيضاء). وتتضح الروح العربية في القصة الأخيرة بوجه خاص، وهي شديدة الشبه بالقصة الشائعة (القاسم ونيقولت) التي لا يرقى الشك إلى أصلها العربي، كما هو واضح من اسم بطلها (القاسم). ولا عجب، فالعرب - كما يقول (لوبون) - هم الذين ابتدعوا روايات الفروسية في الأدب[١].

وهكذا استطاع الأدب العربي أن يؤثر تأثيرا واضحا في القصص الأوروبي، ليس فقط في العصور الوسطى، بل الحديثة. فالروح الأندلسية تبدو واضحة في قصة (امادس دي جولا)[٢] التي كتبها عدة قصّاص في القرن الخامس عشر الميلادي، كما تبدو في غيرها من القصص الأوروبي الذي وضع في القرنين الخامس عشر والسادس عشر.

والمهم في أمر هذه القصص أنها تعبّر في مجموعها عن صدى الثقافة العربية في الفكر الأوروبي، وهو الصدى الذي كان نذيرا بانقلاب هام في تاريخ الأدب الغربي الحديث، لأنه أدى إلى مولد القصة الحديثة. وحسبنا أن (سرفانس)[٣]

---

(١) لوبون-المصدر السابق-ص(٤٧٤).

(٢) قصة رومانسية تصور الفارس المثالي. ألفت في القرن الثالث والرابع عشر في أسبانيا أو البرتغال. ذاعت مترجمة في فرنسا وإنكلترا حتى ورثتها في الذيوع قصة (دون كيشوت).

(٣) سرفانتس (١٥٤٧-١٦١٦م): هو ميجل دي سرفانتس سفدرا. روائي، وكاتب مسرحي، وشاعر، أسباني. ولد في أسرة انحدرت من قرطبة، رحل إلى إيطاليا سنة ١٥٦٩م وعمل بعض الوقت في بلاط الكردينال (كوانيفا). التحق بالجيش سنة ١٥٧٠م وجرح في معركة (ليبانتو) سنة ١٥٧١م. وأسره المغاربه وهو في طريق عودته إلى بلاده حيث بيع بالجزائر مع الرقيق، وبقي فيها حتى سنة ١٥٨٠م ثم عاد إلى أسبانيا بعد تقديم فدية عظيمة. واعتزل الجيش سنة ١٥٨٢م. تزوج سنة ١٥٨٤م، كانت حياته شاقة للغاية. غربال-المصدر السابق-ص(١/٩٧٨).

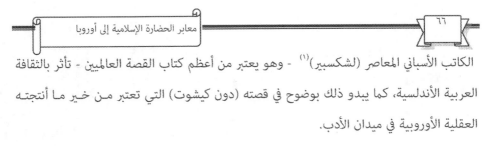

الكاتب الأسباني المعاصر (لشكسبير)[١] - وهو يعتبر من أعظم كتاب القصة العالميين - تأثر بالثقافة العربية الأندلسية، كما يبدو ذلك بوضوح في قصته (دون كيشوت) التي تعتبر من خير ما أنتجته العقلية الأوروبية في ميدان الأدب.

ولقد أقبل الجمهور الأوروبي إقبالا شديدا على قصص (ألف ليلة وليلة) عندما ترجمت سنة ١٧٠٤م. وقد ظهر لها أكثر من ثلاثين طبعة خلال القرن الثامن عشر وحده، ونشرت منذ ذلك الوقت أكثر من ثلاثمائة مرة بمختلف اللغات الغربية.

وإلى هذه القصص يرجع الفضل في إثارة روح المغامرة عند الأوروبيين، تلك الروح التي لابد منها لكل أدب شعبي، حتى اعترف الأستاذ (جب) بأنه لولا قصص (ألف ليلة وليلة) لما عرف الأوربيون قصة (روبنسون كروزو) أو قصة (رحلات جلفر)[٢].

ويضيف (جورج يعقوب) قائلا: (.. إن قصة روبنسن كروزو مأخوذة عن قصة (حي بن يقظان) التي كتبها فيلسوف الأندلس (ابن طفيل)[٣]، والتي ترجمت

---

(١) شكسبير (١٥٦٤-١٦١٦م) هو وليم شكسبير: ولد في بلدة (ستراتفورد) وعمل في البلدية ردحا من الزمن. وفي عام ١٥٨٢م تزوج. ثم اضطر إلى مغادرة بلدته بسبب فضيحة سرقة. حيث عاش في (لندن) وجمع فيها ثروة من عمله. عاد إلى مسقط رأسه في أواخر أيامه. ويقدر العارفون أن هناك نصف مليون شخص بين ناشر، وصاحب مكتبة، ومحاضر، ومدرس، وأمين متحف، ودليل سياحي، يكسبون أرزاقهم بفضل شكسبير. أحداث وأعلام-سمير شيخاني-بيروت-مؤسسة عز الدين للطباعة والنشر ١٩٨٩م-ص(٣٦٢-١/٣٦٣).

(٢) جب-المصدر السابق-ص(٢٧٣-٢٧٤).

(٣) ابن الطفيل هو محمد بن عبد الملك بن محمد بن طفيل (١١٠٠-١١٨٥م): فيلسوف. ولد في وادي (آش) وتعلم الطب في غرناطة، وخدم حاكمها. ثم أصبح طبيبا للسلطان (أبي يعقوب يوسف) - من الموحدين - سنة ١١٦٣م، واستمر إلى أن توفي بمراكش. وهو صاحب القصة الفلسفية (حي بن يقظان) وكانت بينه وبين (ابن رشد) الفيلسوف مراجعات ومباحث. الزركلي-المصدر السابق-ص(٦/٢٤٩).

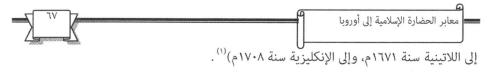

إلى اللاتينية سنة ١٦٧١م، وإلى الإنكليزية سنة ١٧٠٨م)[١].

ويرجح البعض أن (المقامات العربية) أثُرت هي الأخرى في الأدب الأوروبي في العصور الوسطى ومستهل الحديثة. والمعروف أن هذه المقامات تتألف من قصص متفرقة بطلها شخص يستغل خفة روحه وسعة حيلته في كسب قوته. وأشهر هذه المقامات مقامات (الحريري)[٢]، ومقامات (بديع الزمان الهمذاني)[٣]، وقد وجد شبيه لها في بعض الروايات الأسبانية التي تدور حول حياة المشردين والصعاليك والتي أحرزت إقبالا كبيرا في القرن السابع عشر- وهذه قصة الفارس (ثيفارو) تضم إلى جانب روحها الشرقية حادثة من الحوادث التي اقترن اسمها في الرواية العربية باسم (جحا)[٤] الشهيرة.

ولم يقتصر تأثر الأدب الأوروبي بالأدب الإسلامي بالشعر والنثر والقصة، فقد كان للغة العربية نفسها أثر عميق في اللغات الأوروبية. فعدد الألفاظ العربية في اللغتين الأسبانية والبرتغالية أكبر من أن يتصوره عقل.

---

(١) جورج يعقوب-المصدر السابق-ص(٨١).

(٢) الحريري هو القاسم بن علي بن محمد الحريري البصري (١٠٥٤-١١٢٢م): أديب كبير، صاحب المقامات الحريرية. كان دميم الصورة غزير العلم. مولده بالمشان قرب البصرة، ووفاته بالبصرة. ونسبته إلى عمل الحرير أو بيعه. ابن خلكان-المصدر السابق-ص(٦٣-٦٨/٤).

(٣) بديع الزمان الهمذاني هو أحمد بن الحسين بن يحيى الهمذاني (٩٦٩-١٠٠٨م): أحد أئمة الكتاب. له مقامات أخذ الحريري أسلوب مقاماته عنها. وكان شاعرا، وطبقته في الشعر دون طبقة النثر. ولد في همذان وانتقل إلى هراة سنة ٩٩٠م فسكنها، ثم ورد نيسابور سنة ٩٩٢م، ولم تكن قد ذاعت شهرته، فلقي أبا بكر الخوارزمي، فشجر بينهما ما دعاهما إلى المساجلة، فطار ذكر الهمذاني في الآفاق. كان قوي الحافظة يضرب المثل بحفظه. ويذكر أن أكثر مقاماته ارتجال. مات في هراة مسموما. ابن خلكان-المصدر السابق-ص(١١٥-١١٦/١).

(٤) جحا: صاحب النوادر. ويضرب به المثل في الحمق والغفلة، مات نحو عام ٧٤٧م، ويقال إن اسمه دجين بن ثابت. توفي في خلافة المهدي العباسي.

فهذا (رينهارت دوزي)[١] يؤلف (معجما) من جزأين أسماه (تكملة المعاجم العربية) جمع فيه الألفاظ ذات الأصل العربي الشائعة في اللغة الأسبانية واللغة البرتغالية، ورغم ضخامة هذا المعجم فإن مؤلفه دوزي يقول: (إن هناك ألفاظا أخرى كثيرة يمكن أن تضاف إليه)[٢].

كذلك تركت اللغة العربية أثرا واضحا في فرنسا - لا سيما الجهات الجنوبية - حتى أن اللهجات السائدة في منطقتي (اوفرن وليموزان) محشوة بالكلمات العربية، كما أن أسماء الأعلام فيها ذات مسحة عربية واضحة[٣].

أما اللغة الإنكليزية ففيها وحدها ما يقرب من ألف كلمة مشتقة عن أصل عربي، منها حوالي مئتين وستين كلمة من الكلمات الشائعة الكثيرة الاستخدام في الحياة اليومية. فمنها ما هو خاص بأسماء الحيوانات والطيور، ومنها ما يرتبط بالفلك والكيمياء والنبات، أو الأقمشة والملابس، أو المأكل والمشرب. هذا عدا الاصطلاحات المتعلقة بالطب والجراحة والموسيقى والحروب[٤].

ويبدو أن الجامعات الأوروبية الناشئة أحست بأهمية اللغة العربية كلغة للعلم والمعرفة، فحرص بعضها على إدخال دراسة اللغة العربية فيها منذ القرن الثالث عشر الميلادي.

---

(١) رينهارت بيتر آن دوزي (١٨٢٠-١٨٨٣م): مستشرق هولندي، من أصل فرنسي. مولده ووفاته في ليدن، كان من أعضاء عدة مجامع علمية. قرأ الآداب الهولندية والفرنسية والإنكليزية والألمانية والإيطالية، وتعلم البرتغالية ثم الأسبانية فالعربية. أشهر آثاره (معجم دوزي) في مجلدين كبيرين بالعربية والفرنسية. وله: (الألفاظ الأسبانية والبرتغالية المنحدرة من أصول عربية)، وله ترجمة لكثير من الأدباء العرب. الزركلي-المصدر السابق-ص(٣/٣٩).

(٢) جب-المصدر السابق-ص(٢٧٤).

(٣) لوبون-المصدر السابق-ص(٤٦٦).

(٤) عاشور-المصدر السابق-ص(٢٧٥).

وفي القرن الثامن عشر سعى المستشرق الألماني (يوهان.ج.رايسكه)[١] في إيجاد مكان بارز للدراسات العربية في ألمانيا. وكان يعتبر في ألمانيا واحدا من أعظم علماء العربية.

٢-   الفلسفة

لقد كان التأثير الفلسفي على أوروبا عظيما، حتى أن (ترند) قال: (إن أعظم ما خلّفه المسلمون للفكر الأوروبي هو أعمال فلاسفتهم)[٢].

وكان من المعروف أن المشرق الإسلامي شهد نشاطا كبيرا لبعض الفلاسفة أمثال: (الفارابي)[٣] و(الكندي)[٤] و(ابن سينا). ولكن تأثير الفلسفة الإسلامية على الفكر الأوروبي كان مركزه الأندلس، لأن أوروبا لم تعرف

---

(١) يوهان ياكوب رايسكه: مستشرق ألماني من الرعيل الأول، طبيب تعلم في ليون. وعلم فيها الطب والعربية. ولد سنة ١٧١٦م، ومات سنة ١٧٦٤م.

(٢) تراث الإسلام-ترند-ص(٥٥).

(٣) الفارابي هو محمد بن محمد بن طرخان، أبو النصر الفارابي (٨٧٤-٩٥٠م): أكبر فلاسفة المسلمين، تركي الأصل، مستعرب. ولد في فاراب على نهر جيحون، وانتقل إلى بغداد فنشأ فيها. وألف بها كتبه. ورحل إلى مصر والشام. واتصل بسيف الدولة الحمداني، وتوفي بدمشق. كان يحسن اليونانية وأكثر اللغات الشرقية المعروفة في عصره. ويقال: إن الآلة المعروفة بالقانون هي من وضعه. وعرف بالمعلم الثاني، لشرحه مؤلفات أرسطو. له نحو مئة كتاب. ابن خلكان-المصدر السابق-ص(١٥٣-١٥٧) وعيون الأنباء في طبقات الأطباء-ابن أبي اصيبعة-بيروت ١٩٦٥م-ص(١٣٤-٢/١٤٠).

(٤) الكندي هو يعقوب بن إسحاق بن الصباح الكندي (٨٧٣م): فيلسوف العرب والإسلام في عصره، وأحد أبناء الملوك من كندة. نشأ في البصرة، وانتقل إلى بغداد، فتعلم واشتهر بالطب والفلسفة والموسيقى والهندسة والفلك. وألف وترجم وشرح كتبا كثيرة، يزيد عددها على ثلاثمائة. ولقي في حياته ما يلقاه أمثاله من فلاسفة الأمم. أصاب عند المأمون والمعتصم منزلة عظيمة وإكراما. ابن أبي أصيبعة-المصدر السابق-ص(٢٠٦-١/٢١٤) والزركلي-المصدر السابق-ص(٨/١٩٠).

فلاسفة المشرق إلا عن طريق الأندلس، حيث أشرف (ريموند)[1] رئيس أساقفة طليطلة على ترجمة أعمال الفارابي وابن سينا والغزالي، والعديد من الكتب العلمية العربية.

ولا بد من الإشارة إلى أن الصلات الفكرية والعلمية بين المشرق الإسلامي ومغربه كانت قوية، رغم ما كان بين أولي الأمر في كليهما من نزاع أو خلاف سياسي. فقد كانت اللغة العربية والدين الإسلامي الحنيف رابطا قويا بين المسلمين في مشارق الأرض ومغاربها، والذي كان من خلاله ينتقل النشاط الفكري والعلمي، حيث كان العلماء ونتاجهم الفكري لا تقف في وجهه ما يحد من حركته ومسيره في طول البلاد الإسلامية وعرضها.

لقد لخص الأستاذ (أحمد أمين)[2] العوامل التي أعانت أهل الأندلس على التفلسف في انتقال بعض الفلاسفة والعلماء من بغداد إلى الأندلس، وتعليم أهله ما وصل إليه أهل المشرق من تفكير، وفي نشاط أهل الأندلس في نقل الكتب إلى بلادهم، ومنها كتب فلسفية كثيرة ترجمت عن اليونانية[3].

(١) ريموند هو كنت طرابلس (١١٥٢-١١٨٧م): لعب دورا بارزا في مملكة القدس الصليبية عند احتلالها من قبل الصليبيين. أسره المسلمون سنة ١١٦٤م، ثم أطلق سنة ١١٧٣م، عقد تحالفا مع صلاح الدين ثم نقضه وقاد الصليبيين في معركة حطين. مات في صور سنة ١١٨٧م.

(٢) أحمد أمين: باحث أدبي مصري، ولد بالقاهرة سنة ١٨٨٧م، ودرس في الأزهر، ومدرسة القضاء الشرعي، وتولى القضاء الشرعي مدة، ثم انتقل إلى التدريس بالجامعة المصرية بالقاهرة. له العديد من الكتب في الأدب والفلسفة والعلوم الإسلامية. توفي سنة ١٩٥٤م.

(٣) أحمد أمين-المصدر السابق-ص(٢٣٢-٢/٢٣٤).

كما كان للرعاية المتميزة التي خصَّ بها الخليفة العباسي (المأمون)[1] العلماء ورجال الفكر الفضل الأكبر في انتعاش الفلسفة والعلوم في المشرق الإسلامي، والتي امتدت بدورها إلى الأندلس.

ولم ينفرد المشرق الإسلامي وحده بالعناية بعلوم اليونان، وإنما شاركه في ذلك المغرب الإسلامي أيضا، فكما وجد في المشرق من شجع العلم والعلماء، كذلك كان حال الأندلس. فقد شجع خلفاء بني أمية فيها العلماء والفلاسفة والمفكرين، في نقل الكتب الفلسفية وترجمتها عن اليونانية، وقد عمل هؤلاء الخلفاء على تحسين العلاقات بينهم وبين أباطرة (القسطنطينية)[2]، فكان هؤلاء الأباطرة يهدون إلى خلفاء الأندلس بعض الكتب اليونانية في الفلسفة والعلوم. فهذا إمبراطور القسطنطينية يهدي إلى (عبد الرحمن الناصر) سنة ٩٤٩م هدايا عظيمة منها كتاب (ديسقوريدس) باليونانية، فسأل الخليفة عبد الرحمن الإمبراطور أن يبعث إليه رجلا

---

(١) المأمون هو عبد الله بن هارون الرشيد: خليفة عباسي، وهو سابعهم. كان أحد عظماء الملوك في سيرته، وأفضل بني العباس حزما وعلما وحلما ورأيا وأدبا وهيبة وشجاعة وسؤددا وسماحة. نفذ أمره من أفريقية إلى أقصى خراسان والسند وما وراء النهر. نشطت في عهده الترجمة، حملت إلى خزانة الحكمة الكتب اليونانية وغيرها. أطلق حرية الكلام للباحثين وأهل الجدل والفلسفة. قامت محنة خلق القرآن في السنة الأخيرة من حياته، فأساءت إلى عهده الميمون. توفي سنة ٢١٨هـ/٨٣٣م عن ثمانية وأربعين سنة حكم منها عشرين سنة.

(٢) القسطنطينية: مدينة يونانية قديمة، بنيت في القرن السابع قبل الميلاد على مضيق البوسفور، ثم أضحت عاصمة الدولة البيزنطية، وحاصرها المسلمون عدة مرات ولم يتمكنوا من فتحها. تمكن محمد الفاتح العثماني من فتحها سنة ١٤٥٣م، واتخذها العثمانيون عاصمة لهم وسموها اسطنبول، وبقيت كذلك حتى سقوط الخلافة الإسلامية على يد مصطفى كمال أتاتورك الذي ألغى الخلافة سنة ١٩٢٤م.

يتكلم اليونانية ليعلم عبيدا له، فبعث إليه الإمبراطور الراهب (نيقولا) الذي وصل إلى قرطبة سنة ٩٥١م حيث حظي عند عبد الرحمن الناصر[١].

وهكذا لم ينفرد المشرق الإسلامي وحده بالعناية بعلوم اليونان، وإنما شاركه في ذلك المغرب أيضا؛ هذا في الوقت الذي انقطعت الصلة بين الغرب اللاتيني وعلوم اليونان، مما جعل العرب أصحاب فضل عظيم في المحافظة على كتب أرسطو بل تعريف الأوربيين ببعض هذه الكتب.

وكان لاتصال العقلية الأوروبية الغربية بالفكر الإسلامي هو الذي أثار حماسة الأوربيين لدراسة الفلسفة اليونانية. وهنا يتساءل الأستاذ (جيوم) قائلا: (إذا لم يكن التأثير الأول الفعال عربيا فكيف نفسر اختلاط اسم أرسطو بالتعاليم المنسوبة إلى ابن رشد أجيالا طويلة ؟)[٢].

وتأتي شهادة الفيلسوف الإنكليزي (روجر بيكون)[٣] الذي قال: (والواقع هو أن معظم فلسفة أرسطو ظلت عديمة الأثر في الغرب لضياع المخطوطات التي حوت هذه الفلسفة، أو ندرتها وصعوبة تذوقها حتى ظهر فلاسفة المسلمين فقاموا بنقل فلسفة أرسطو وشرحها وعرضها على الناس عرضا شاملا)[٤]. وتأتي هذه الشهادة مؤيدة لما قاله جيوم.

(١) أحمد أمين-المصدر السابق-ص(٢/٢٣٤) وتاريخ الإسلام-شمس الدين الذهبي (٣٨١-٤٠٠هـ) بيروت-ط١ ١٩٨٨م-دار الكتاب العربي-ص(٢١٣).

(٢) حضارة ونظم أوروبا في العصور الوسطى-عاشور-المصدر السابق-ص(٢٧٧).

(٣) روجر بيكن: فيلسوف وعالم إنكليزي. أتقن العبرية ليدرس الإنجيل، واليونانية ليدرس أرسطو، وربما عرف العربية لصلته بالعرب، ومنهم ومن القديس أوغسطين استمد فلسفته. شغف بالعلوم الطبيعية، وكانت الحكمة والإيمان شيء واحد عنده. نسب إليه اختراع البارود. وهو أول من فحص عن الخلايا بمجهر. مات سنة ١٢٩٤م.

(٤) عاشور-المصدر السابق-ص(٢٧٧).

وإذا كان - كما قلنا - المشرق الإسلامي قد نبغ فيه فلاسفة عظماء، فإن الأندلس كان لـه أيضـا فلاسفته الذين ضربوا الرقم القياسي في حريـة التفكـير وتركـوا أبعـد الأثـر في الفكـر الأوروبي. وأهـم فلاسفة الأندلس (ابن باجة)[١] و(ابن طفيل) و(ابن رشد)، وهؤلاء كان تأثيرهم في غرب أوروبـا أكـثر منه في العالم الإسلامي.

ولقد اهتم الغرب بالفيلسوف ابن رشد أكثر من غـيره، بوصـفه أكـبر شـارح لفلسـفة أرسـطو. ذلك لأن ابن رشد أعجب إعجابا شديدا بأرسطو مما جعله يضع ثلاثة شروح على فلسفته. وفي ذلـك يقول (رينان)[٢]: (ألقى أرسطو على باب الكون نظرة صائبة ففسره وشرح غامضه، ثم جاء ابن رشـد فألقى على فلسفة أرسطو نظرة خارقة ففسرها وشرح غامضها)[٣].

ويقول ديورانت: (واعتزم ابن رشد أن يعد لكل كتاب من كتب أرسطو الكبرى خلاصة موجزة في أول الأمر، ثم شرحا لها موجزا أيضا، ثم شرحا مطولا للطلبـة المتقـدمين في الـدرس، وكانـت هـذه الطريقة طريقة الشروح المتدرجة في

---

(١) ابن باجة هو محمد بن يحيى بن ماجة (١١٣٩م): من فلاسفة الإسلام، ينسب إلى التعطيل ومذهب الحكماء. ولد في سرقسطة، واستوزره أبو بكر بن إبراهيم والي غرناطة ثم سرقسطة. وذهب إلى فاس فاتهم بالإلحاد ومات فيها. قيل: مسموما. وكان مع اشتغاله بالفلسفة والطبيعيات والفلك والطب والموسيقى، شاعرا مجيدا، عارفا بالأنساب. شرح كثيرا من كتب أرسطاطاليس، وصنف كتبا ضاع أكثرها، وبقي ما ترجم منها إلى اللاتينية والعبرية. وما بقي من كتبه (مجموعة في الفلسفة والطب والطبيعيات). ابن خلكان-المصدر السابق-ص(٤٢٩-٤/٤٣١) وابن أبي أصيبعة-المصدر السابق-ص(٢/٦٢).

(٢) أرنست رينان: مؤرخ وناقد ومستشرق فرنسي. أتم دراسته في باريس، واهتم بالدين من الناحية التاريخية. كتب تاريخ نشأة المسيحية، وكتب تاريخ شعب إسرائيل. كتب عددا من المؤلفات الأدبية. كان رينان من أوائل المستشرقين. ألف رسالة عن ابن رشد والرشدية أنكر فيها على المسلمين فلسفتهم، زاعما أنها فلسفة يونانية مكتوبة بحروف عربية. مات سنة ١٨٩٢م.

(٣) عاشور-المصدر السابق-ص(٢٧٧).

الصعوبة مألوفة في الجامعات الإسلامية. وكان صبره وصفاء ذهنه، وقدرته على التحليل الدقيق العميق، أذاعت شهرته في أوروبا كلها وأكسبته اسم الشارح الأعظم، ورفعته إلى أعلى مقام بين فلاسفة المسلمين لا يعلو عليه في المنزلة إلا ابن سينا العظيم[١].

وذهب جوستاف لوبون بعيدا في تعصبه لابن رشد حيث يرى أن ابن رشد سبق أرسطو في بعض الأحيان وأن فلسفته لا تزال مقبولة. وقال الغرب عن ابن رشد: إذا اعتبر أرسطو الفيلسوف الأكبر فإن ابن رشد هو الشارح الأعظم[٢].

أما جيوم فقال عن ابن رشد: (إنه ينتسب إلى أوروبا والفكر الغربي أكثر من انتسابه إلى الشرق والفكر الإسلامي)[٣].

لقد اعتبرت الكنيسة أن آراء ابن رشد خالفت تعاليم الكنيسة، مما أحدث هيجانا عاما في غرب أوروبا. فأصدرت عدة قرارات في القرن الثالث عشر الميلادي بتحريم آراء أرسطو وابن رشد، مع توقيع قرار الحرمان ضد كل من يردد فلسفة هذا أو ذاك.

ولكن كل قرارات الكنيسة المتزمتة لم تحل دون انتشار فلسفة ابن رشد وآرائه في البلاد الغربية، كما استمرت تدرّس في الجامعات الأوروبية في القرن الثالث عشر الميلادي. وظل تأثيرها متغلغلا، وبخاصة في إيطاليا حتى القرن السادس عشر.

(١) ديورانت-الجزء الثاني من المجلد الرابع-المصدر السابق-ص(٣٧٢).
(٢) عاشور-نفس المصدر-ص(٣٧٨).
(٣) نفس المصدر.

ويكفي أن (دانتي اليجييري)[١] وضع ابن رشد في قائمة الفلاسفة العظام الذين يفخر بهم التاريخ.

لقد كان أثر فلسفة ابن رشد واضحا في تمرد كثير من الغربيين على تعاليم الكنيسة، وغير عابئين بعقوباتها، وبتمسكهم بمبدأ حرية الفكر وتحكيم العقل على أساس المشاهدة والتجربة، وقد ظهر أثر آراء ابن رشد واضحا في فلسفة القديس (توما الأكويني)[٢]، حتى أن الفصول التي كتبها توما في العقل والعقيدة وعجز العقل عن إدراك الأسرار الإلهية، ليست إلا مقابلا لما كتبه ابن رشد في باب (فصل المقال فيما بين الحكمة والشريعة) هذا إلى أن كلا منهما سلك طريقا واحدا في معالجة وجود الله ووحدته.

وقد بلغ من تأثر توما بفلسفة ابن رشد، أن كتاب (الخلاصة لتوما) يحوي بعض مذاهب إسلامية الأصل مما يثبت أن الأثر الذي تركه ابن رشد في عقلية الغرب لم يكن مجرد شرح لكتابات أرسطو، وإنما كان أبعد وأعمق من ذلك بكثير.

---

(١) دانتي اليجييري (١٢٦٥-١٣٢١م): شاعر إيطالي، مؤلف (الكوميديا الإلهية) اشترك في بعض الحملات الحربية في ريعان شبابه. شغل بعض المناصب السياسية، وقضى بقية حياته يتنقل بين ربوع إيطاليا، ونفي إلى فلورنسا وبقي فيها إلى أن مات. يعتبر دانتي من أعظم شعراء العالم. غربال-المصدر السابق-ص(١/٧٧٨) وشيخاني-المصدر السابق-ص(٤٧-٢/٥٠).

(٢) توما الأكويني (١٢٢٥-١٢٧٤م): هو القديس والفيلسوف واللاهوتي الإيطالي. من أشهر ممثلي الفكر الكاثوليكي، يلقب باسم (الدكتور الملائكي). عين أستاذا في جامعة باريس سنة (١٢٥٢-١٢٥٩م) ثم سافر لعدة سنين إلى إيطاليا. وعاد إلى فرنسا. وكان من أنصار فلسفة ابن رشد. توفي وهو في طريقه إلى مجمع ليون. غربال-المصدر السابق-ص(١/٥٦٢) وشيخاني-المصدر السابق-ص(٢١٥-٢١٦).

الفصل الثالث

الرياضيات

الفلك

الفصل الثالث

معابر الحضارة الإسلامية العربية إلى الغرب

١- الرياضيات

لقد كان للعرب أثر واضح على أوروبا في الرياضيات، سواء في الحساب أو الهندسة أو الجبر أو حساب المثلثات أو الميكانيكا.

فقد بنى المسلمون معارفهم في الرياضيات على أساس من علوم اليونان والهنود، ثم تقدموا بهذه العلوم وخطوا بها خطوات واسعة نحو الأمام، فظهر منهم في المشرق علماء أفذاذ في العلوم الرياضية أمثال (الخوارزمي)[١] و(ثابت بن قرة)[٢]

---

(١) الخوارزمي هو محمد بن موسى الخوارزمي (٨٤٧م): رياضي فلكي مؤرخ، من أهل خوارزم، يُنعت بالأستاذ. أقامه المأمون العباسي قيّما على خزانة كتبه، وعهد إليه بجمع الكتب اليونانية وترجمتها، وكلّفه باختصار (المجسيطي) لبطليموس، فاختصره وسماه (السند هند)، أي الدهر الدهر، فكان أساسا لعلم الفلك بعد الإسلام. وللخوارزمي العديد من المؤلفات في الرياضيات والفلك والجغرافيا والتاريخ. الزركلي-المصدر السابق-ص(٧/١١٦) وغربال-المصدر السابق-ص(١/٧٦٧).

(٢) ثابت بن قرة هو ثابت بن قرة بن زهرون الحراني (٨٣٦-٩٠١م): طبيب حاسب فيلسوف. ولد ونشأ بحران، بين دجلة والفرات، حدثت له مع أهل مذهبه (الصابئة) أشياء أنكروها عليه في المذهب. فذهب إلى بغداد، فاشتغل بالفلسفة، والطب، فبرع. واتصل بالمعتضد العباسي فأكرمه. وصنف له نحو ١٥٠ كتابا. وكان يحسن السريانية وأكثر اللغات الشائعة في عصره. توفي ببغداد. ابن أبي أصيبعة-المصدر السابق-ص(٢١٥-١/٢٢٠) وابن خلكان-المصدر السابق-ص(٣١٣-١/٣١٥).

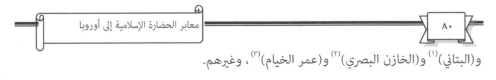

و(البتاني)[١] و(الخازن البصري)[٢] و(عمر الخيام)[٣]، وغيرهم.

كذلك ظهر في المغرب الإسلامي (مسلمة المجريطي)[٤] و(ابن السمح) المتوفى سنة ١٠٣٤م، و(ابن الصفار) المتوفى سنة ١٠٣٨م، و(الكرماني)[٥] و(أمية ابن أبي السلط)[٦]، وغيرهم.

---

(١) البتاني هو محمد بن جابر بن سنان المعروف بالبتاني (٩٢٩م): فلكي مهندس، من أهل حران. سكن الرقة واشتغل برصد الكواكب من سنة ٨٧٨-٩١٨م. رحل مع بعض أهل الرقة إلى بغداد، في ظلامات لهم، فلما رجع مات في طريقه، قرب سامراء. يقال: إنه أحد الفلكيين العشرين الأئمة الذين ظهروا في العالم كله. ابن خلكان-نفس المصدر-ص(١٦٤-٥/١٦٧) الزركلي-نفس المصدر-ص(٦/٦٨).

(٢) الخازن البصري هو محمد بن الحسين الخراساني (١٠١٠م): من كبار الفلكيين في الإسلام. خدم بأرصاده أبا الفضل أبن العميد وزير ركن الدولة البويهي. كان عالما بالرياضيات والهندسة. له تصانيف كثيرة. الزركلي-نفس المصدر-ص(٦/٩٨).

(٣) عمر الخيام هو عمر بن إبراهيم الخيام (١١٢١م): شاعر فيلسوف فارسي، مستعرب من أهل نيسابور مولدا ووفاة. كان عالما بالرياضيات والفلك واللغة والفقه والتاريخ. له شعر عربي، وتصانيف عربية. عرف قدره في أيامه، فقربه الملوك والرؤساء. وكان السلطان ملكشاه السلجوقي ينزله منزلة الندماء. والخاقان شمس الملوك ببخارى يعظمه ويجلسه معه على سريره. ابن الأثير-المصدر السابق-ص(٨/٤٦١) والزركلي-المصدر السابق-ص(٥/٣٨).

(٤) المجريطي هو مسلمة بن أحمد بن قاسم المجريطي (٩٥٠-١٠٠٧م): فيلسوف رياضي فلكي. كان إمام الرياضيين بالأندلس، وأوسعهم إحاطة بعلم الأفلاك وحركات النجوم. مولده ووفاته بمجريط (مدريد) ذهب بعض المؤرخين إلى أنه مؤلف (رسائل الصفا) ولم يثبت ذلك. ابن أبي اصيبعة-المصدر السابق-ص(٣/٣٩) والزركلي-نفس المصدر-ص(٧/٢٢٤).

(٥) الكرماني هو عمرو بن عبد الرحمن بن أحمد الكرماني (٩٧٨-١٠٦٦م): جراح، عالم بالطب والهندسة، من أهل قرطبة. رحل إلى المشرق، واشتهر. وعاد فسكن سرقسطة إلى أن توفي. كان متميزا في صناعة الطب، ولا سيما الكي والقطع والشق والبط. ابن أبي أصيبعة-نفس المصدر-ص(٢/٤٠) والزركلي-نفس المصدر _ص(٥/٨٠).

(٦) أمية بن عبد العزيز بن أبي السلط الأندلسي (١٠٦٨-١١٣٥م): حكيم، أديب، من أهل دانية بالأندلس. ولد فيها، ورحل إلى المشرق. فأقام بمصر عشرين عاما، سجن خلالها، ونفاه الأفضل شاهنشاه منها، فرحل إلى الإسكندرية، ثم انتقل إلى المهدية، من أعمال المغرب، فاتصل بأميرها يحيى بن تميم الصنهاجي وابنه علي بن يحيى، فالحسن بن يحيى آخر ملوك الصنهاجيين بها، ومات فيها. ابن خلكان-نفس المصدر-ص(١/٢٤٣) ونفح الطيب في غصن الأندلس الرطيب- المقري التلمساني-تحقيق محمد محي الدين عبد الحميد-بيروت ١٩٤٩م-ص(١/٣٧٧) والزركلي-المصدر نفسه-ص(٢/٢٣).

يقول ديورانت: (.. وحافظ المسلمون في العصر الذي نتحدث عنه على تفوقهم غير المنازع في العلوم وكان أعظم ما بلغوه من التقدم في علم الرياضة في (مراكش)[1] و(أذربيجان)[2]، ففيهما نشاهد مرة أخرى ما بلغته الحضارة الإسلامية من رقي عظيم، ففي مدينة مراكش نشر (حسن المراكشي)[3] في عام ١٢٢٩م جداول تشتمل على جيوب الزوايا لكل درجة من الدرجات، وجداول بجيوب التمام، وجيوب الأقواس، ومماسات الأقواس المتماسة، وبعد جيل من ذلك الوقت أصدر (نصر الدين الطوسي)[4] أول رسالة بحث فيها حساب المثلثات بوصفه علما مستقلا بذاته لا بوصفه فرعا من فروع علم الهيئة. وقد بقي كتابه المسمى (شكل القطاع) لا ينافسه منافس في هذا الميدان حتى نشر (رجيو منتاس) كتابه (المثلثات) بعد مئتي عام من ذلك الوقت، وربما كان حساب المثلثات الذي ظهر عند الصينيين في النصف الثاني من القرن الثالث عشر الميلادي عربي النشأة)[5].

---

(١) مراكش: من أكبر مدن المغرب، تقع في جنوبي البلاد نحو الغرب، في سفوح جبال الأطلس، بناها يوسف بن تاشفين سنة ٤٧٠هـ/١٠٧٧م، وجعلها عاصمة له ولأعقابه من بعده، ولا تزال من أهم المدن المغربية.

(٢) أذربيجان: إقليم يقع في أقصى الجنوب الغربي من بحر قزوين. أهم مدنه: أردبيل، وأرمينية، ومرند، وخوى، ومراغة، وتبريز. وتقع أذربيجان اليوم في إيران.

(٣) الحسن بن علي بن عمر المراكشي (١٢٦٢م): موقت مغربي. له (جامع المبادئ والغايات في علم الميقات). الزركلي- المصدر السابق-ص(٢/٢٠٣).

(٤) نصير الدين الطوسي: أحد علماء الإسلام. مؤلفاته ورسائله في الرياضيات والفلك متعددة، أنجز أكثرها في السجن. ولد في طوس سنة ١٢٠١م، وتوفي في بغداد سنة ١٢٧٣م، أطلق سراحه هولاكو بعد دخوله بغداد وقربه منه، وجعله أمينا على أوقاف الممالك التي كان يستولي عليها. أنشأ مكتبة كبيرة، وبنى مرصد فراغة. وكانت هذه المكتبة يربو عدد كتبها على ٤٠٠ ألف مجلد. وضع الطوسي العديد من الكتب في الجغرافيا والطبيعيات والموسيقى والتقاويم والتنجيم والبصريات.

(٥) ديورانت-المصدر السابق-ص(٣٥٦).

لقد تقدم المسلمون بالحساب خطوات واسعة، فأضافوا إلى معلومات اليونانيين كثيرا من النظريات التي لم تعرفها أوروبا من قبل، كما علموا الأوروبيين نظام الأعداد الهندية التي يمثل ثورة شاملة في علم الحساب.

ولم يكن الغرب يعرف أن رقم (واحد) تتغير قيمته حسب وضعه في خانة الآحاد أو العشرات أو الألوف أو الملايين، في حين أن قيمة الرقم لا تتغير في النظام الروماني بتغير خانته، فرقم (٥) مثلا لا يمكن أن يعني خمسين أو خمسمائة أو خمسة آلاف.

وهكذا إذا أردنا أن نكتب عددا مثل (٣٨٣) بالأرقام اللاتينية، أي التي لم تعرف أوروبا غيرها في العصور الوسطى، فإنه يكتب على هذا الوضع: (CCCLXXXIII)[١] .

ونستطيع أن نتصور مدى التعقيد الذي يصيب العمليات الحسابية من جمع وطرح وضرب وقسمة عند استخدام هذا النظام العددي الروماني، فما بالنا بالأعداد الكبيرة التي تعبر عن الآلاف والملايين أو في الجداول الرياضية والمعادلات.

صحيح أن الأعداد هذه المستخدمة حاليا في الغرب ليست من اختراع العرب، إذ من المرجح أنها هندية الأصل، كما أشار العرب أنفسهم، وكما يتضح من طريقة كتابتها من اليسار إلى اليمين، بعكس الطريقة المتبعة في كتابة معظم اللغات السامية، وهي من اليمين إلى اليسار. ولكن يكفي العرب فضلا أنهم أوصلوا هذه الطريقة الجديدة إلى أوروبا ورحموا الأوروبيين من تعقيد النظام العددي الروماني العقيم، وبذلك سهلوا العمليات الحسابية وساعدوا على تقدم الرياضيات.

ونجد (اليعقوبي)[٢] يشير إلى رمز جديد هو (الصفر)، الذي يعتبر من أعظم الابتكارات التي اهتدى إليها العقل البشري في الرياضيات.

---

(١) الأرقام الرومانية هي: (I=١، v=٥، x=١٠، l=٥٠، c=١٠٠، d=٥٠٠، m=١٠٠٠).

(٢) أحمد بن إسحاق بن جعفر اليعقوبي (٩٠٥م): مؤرخ جغرافي كثير الأسفار، من أهل بغداد. كان جده من موالي المنصور العباسي. رحل إلى المغرب وأقام مدة في أرمينية، ودخل الهند. وزار الأقطار العربية، وصنف كتبا جيدة. الزركلي- المصدر السابق-ص(١/٩٥) وغربال-المصدر السابق-ص(٢/١٩٨٣).

ولم يعرف الغرب استعمال الصفر إلا عن طريق المسلمين في القرن الثاني عشر ـ الميلادي، حتى قال (جورج بيدل ايري)[١] : (إن فكرة الصفر تعتبر من أعظم الهدايا العلمية التي قدمها المسلمون إلى غرب أوروبا)[٢].

وكان العرب قد استخدموا لفظ (صفر) للدلالة على (لا شيء) منذ العصر الجاهلي، كما يبدو في البيت التالي الذي جاء في قصيدة (لحاتم الطائي)[٣] :

ترى إن ما أهلكت لم يك ضرني ... وإن يدي مما بخلت به صفر

وفي القرن الثامن الميلادي استخدم المسلمون (الصفر) في الحساب، فرسموه على هيئة حلقة، ما ذكر (اليعقوبي) في النص السابق. كذلك ذكر ابن رشد في (مفاتيح العلوم) أنه إذا لم يظهر في العمليات الحسابية رقم مكان العشرات وجب أن توضع دائرة صغيرة لمساواة الصفوف.

(١) جورج بيدل ايري: فلكي بريطاني تخصص في المغناطيسية والأرصاد الجوية. عين أستاذا للرياضة بجامعة كيمبردج (١٨٢٦-١٨٢٨م) واستاذا للفلك ومديرا للمرصد (١٨٢٨-١٨٣٥م). له العديد من النشاطات الفلكية. مات سنة ١٨٩٢م.

(٢) عاشور-المصدر السابق-ص(٢٨١).

(٣) حاتم بن عبد الله بن سعد الطائي. فارس، شاعر جواد، جاهلي. يضرب المثل بجوده، كان من أهل نجد، وزار الشام فتزوج (ماوية بنت حجر الغسانية)، ومات في عوارض، جبل بلاد طي، أخباره في الجود كثيرة. الزركلي-نفس المصدر-ص(٢/١٤٩) وابن خلكان-المصدر السابق-ص(١/٤٥٠).

وشرح اليعقوبي في تاريخه (نظام العداد الجديد) الذي أخذه العرب عن الهنود فقال: (... ووضع التسعة الأحرف الهندية التي يخرج منها جميع الحساب الذي لا يدرك معرفتنا، وهي: (١ ، ٢ ، ٣ ، ٤ ، ٥ ، ٦ ، ٧ ، ٨ ، ٩) فالأول منها واحد وهو عشرة ومئة وهو ألف ومئة ألف وألف ألف... وعلى هذا الحساب يجري التسعة أحرف فصاعدا. غير أن بيت الواحد معروف من العشرة وكذلك بيت العشرة معروف من المائة وكذلك كل بيت؛ وإذا خلا بيت منها يجعل فيه الصفر ويكون الصفر دارة صغيرة[١].

وشرح (الخوارزمي)[٢] كيفية استعمال الأعداد الجديدة، بما فيها الصفر، في بحث له ترجمه الأوروبيون إلى اللاتينية في الربع الأول من القرن الثالث عشر الميلادي تحت اسم: (**Algoritmi Denumero Lndorum**) أي (الخوارزمي عن أرقام الهنود)[٣].

---

(١) ديورنت-المصدر السابق-الجزء الثاني-المجلد الرابع-ص(١٨١).

(٢) محمد بن موسى الخوارزمي: رياضي وفلكي وجغرافي، ظهر في عصر المأمون. له فضل في تعريف العرب والأوروبيين بنظام الأعداد الهندية، وضع كتابا في الحساب يعتبر الأول من نوعه، نقله (ادلارد الباني) إلى اللاتينية، وكان أول كتاب دخل أوروبا وبقي زمنا طويلا مرجع العلماء والتجار والمحاسبين. عرف علم الحساب عدة قرون باسم (الغورتمي) نسبة إلى الخوارزمي. يعتبر مؤسس علم الجبر علما مستقلا عن الحساب. نشر أول جداول عربية عن المثلثات للجيوب والظلال. ترجمت إلى اللاتينية في القرن الثاني عشر الميلادي. واشترك في قياس محيط الأرض أيام المأمون كما أدخل تحسينات على جغرافية بطليموس. ونشر كتاب (صورة الأرض). توفي سنة ٨٥٠م.

(٣) ديورانت-المصدر السابق-الجزء الثاني-المجلد الرابع-ص(١٨١).

وهكذا اشتق اللفظ الأوروبي (**Cipher**) عن (صفر) بالعربية، وهو يعني أيضا في اللغات الأوروبية (لا شيء أو عديم القيمة)؛ فاستخدم (مارتن لوثر)[1] هذا اللفظ للتعبير عن ضعف الأساقفة أمام البابا، فقال: (إنهم كالأصفار). وفي القرن السادس عشر استخدم اللفظ الأوروبي السابق للدلالة على الكتابة الغامضة أو الشفرة (**Chiffre**)، في حين استخدم لفظ (**Zero**)[2].

وتلقى غرب أوروبا نظام الأعداد الجديدة مقرونا باسم (الخوارزمي)، وسرعان ما حور اسم الخوارزمي في اللغة اللاتينية إلى (**Algoritmi**) أو (**Algorismus**)، ثم اختصر بعد ذلك إلى (**Augrim**)، حتى أصبح هذا اللفظ الأخير علما لنظام الأعداد العشري الجديد. ويدل كل ذلك على أن الغربيين تعلموا الحساب الحديث عن كتاب الخوارزمي السابق، وعن الكتب الأخرى التي أخذت عنه، مثل كتاب: (**Carmende Algorismo**) الذي وصفه (اسكندر دي فيلادي) حوالي سنة ١٢٢٠م، وكتاب: (**Vulgaris Algorismus**) الذي وضعه (حنا الهالفكسي) حوالي سنة ١٢٥٠م. وكل من هذين الكتابين الخيرين مبني إلى حد كبير على كتاب (محمد بن موسى الخوارزمي) في الحساب، كما أن كليهما استمر مرجعا لتلقين الحساب في غرب أوروبا عدة قرون. وما زالت اللغة

---

(١) مارتن لوثر: زعيم الإصلاح البروتستانتي. نال شهادة أستاذ في العلوم من جامعة ارنورت سنة ١٥٠٥م. دخل دير الرهبان الأوغسطينيين، حيث رسم قسيسا سنة ١٥٠٧م، ثم عين لرعاية كنيسة كنمبردج بألمانيا. وفي عام ١٥١٧م تحدى تيتزل الذي كان يبيع صكوك الغفران، وأثار ذلك غضب السلطات الكنسية، وعندما تلقى قرار حرمانه من البابا أحرقه علانية. لاحقته الكنيسة. نشط لوثر في وضع نظام تربوي فعال، وكتب الكثير عن أمور الكنيسة. ويعرف المذهب المرتكز على تعاليمه باللوثرية. مات سنة ١٥٤٦م.

(٢) ديورانت-نفس المصدر.

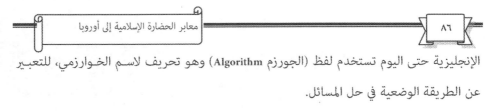

الإنجليزية حتى اليوم تستخدم لفظ (الجورزم **Algorithm**) وهو تحريف لاسم الخوارزمي، للتعبير عن الطريقة الوضعية في حل المسائل.

ولم يقتصر ما قدمه المسلمون للأوروبيين في الرياضيات على علم الحساب، وإنما امتد إلى بقية العلوم الرياضية؛ وعلى رأسها (علم الجبر) الذي لا يزال محتفظا باسمه العربي في كافة اللغات الأوروبية (**Algebra**)، بعد ان أخذه الأوروبيون عن العرب.

وإذا كان بعض الباحثين يميل إلى الاعتقاد بأن العرب ليسوا هم الذين وضعوا أصول (علم الجبر)، وأن هذه الأصول عرفت منذ أيام (ديوفانتوس)(١) ؛ إلا أنه يكفي العرب فخرا أنهم اكتشفوا أصول (علم الجبر) أضافوا إليها وحولوها تحويلا تاما وخلقوا منها علما حقيقيا بمعنى الكلمة، ثم طبقوا هذا العلم على الهندسة.

وقد بلغ من اهتمام العرب بعلم الجبر أن الخليفة المأمون كلف الخوارزمي بوضع كتاب في هذا العلم، وهو الكتاب الذي نقله إلى اللاتينية (روبرت الشستري) سنة ١١٤٥م، وبذلك قدم علما جديدا إلى أوروبا، إذ ظل هذا الكتاب مستعملا في المدارس والجامعات الأوروبية حتى القرن السادس عشر.

ومن العلماء العرب الذين كتبوا في الجبر أيضا (أبو بكر بن حسن الكرخي)(٢).

---

(١) ديوفانتوس: عالم جبر يوناني عاش في القرن الثالث الميلادي، واهتم بحل نوع من المعادلات الجبرية غير المحدودة، ويسمى هذا النوع من العمل: تحليلات ديوفانتينية. ألف ديوفانتوس ١٣ كتابا لم يبق منها سوى ستة كتب. غربال-المصدر السابق-ص(١/٨٤١).

(٢) محمد بن الحسن الكرخي (١٠٢٠م): رياضي مهندس . اتصل بفخر الملك وزير بهاء الدولة البويهي، وصنف له كتب (الفخري) في الجبر والمقابلة و(الكافي) في الحساب. ابن خلكان-المصدر السابق-ص(١٢٤-٥/١٢٧) والزركلي-المصدر السابق-ص(٦/٨٣).

ويعتبر من أكبر علماء العرب الذين شهدتهم بغداد على عهد (أبي غالب محمد بن خلف)، فخر الملك[١] وزير (بهاء بن عضد الدولة البويهي)[٢]. ومن أجله صنف (الكرخي) كتابين (الفخري في الجبر والمقابلة) وكتاب (الكافي في الحساب). والكتاب الأول أكثر أهمية، ويلي في أهمية الكتاب الذي وضعه عمر الخيام في علم الجبر.

أما في الهندسة وعلم المثلثات فقد ترجم العرب كتاب (إقليدس) في الهندسة، وهي الترجمة العربية التي نقلها الأوربيون إلى اللاتينية في القرن الثاني عشر الميلادي. كذلك تراجم (الطوسي) كتاب (المعطيات)لإقليدس[٣]، وهو في (هندسة الأشكال الكروية).

ولم يقتصر المسلمون على معلومات اليونان في الهندسة وحساب المثلثات، وإنما جددوا وأضافوا إضافات جديدة لم تعرف من قبلهم. فهم الذين أدخلوا (المماس) إلى علم حساب المثلثات، وكان لهذه الخطوة أهمية عظمى في الرياضيات، حتى اعتبرها علماء الرياضة ثورة علمية خطيرة.

---

(١) محمد بن علي بن خلف الملقب بفخر الملك: وزير بهاء الدولة ابن عضد الدولة البويهي. ولد في واسط سنة ٩٦٥م ونشأ فيها. وكان من أعظم وزراء بني بويه. باسمه صنف الحاسب الكرخي كتاب (الفخري) في الجبر والمقابلة. افتتح قلاعا. عمرت العراق أيام وزارته. توفي سنة ١٠١٢م.

(٢) بهاء الدولة ابن عضد الدولة بن بويه: من ملوك الدولة البويهية تولى نحو سنة ٣٨٠هـ/٩٩٠م، صنف له عبد الله بن عبد الرحمن الأصفهاني كتابه (إيضاح المشكل لشعر المتنبي) توفي سنة ١٠١٢م.

(٣) إقليدس: عالم رياضة يوناني نشأ في الإسكندرية، وأنشأ بها مدرسة مشهورة وقام بتنظيم وتنسيق علم الرياضة في عصره وضمنه مؤلفه (الأصول) والذي لا يزال أساس دراسة مبادئ الهندسة حتى عهدنا هذا. وقد ترجم هذا الكتاب إلى اللاتينية في القرن الخامس الميلادي، وإلى العربية في القرن الثامن الميلادي، ثم نقل من العربية إلى اللغات الأوروبية في القرنين الثاني عشر والثالث عشر. وطبع لأول مرة سنة ١٤٨٢م.

كذلك أقام المسلمون (الجيوب مقام الأوتار)، وحلوا (المعادلات المكعبة)، وتعمقوا في (أبحاث المخروطات). ولا شك في أن هذه المعلومات الجديدة هي التي جعلت العلوم الرياضية تتبوأ أهميتها في الحياة. ومن أبرز علماء العرب المسلمين الذين كتبوا في الهندسة وحساب المثلثات (الخوارزمي) و(ثابت بن قرة)، و(البتاني)، و(الخازن البصري)، و(ابن الهيثم)[١]، و(البيروني)[٢].

وقد كتب الخوارزمي رسائل قيمة في علوم خمسة: كتب عن الأرقام الهندية، وجمع أزياجا فلكية، ظلت قرونا كثيرة بعد أن روجعت في بلاد الأندلس الإسلامية هي المعمول بها في جميع البلاد الممتدة من قرطبة إلى شنغهاي[٣] في الصين؛ وهو الذي وضع أقدم الجداول المعروفة في حساب المثلثات.

وأورد الخوارزمي في كتابه (حساب الجبر والمقابلة) حلولا تحليلية وهندسية لمعادلات الدرجة الثانية. ولقد شاع الأصل العربي لهذا الكتاب، لكن (جرارد

---

(١) محمد بن الحسن بن الهيثم (٩٦٥-١٠٣٨م): مهندس من أهل البصرة، يلقب ((ببطليموس الثاني)) له تصانيف في الهندسة، بلغ خبره (الحاكم الفاطمي) صاحب مصر، فدعاه الحاكم إليه، وبالغ في إكرامه. وفشل ابن الهيثم في قيامه بشيء جديد في هندسة نهر النيل. ثم غضب عليه الحاكم وأخذ ما جمع من أموال وقيده وتركه في بيته. وبقي كذلك إلى أن مات الحاكم. ثم أفرج عنه وأعيد إليه ماله، فانقطع للتصنيف إلى أن توفي. وكتبه كثيرة تزيد على سبعين كتابا. ابن أبي اصيبعة-المصدر السابق-ص(٩٠-٢/٩٨) وابن الأثير-المصدر السابق-ص(٩/١٩٠).

(٢) محمد بن أحمد البيروني (٩٧٣-١٠٤٨م): فيلسوف رياضي مؤرخ، من أهل خوارزم. أقام في الهند بضع سنين، ومات في بلده. اطلع على فلسفة اليونانيين والهنود، وعلت شهرته، وارتفعت منزلته عند ملوك عصره. وصنف كتبا كثيرة جدا، متقنة، معظمها في الرياضة والفلك والهندسة والجغرافيا. الزركلي-نفس المصدر-ص(٥/٣١١) وابن خلكان-نفس المصدر-ص(٦/٣٥٥).

(٣) شنغهاي: مدينة بمقاطعة كبانجو بالصين. أكبر مدن الصين. وهي موطن صناعي هام بالصين. بها عدة جامعات، تلي بكين في الأهمية. غزاها اليابانيون سنة ١٩٣٢م واحتلوها (١٩٣٧-١٩٤٥م)، وفي أعقاب الحرب العالمية الثانية استعادها الوطنيون الصينيون.

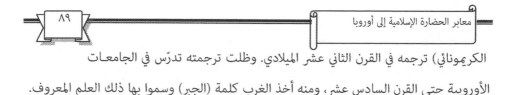

الكريموناني) ترجمه في القرن الثاني عشر الميلادي. وظلت ترجمته تدرّس في الجامعات الأوروبية حتى القرن السادس عشر، ومنه أخذ الغرب كلمة (الجبر) وسموا بها ذلك العلم المعروف.

وارتقى (أبو عبد الله البتاني) المعروف عند الأوروبيين باسم (**Albatejnus**) بعلم حساب المثلثات إلى أبعد مبادئه التي كانت عليها أيام (بطليموس السكندري)[١]، وذلك حين استبدل المثلثات بالمربعات في حل المسائل، واستبدل جيب الزاوية بالقوس، وهو الذي صاغ حساب المثلثات النسب بالصورة التي نستخدمها الآن.

أما رسالة ابن الهيثم في حساب المثلثات فتسمى (شكل بني موسى) وهو يعلل هذه التسمية (بأن الأشكال التي قدمها بنو موسى[٢] ببراهين، كتاب المخروطات وهو الشكل الأخير في مقدماتهم) [٣].

---

(١) كلوديس بطليموس السكندري: عالم فلك، ورياضة، وجغرافيا وفيزيقيا ومؤرخ، يوناني مصري. نشأ في الإسكندرية في الربع الثاني من القرن الثاني الميلادي. ومات بعد ١٦١م. له أرصاد هامة عن حركات الكواكب، وله مكانة في تاريخ العلوم. اعتبرت أعماله في الفلك والجغرافيا مرجعا أساسيا حتى أيام كوبرتبكوس. كتابه (المجسطي) أشهر كتاب يبحث في الفلك والرياضة.

(٢) ثلاثة اخوة من أولاد (موسى بن شاكر) عاشوا في القرن الثالث الهجري/التاسع الميلادي. تنسب إليهم (حيل بني موسى)، في الميكانيك، وهم مشهورون بها، وهم: (محمد، وأحمد، والحسن)، أنفقوا معظم ثروتهم في شراء وترجمة المخطوطات الإغريقية. اشتهر محمد باتباعه (إقليدس) وكتاب (المجسطي) لبطليموس، بينما اهتم أحمد بالميكانيكا، وحسن بالهندسة، وكانوا مقربين من المأمون العباسي، وكانت لهم همم عالية في تحصيل العلوم القديمة وكتب الأوائل. ووضعوا كتابا يشتمل على كل غريبة، اطلع عليه ابن خلكان. الزركلي-المصدر السابق-ص(١١٦-٧/١١٧) وابن خلكان-المصدر السابق-ص(٤/٢٤٧).

(٣) عاشور-المصدر السابق-ص(٢٨٥).

أما البيروني فكتب رسالة في استخراج (الأوتار في الدائرة).

ومعظم هذه المؤلفات العربية قام الأوروبيون بترجمتها إلى اللاتينية منذ القرن الثاني عشر الميلادي، ونخص بالذكر (أديلارد الباثي)[١] الذي ترجم جداول حساب المثلثات للخوارزمي سنة ١١٢٦م، كما ترجم غيرها من مؤلفات الهندسة.

وكانت معرفة المسلمين في (الميكانيكا) واسعة عظيمة، ولا أدل على ذلك من بقايا آلاتهم ووضعهم لها في الكتب. ولقد اهتم المسلمون العرب في هذا المجال بترجمة كتابات اليونانيين، واستمر اهتمامهم بها حتى القرن الثالث عشر الميلادي، فقد ترجم الطوسي كتاب (الكرة المتحركة) (لأوطولوتس).

وزاد المسلمون على ما ترجموا للعلماء اليونان، حتى أن بعض العلماء الأوروبيين يرون أنهم اخترعوا (رقاص) الساعة واستعملوا (البندول) في قياس الوقت.

ومعنى ذلك أنهم عرفوا الساعات ذات الأثقال التي تختلف كثيرا عن الساعات المائية كما يتضح من وصف (المسجد الأموي)، الموجود في دمشق بسورية، التي ورد ذكرها في كثير من المراجع.

---

(١) ادلارد الباثي: فيلسوف إنكليزي عاش في القرن الثاني عشر الميلادي. درس الفكر العربي، وجاب بلاد الشرق وأقطار البحر المتوسط وأسبانيا، وترجم إقليدس من العربية إلى اللاتينية.

وقد أهدى (هارون الرشيد)[١] إلى (شارلمان)[٢] ملك فرنسا هدايا عظيمة كان من بينها (ساعة مائية معقدة التركيب).

وهذا الخوارزمي يتعرض لشرح (المعادلات ذات الحدّين والثلاثة حدود) شرحا علميا وافيا، ثم يتناول الجذور، وكيفية استخراج (مساحة الأشكال الهندسية) المختلفة (كالمربع والمثلث والمعين والدائرة). وبعد ذلك ينتقل إلى مسائل حسابية معقدة، ويحدد طرق حلها في دقة ومهارة تثير الدهشة.

وخلاصة القول فإن للمسلمين فضلاً كبيراً على الغرب في علوم الرياضيات، فقد قطع المسلمون شوطا بعيدا في هذا العلم، الذي استفادت منه أوروبا فائدة عظيمة. وإن المتأمل في أي كتاب من كتب المسلمين الرياضية ليأخذه العجب مما يقرأ، مما وصل إليه علماء المسلمين في علوم الرياضة من اتساع المعرفة ودقة البحث، وكثرة العلماء في هذا الميدان، وكثرة ما خلّفوا من مخطوطات وكتب

(١) هارون الرشيد: أعظم خلفاء بني العباس وأشهرهم على الإطلاق. ولد بالري سنة (١٤٩هـ/٧٦٦م). كان جبارا ويلقب بجبار بني العباس، قضى على البرامكة في ليلة واحدة. كان إذا ثار يزأر كالأسد، رقيقا كالنسيم الندي، وإذا وُعِظَ بكى. لم يجتمع على باب أحد قبله وبعده من العلماء والشعراء والفقهاء والقراء والقضاة والكتاب والندماء ما اجتمع على بابه. أسس بيت الحكمة الذي كان أول منارة علمية أنارت الطريق للنهضة الأوروبية فيما بعد. كان عابدا كثير العبادة، يحج سنة ويغزو سنة طيلة مدة خلافته إلا من بعض السنين. وحج مرة ماشيا ولم يحج غيره ماشيا من الخلفاء، وكان إذا حج حج معه مئة من العلماء. يعتبر عصر الرشيد عصر شباب الدولة العباسية ونضارتها، فقد وصلت بغداد في عهده إلى أوج مجدها. توفي بقرية سناباذ سنة (١٩٣هـ/٨٠٩م) وكان عمره أربع وأربعين سنة، ومدة حكمه اثنين وعشرين سنة.

(٢) شارلمان: إمبراطور الغرب من عام (٨٠٠ إلى ٨١٤م) وملك الفرنجة من (٧٦٨ إلى ٨١٤م)، غزا أسبانيا سنة ٧٧٨م فهزمه المسلمون في سرجوسة. فرض التنصر على سكسونيا. كان يهتم بمصالح الفقراء، وشجع التجارة وأقام علاقات ودية مع هارون الرشيد. ومات سنة ٨١٤م.

ومؤلفات، وما ترجموه من كتب اليونان. وكان لخلفاء المسلمين وملوكهم فضل كبير في رعاية العلماء وتشجيعهم لدرجة أن المأمون كاد أن يفلس بيت المال حين كافأ (حنين)[1] على عمله هذا في الترجمة بمثل وزن ما يترجم من الكتب بالذهب. ولم يحل عام ٨٥٠م حتى كانت معظم الكتب اليونانية القديمة في علم الرياضة قد ترجمت إلى اللغة العربية.

٢- الفلك

لقد كان لتقدم المسلمين في علوم الرياضة عامل مهم في تفوقهم في (علم الفلك) الذي عنوا به عناية كبيرة، ولا أدل على ذلك من المراصد العديدة التي انتشرت في مختلف البلاد الإسلامية من أواسط آسيا حتى المحيط الأطلسي. وأهمها مراصد: (سمرقند، ودمشق، والقاهرة، فاس[2] وطليطلة، وقرطبة).

---

(١) حنين بن إسحاق (٨١٠-٨٧٣م): طبيب، مؤرخ، مترجم. كان أبوه صيدلانيا من أهل (الحيرة). وسافر حنين إلى البصرة فأخذ العربية عن (الخليل بن أحمد) وانتقل إلى بغداد فأخذ الطب عن (يوحنا بن ماسويه) وغيره، وتمكّن من اللغات اليونانية والسريانية والفارسية، فانتهت إليه رئاسة العلم بها بين المترجمين، مع إحكامه العربية. وكان فصيحا بها شاعرا. واتصل بالمأمون العباسي فجعله رئيسا لديوان الترجمة. وبذل له الأموال والعطايا، وجعل بين يديه كتّاباً نحارير عالمين باللغات، كانوا يترجمون، ويتصفح حنين ما ترجموا فيصلح ما يرى فيه خطأ. ولخّص كثيرا من كتب أبقراط وجالينوس، وأوضح معانيها. وكان المأمون يعطيه من الذهب زنة ما ينقله إلى العربية من الكتب. وأرسل رحلات كثيرة إلى فارس وبلاد الروم. وعاصر تسعة من الخلفاء العباسيين. له كتب وترجمات تزيد على مئة. ومات في بغداد. الزركلي-المصدر السابق-ص(٢٨٧-٢/٢٨٨).

(٢) فاس: من أهم مدن المغرب الأقصى، بناها إدريس بن عبد الله بن الحسن المثنى سنة ١٧٢هـ/٧٨٨م، وهو أول ملوك الأدارسة في المغرب، أتم بناءها ابنه إدريس الثاني سنة ١٩٣هـ/٨٠٩م. كانت عاصمة لعدة دول في المغرب، ثم تحولت العاصمة منها إلى الرباط.

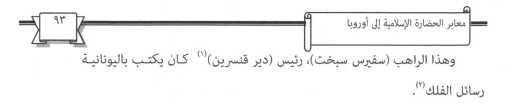
وهذا الراهب (سفيرس سبخت)، رئيس (دير قنسرين)[١] كان يكتب باليونانية

رسائل الفلك[٢].

وفي عام ٧٧٣م أمر (المنصور العباسي)[٣] بترجمة (السدهمتا)، وهي رسائل هندية في علم

الفلك يرجع تاريخها إلى عام ٤٢٥ق.م.

واستخدم المأمون العباسي جماعة من الفلكيين ليرصدوا الأجرام السماوية ويسجلوا نتيجة

هذه الأرصاد، وليحققوا كشوف (بطليموس) الفلكي، ويدرسوا كلف الشمس. واتخذوا كروية الأرض

أساسا، بدؤوا منه بقياس الدرجة الأرضية بأن رصدوا موضع الشمس من (تدمر)[٤] و(سنجار)[٥] في

وقت واحد، وتوصلوا من هذا الرصد إلى تقدير الدرجة بستة وخمسين ميلا وثلثي ميل، وهو تقدير

يزيد

---

(١) قنسرين: كانت من أهم مدن بلاد الشام، تقع قرب حلب وفي جنوبها. كانت مركزاً لأحد أجناد الشام الخمسة، كما كانت مركزاً تجاريا وصناعيا. فتحها خالد بن الوليد بعد حمص، وهي اليوم قرية صغيرة.

(٢) ديورانت-الجزء الثاني من المجلد الرابع-المصدر السابق-ص(١٨٠).

(٣) أبو جعفر المنصور: ثاني خلفاء بني العباس. حكم ما بين عامي (٧٥٤-٧٧٥م) وهو المؤسس الحقيقي للدولة العباسية. قتل قائد جيوشه أبو مسلم الخراساني، وأحبط العديد من الثورات في فارس غضبا لقتله، واستأصل العلويين ولاحقهم. حارب البيزنطيين. وهو الذي أسس بغداد التي ظلت عاصمة الخلافة العباسية حتى سقطت بيد هولاكو سنة (٦٥٦هـ/١٢٥٨م). حكم إحدى وعشرين سنة حافلة بالأحداث، توفي سنة ٧٧٥م).

(٤) تدمر: مدينة قديمة بوسط سورية، كانت واحة تقع بين سورية وبابل شمالي الصحراء السورية وشمال شرقي دمشق. سيطرت على التجارة بين سورية وبلاد ما بين النهرين في القرن الأول قبل الميلاد. دخلها الرومان وضموها إلى إمبراطوريتهم سنة ١٧م. كان أعظم حكامها سبتميوس الذي هزم الفرس وجعل تدمر دولة مستقلة قوية. ثم خلفته زوجته زنوبيا فضمت مصر وأكثر بلاد آسيا الصغرى إلى مملكتها. لكن الإمبراطور الروماني اورليانوس هزمها وخرّب تدمر سنة ٢٧٣م. سحقها تيمورلنك، وهي الآن مدينة الآثار السورية الأولى في سورية. تلفها واحة نخيل غناء.

(٥) سنجار: مدينة مشهورة من نواحي الجزيرة. يقال إن سفينة نوح نطحت جبلها.

بنصف ميل على التقدير الحالي. ومن هذه النتائج قدروا محيط الأرض بما يقرب من عشرين ألف ميل. ولم يكن هؤلاء الفلكيون يقبلون شيئا إلا بعد أن تثبته الخبرة والتجارب العلمية، وكانوا يسيرون في بحوثهم على قواعد علمية خالصة.

وكتب (الفرغني)[١] حوالي عام ٨٦٠م كتابا في الفلك ظل مرجعا تعتمد عليه أوروبا وغربي آسيا سبعمائة عام. وقام بأبحاث في تحديد طول السنة تحديدا مضبوطا، وأطوال الليل والنهار وحركات الكواكب والنجوم. كما قام (ابن يونس المصري)[٢] الذي عاصر الخليفة (الحاكم العبيدي)[٣] بأبحاث في خسوف الشمس وتعيين الاعتدال الشمسي وتحديد خطوط الطول.

ولقد كان أوسع علماء الفلك شهرة العالم الفلكي (محمد البتاني) الذي ظل واحدا وأربعين عاما يقوم بأرصاد فلكية اشتهرت بدقتها واتساع مداها. وقد وصل بهذه الأرصاد إلى كثير من (المعاملات) الفلكية تمتاز بقربها العجيب من تقديرات

---

(١) أبو العباس أحمد الفرغاني (القرن التاسع الميلادي): فلكي عربي. عاش في عصر المأمون العباسي، ويعد واحدا من كبار زمانه. له كتاب (الحركات السماوية) و(جوامع علم النجوم) الذي ترجم إلى اللاتينية في القرن الثاني عشر الميلادي. وكان أثره كبيرا في نهضة الفلك بأوروبا. أشرف على تركيب مقياس النيل (بالفسطاط) سنة ٨٦١م. غربال_المصدر السابق-ص(٢/١٢٩٠).

(٢) أبو الحسن علي بن يونس (١٠٠٩م): أكبر علماء الفلك المسلمين العرب، ساعدته أجهزة مرصد القاهرة في أيام العبيديين (الفاطميين) على حساب ووضع جداول فلكية جديدة، من أدق ما عرف حتى ذلك التاريخ. أدت أرصاده إلى تحسين قيم الثوابت الفلكية. قام بحل كثير من مسائل الفلك الكروي بالإسقاط المتعامد. أسس مرصد ابن يونس. غربال-نفس المصدر-ص(١/٣٠).

(٣) الحاكم بأمر الله العبيدي: سادس ملوك الدولة العبيدية في مصر. ولد بالقاهرة سنة ٩٨٥م، ونُصب خليفة وعمره أحد عشر سنة. مال إلى الآراء الإسماعيلية والتنجيم. قتلته أخته ست الملك سنة ١٠٢١م).

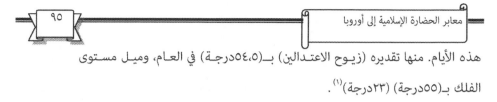

هذه الأيام. منها تقديره (زيوح الاعتدالين) بـ(٥٤،٥درجة) في العام، وميل مستوى الفلك بـ(٥٥درجة) (٢٣درجة)[١].

واشتهر أيضا (أبو الوفا)[٢] الذي كان يعمل تحت رعاية سلاطين (بني بويه) الأولين حكام بغداد، والذي كشف - كما يقول سادلو - (الانحراف الثالث للقمر) قبل أن يكتشفه (تيخو براهي)[٣] بستمائة عام[٤].

ولقد أقام الفلكيون المسلمون آلات غالية الثمن لم تقتصر على (الاسطرلاب)، والكرات ذات الحلق التي كانت معروفة لليونانيين الأقدمين، بل كانت تشمل كذلك آلات لقياس الزوايا يبلغ نصف قطرها ثلاثين قدما، وآلات سدس نصف قطرها ثمانون قدما. وقد أدخل المسلمون على (الاسطرلاب) تحسينات كثيرة، ووصل منهم إلى أوروبا في القرن العاشر الميلادي، وظل شائع الاستعمال بين الملاحين حتى القرن السابع عشر الميلادي، وقد صوره العرب وأبدعوا صنعه، حتى أصبح بفضلهم أداة علمية وتحفة فنية معا[٥].

---

(١) ديورانت-المصدر السابق-ص(١٨٢).

(٢) محمد بن محمد أبو الوفاء (٩٤٠-٩٩٨م): مهندس فلكي رياضي. ولد في (بوزجان) وانتقل إلى العراق سنة ٩٥٩م، وتوفي ببغداد. له كتب في الهندسة والجبر والحساب والفلك وله شعر. ابن خلكان-المصدر السابق-ص(١٦٧-٥/١٦٨) والزركلي-المصدر السابق-ص(٧/٢١).

(٣) تيخو براهي (١٥٤٦-١٦٠١م): فلكي دنماركي. ساعدت أرصاده الدقيقة للكواكب على الوصول إلى قوانين حركاتها. كما استكشف تغيرا في ميل مسار القمر. له نظرية تقول: (إن الأرض ساكنة تدور الشمس من حولها، بينما تدور الكواكب الخمسة حول الشمس). قام بإنشاء مرصد في جزيرة (فين) سنة ١٥٨٤م. غربال-نفس المصدر-ص(١/٣٣٩) وشيخاني-المصدر السابق-ص(١٦٥-٣/١٦٧).

(٤) ديورانت – نفس المصدر.

(٥) ديورانت – المصدر السابق – ص (١٨٠).

لقد صحح الفلكي المسلم (محمد البتاني) بعض الأخطاء التي وقع فيها (بطليموس السكندري) ووصل إلى نتائج جديدة في المباحث الفلكية فصلها (دلامبر). في حين قام (محمد الفرغاني) بأبحاث في تحديد طول السنة تحديدا مضبوطا، وأطوال الليل والنهار وحركات الكواكب والنجوم.

وكتب (محمد بن احمد البيروني) رسالة عن الاسطرلاب، ودائرة فلك البروج، وذات الحلق، ووضع أزياجا فلكية للسلطان (محمود الغزنوي)[١] . ولم يكن يخالجه أدنى شك في كروية الأرض، ولاحظ أن كل شيء ينجذب نحو مركزها، وقال: (إن الحقائق الفلكية يمكن تفسيرها إذا افترضنا أن الأرض تدور حول محورها مرة في كل يوم، وحول الشمس مرة في كل عام، بنفس السهولة التي تفسر بها إذا افترضنا العكس)[٢] .

على أن أهم مؤلفات الفلكيين السابقين هو كتاب: (الزيج الصابئ)، للبتاني الذي كان له أثر كبير في علم الفلك، لا في المشرق الإسلامي فحسب، بل أيضا في غرب أوروبا في العصور الوسطى ومستهل الحديثة، وقد ترجم هذا الكتاب إلى اللاتينية أكثر من مرة في القرن الثاني عشر- الميلادي، كما أمر (الفونس العاشر) ملك قشتالة بترجمته من العربية إلى الأسبانية في القرن الثالث عشر- الميلادي، ثم نشر في أوروبا عدة مرات في القرنين السادس عشر والسابع عشر وما بعدهما.

والواقع أن المتأمل في هذا الكتاب يجده دائرة معارف ضخمة حدد فيها البتاني دائرة الفلك وارتفاع القطب الشمالي، ومعرفة زيادة الأنهار، ومعرفة سمت الارتفاع والظل من دائرة الأفق، ومعرفة عروض البلدان، ومعرفة ارتفاع الشمس

---

(١) محمود سبكتكين الغزنوي: فاتح الهند. ولد سنة ٩٧٠م، وفتح كابل وبلاد الأفغان، وفي سنة ٩٩٧م منحته الدولة السامانية بلاد ما وراء النهر، وهو مؤسس الدولة الغزنوية. توفي سنة ١٠٣٠م.

(٢) ديورانت-نفس المصدر-ص(١٨٦).

وقت انتصاف النهار، ومعرفة ارتفاع الكواكب، وطول السنة الشمسية وأفلاك القمر والكواكب، ومعرفة كسوف الشمس ومطالع البروج.. كل ذلك جاء في دائرة معارف البتاني مزودا بالجداول التوضيحية الوافية.

ونستطيع أن نقف على النتائج الباهرة التي توصل إليها علماء المسلمين العرب في ذلك العلم من خلال الكتابات الكثيرة التي دونوها في كتب (علم الفلك). ذلك أنهم استطاعوا تعيين انحراف الشمس تعينا دقيقا حدوده بثلاث وعشرين درجة وثلاث وثلاثين دقيقة واثنتين وخمسين ثانية، وهو تقريبا نفس الرقم الذي توصل إليه العلماء المحدثون، واستطاع المسلمون بفضل تحقيقهم للاعتدال الشمسي قياس طول السنة الشمسية بالضبط.

كذلك وضع فلكيو المسلمين جداول لأمكنة الكواكب السيارة، وتوصلوا إلى أن حركات هذه الكواكب على شكل بيضوي، كما توصلوا إلى نظرية دوران الأرض واستعمل المسلمون الاسطرلاب الذي لم يعرفه الأوربيون في العصور الوسطى إلا على أيدي أساتذتهم المسلمين.

ويوجد من الاسطرلاب العربي نماذج جميلة في مختلف متاحف أوروبا، وهو يتألف من قرص معدني مقسم إلى درجات، ويدور على هذا القرص مؤشر ذو ثقبين في طرفيه، ويعلق الاسطرلاب من حلقته رأسيا مع توجيه المؤشر نحو الشمس. وعندما تمر أشعة الشمس من هذين الثقبين يقرأ ارتفاع الكوكب من الحد الذي يقف عليه المؤشر. وقد ظلت قيمة الاسطرلاب عظيمة للملاحين أيضا حتى حلت محله مخترعات حديثة في القرن السابع. وبوصول هذه المعلومات إلى أوروبا أخذ اهتمام الأوروبيين يزداد بذلك العلم.

وما زال (علم الفلك) حتى اليوم مليئاً بالاصطلاحات العربية، وأسماء الأبراج والكواكب والنجوم التي أخذها الأوروبيون من العربية كما هي دون

تحريف؛ مثل: (الطرف Altaref)، و(كرسي الجوزاء Gursa)، و (الكف Caph)، و (الأرنب Arnab) و

(العرقوب Arkab)، و (السمت Azimuth)، و (أدمى النعام Azha)، و (البطين Botein)، و (زبانتي

العقرب Zuben Hakrabi)، و (الوزن Wezn)، و (صدر الدجاجة Sadr)، و (سعد السعود Sad Al Sud)،

و (الزروق Zaurek)، و (قرن الثور Taurri)، و (الراعي Frrai).. الخ. [١]

_____

(١) عاشور – المصدر السابق – ص (٢٨٨).

الفصل الرابع

الجغرافيا

الطبيعة

الكيمياء

الفصل الرابع

معابر الحضارة الإسلامية العربية إلى الغرب

١- الجغرافيا

لقد كان للمسلمين باع طويل في علوم الجغرافيا، وبالتالي كان لهم الفضل الكبير على أوروبا، وتشهد على ذلك مؤلفات ورحلات المسلمين الجغرافية، وما جاء فيها من معلومات ترجم بعضها إلى اللاتينية في العصور الوسطى. وأوروبا مدينة للمسلمين بحفظ معلومات اليونان الجغرافية، وهي المعلومات التي لم يعرفها الأوروبيون إلا من الكتب العربية في أواخر العصور الوسطى.

وإذا كان المسلمون اعتمدوا على معلومات اليونان في أول أمرهم، إلا أنهم لم يلبثوا - كعادتهم - أن فاقوا أساتذتهم، فصححوا ما وقع فيه جغرافيو اليونان من أخطاء، وأضافوا من تجاربهم الكثير إلى محصول المعرفة الجغرافية.

وساعد المسلمون العرب الأوروبيين على هضمهم لعلوم اليونانيين وبذّهم في مضمار علوم الجغرافيا ما هو معروف عنهم من حب المغامرة والسياحة والرحلات، فجابوا البلاد من شرق آسيا إلى مجاهل أفريقيا، وأقاموا الصلات التجارية مع بلاد لم يسمع الأوربيون عنها في العصور الوسطى أو شكوا في وجودها.

فقد حمل (سليمان التاجر)[1] الـذي عـاش حـوالي عـام ٨٤٠م سـلعه إلى بـلاد الشـرق الأقصى ـ وكتب أحد المؤرخين غير المعروفين سنة ٨٥١م وصفا لرحلة

_____

(١) سليمان التاجر السيرافي: عاش في القرن التاسع الميلادي. تاجر عراقي جمع كتاب (سلسلة التواريخ) سنة ٨٥١م وضمّنه وصف بلاد الصين والهند وجزائر البحار المجاورة.

سليمان هذا، كان هو أقدم وصف عربي لبلاد الصين، وكتبه قبل رحلات (ماركو بولو) ^(١) بأربعمائة

وخمسة وعشرين عاما. وفي ذلك القرن نفسه كتب (ابن خردازبه) ^(٢) وصفا لبلاد الهند، وسيلان

وجزائر الهند الشرقية وبلاد الصين، ويبدو أنه اعتمد فيما كتب على رحلاته في تلك البلاد وما شاهده

فيها بنفسه.

كما كتب الرحالة (أبو دلف مسعر بن مهلهل) ^(٣) رسالة في ذكر ما شاهده ورآه في رحلته إلى

بلاد الترك والصين والهند، وتعتبر رسالته من أحسن ما كتب عن تلك البلاد في ذلك الزمن، وكانت

رحلته في أواخر القرن الرابع الهجري/ السابع الميلادي ^(٤).

في حين قام (أبو زيد السيرافي) ^(٥) و(بزرك بن شهريار) برحلة دامت سنتين،

---

(١) ماركو بولو (١٢٥٤-١٣٢٤م): رحالة بندقي. سافر مع والده وعمه إلى الصين سنة ١٢٧١م، فوصلت رحلتهم إلى
(كامبولوك) سنة ١٢٧٥م، والتحق ماركو ببلاط (قبلاي) في الصين، ثم تركها سنة ١٢٩٢م، وعاد إلى البندقية سنة
١٢٩٥م، حيث التحق بقوات البندقية في حربها ضد جنوة. أسر سنة ١٢٩٦م، وفي الأسر كتب عن رحلاته. وكتاباته
كانت المصدر الوحيد تقريبا لمعلومات الغرب عن الشرق في عصر النهضة حتى القرن التاسع عشر. غربال-المصدر
السابق-ص(١/٤٤٢).
(٢) عبيد الله بن أحمد بن خرداذبة: مؤرخ جغرافي، فارسي الأصل من أهل بغداد. كان جده (خرداذبة) مجوسيا أسلم
على يد البرامكة واتصل عبيد الله بالمعتمد العباسي. وكان من ندمائه. له تصانيف في التاريخ والجغرافيا. الزركلي-
المصدر السابق-ص(٤/١٩٠) وغربال-نفس المصدر-ص(١/١٤).
(٣) مسعر بن مهاها أبو دلف (١٠٠٠م): شاعر رحالة، كثير السياحة، تجاوز التسعين من عمره متنقلا في البلاد. وكان يتردد
إلى الصاحب بن عباد، له رسالة في أخبار رحلته إلى إيران الغربية والشمالية وأرمينيا. الزركلي-نفس المصدر-٧/٢١٦،
وغربال-نفس المصدر-ص(١/٣٣).
(٤) للمزيد من المعلومات حول رحلة أبي دلف راجع (ياقوت الحموي_ معجم البلدان -بيروت - دار الفكر-ص (٤٤٠-
٤٤٨م).
(٥) حسن أبو زيد السيرافي: عاش في القرن العاشر الميلادي، رحالة، ينسب إلى سيراف. أضاف ذيلا لكتاب (سلسلة التواريخ)
الذي جمعه سليمان الحلبي.

وقد عانوا فيها الرعب من تنقلهم بين المدن المجهولة، ولاقوا من الخطر ما لا وصف له وتعرفوا على الشعوب والبضائع والناس وعجائب البر والبحر، وكانت رحلتهما هـذه في القـرن الثـاني الهجري/الثامن الميلادي. ومن هنا قامت في أخيلة الناس قصص (السـندباد البحـري) مسـتمدة مـن بعض الحكايات المروية عن (سليمان التاجر) و(أبي زيد السيرافي) و(بزرك بن شهريار).

ووصف (ابن حوقل)[(١)] بلاد الهند وأفريقيا، وكتب (أحمـد اليعقـوبي)[(٢)] في عـام ٨٩١م كتـاب (البلدان) الذي وصف فيه الأقطار والمدن الإسلامية وكثيرا من الدول الأجنبيـة وصـفا خليقـا بالثقـة. وزار (محمد المقدسي)[(٣)] جميع البلاد الإسلامية فضلا عن بلاد الأندلس، ولاقى في أثناء رحلاتـه كثـيرا من الشدائد، ثم كتب عام ٩٨٥م كتابه (أحسن التقاسيم في معرفة الأقـاليم). وهـو أعظـم كتـاب في الجغرافيا عن البلاد الإسلامية قبل كتاب (البيروني) عن الهند.

ويمثل (البيروني) العالم الإسـلامي في أحسـن صـورة لـه. فقـد كـان البـيروني فيلسـوفا ومؤرخـا، ورحالة، وجغرافيا، ولغويا، ورياضيا، وفلكيا، وشاعرا، وعالما في الطبيعيات، وكانت له مؤلفـات كبـيرة وبحوث عظيمة مبتكرة في كل ميدان من هذه

(١) محمد بن حوقل (٩٧٧م): رحالة من علماء البلدان. كان تاجرا رحل من بغداد سنة ٩٤٢م ودخل المغرب وصقلية، وجاب بلاد الأندلس وغيرها. الزركلي-المصدر السابق-ص(٦/١١)و غربال-المصدر السابق-ص(١/١٤).

(٢) أحمد اليعقوبي (٩٠٥م): مؤرخ جغرافي. كثير الأسفار، من أهل بغداد. رحل إلى المغرب وأقام مدة في أرمينية، ودخل الهند. وزار الأقطار العربية. وصنف كتبا جيدة في التاريخ. الزركلي-نفس المصدر-ص(١/٩٥) وغربال-نفس المصدر-ص(٢/١٩٨٣).

(٣) محمد المقدسي (٩٤٧-٩٩٠م): رحالة جغرافي. ولد في القدس. وتعاطى التجارة، فتجشم أسفارا هيأت له المعرفة بغوامض أحوال البلاد، ثم انقطع إلى تتبع ذلك، فطاف أكثر بلاد الإسلام. الزركلي-نفس المصدر-ص(٥/٣١٢) وغربال-نفس المصدر-ص(٢/١٧٣٠).

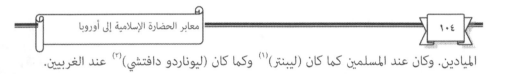

الميادين. وكان عند المسلمين كما كان (ليبنتز)[١] وكما كان (ليوناردو دافتشي)[٢] عند الغربيين.

لقد ترجم (البيروني) إلى العربية العديد من المؤلفات (السنسكريتية)[٣] ، كما ترجم إلى السنسكريتية كتاب (أصول الهندسة) لإقليدس، و(المجسطي)[٤] لبطليموس.

وكثر الرحالون المسلمون جدا، لأن الرحلة كانت جزءا من السعي للعلم وللاتصال بالعلماء، كما تشكل الجزء الأساسي من الحج ومن السعي للتجارة في أنحاء العالم الإسلامي، وكانت عقد ومفاصل الرحلات جميعا في المدن. وقد تميز بعض الذين رحلوا بكتابة رحلاتهم فوصفوا - وأحيانا بإسهاب - المدن التي مروا

---

(١) جوتفريت ليبنتيز (١٦٤٦-١٧١٦م): فيلسوف ورياضي ألماني. تعلم في (ليبزج) وهي موطنه. التحق بالسلك الدبلوماسي فقضى بباريس أربعة اعوام. وعمل في مجال الرياضيات والحساب. معظم مخلفاته مقالات ورسائل تبادلها مع أصدقائه حول فلسفته. غربال-نفس المصدر-ص(١٥٨٩-١٥٩٠/٢).

(٢) ليوناردو دافينشي: مصور ونحات ومعماري وموسيقي ومهندس وعالم إيطالي، ولد ببلدة فينشي سنة ١٤٥٢م، أصبح مصورا في بلاط لودفيكو سفورتا سنة ١٤٨٢م. كتب عددا من البحوث. صور العشاء الأخير، وعاد إلى فلورنسا سنة ١٥٠٠م ليصبح مهندسا حربيا للملك ربورجيه، وصور الموناليزا، وأقام في فرنسا حتى وفاته سنة ١٥١١م.

(٣) لغة الهند الكلاسيكية النموذجية، من المجموعة الهندية الإيرانية للغات الهندية-الأوروبية. أقدم صورة لها تمثلها لغة الفيدا، وكانت السنسكريتية في القرن الرابع قبل الميلاد تتخذ نموذجا في المحاكم، وتتضمن أقدم الوثائق - الهندية - الأوروبية بقايا اللغة السنسكريتية التي كان الدارسون يظنونها اللغة الأم.

(٤) مرجع فلكي هام، أثره كبير في تقدم الفلك عند العرب وفي أوروبا في القرون الوسطى. كتبه عالم الإسكندرية بطليموس في القرن الثاني الميلادي، وترجم إلى العربية أكثر من مرة باعتباره موسوعة فلكية مزودة بالبراهين.

بها. كما تميز بعض هؤلاء الكتاب بدقة ملاحظاتهم أو طولها أو بالتدقيق في العادات الاجتماعية، أو في المحاصيل والخيرات، أو في الآثار وتخطيط المدن، مما أورثنا حصيلة هامة من عناصر البحث التمديني. وقد ظهرت كتب الرحلات بخاصة حين قلت الحماسة لتأليف الكتب الجغرافية. فكأنها الطريق الجديد للجغرافيا.

ومن الرحالة الذين ذكرتهم كتب التاريخ (ابن بطلان)[١]، وقد ترك لنا أخبار رحلته بين بغداد وأنطاكية، في رسالة هامة تصف مدن الطريق.

كما عاصره الرحالة (ناصري خسرو)[٢] صاحب كتاب (سفرنامه) المكتوب بالفارسية. قضى سبع سنوات يتجول فيها بين العراق والشام ومصر وجزيرة العرب. وقد وصف لنا جميع المدن التي مر بها وصفا دقيقا حيا. و(أبو حامد محمد بن عبد الرحيم الغرناطي)[٣] وكانت له أهميته الخاصة بالنسبة لرحلاته في أوروبا. وقد خصص في كتابه (تحفة اللباب ونخبة العجاب) الباب الثاني لصفة (عجائب البلدان وغرائب البنيان) ويستعرض خلاله أوصاف العديد من المدن الإسلامية.

---

(١) المختار بن الحسن بن عبدون، المعروف بابن بطلان (١٠٦٦م): طبيب، باحث، من أهل بغداد. سافر يريد مصر سنة (٤٣٩هـ/١٠٤٧م)، ومر بحلب فأكرمه معز الدولة ثمال بن صالح، ودخل مصر سنة (٤٤١هـ/١٠٤٩م). ثم رحل إلى القسطنطينية، ثم إلى أنطاكية ومات فيها. وكان مشوه الخلقة. له كتب عديدة في الطب. ابن أبي صيبعة-المصدر السابق-ص(٢٤١-١/٢٤٣) والزركلي-المصدر السابق-ص(٧/١٩١).

(٢) ناصري خسرو، أبو معين (١٠٦١م): من كبار شعراء الفرس، ومؤسس فرقة الناصرية. شغل منصبا كبيرا في ديوان الغزنويين، ثم ارتحل إلى القاهرة، وانضم إلى العبيديين، حيث نال لقب (حجة) من الخليفة العبيدي المستنصر بالله، له كتب كثيرة في المذهب العبيدي (الفاطمي)، وله رحلة طويلة. غربال-المصدر السابق-ص(٢/١٨١٦).

(٣) محمد بن عبد الرحيم الغرناطي (١١٧٠م): من علماء تخطيط البلدان. ولد بغرناطة ورحل إلى المشرق، فمات بدمشق له كتب في الجغرافيا وتخطيط المدن. الزركلي-ص(١٩٩-٦/٢٠٠).

وقد رفع (ابن جبير)[1] الرحلة إلى مرتبة المؤلفات (المدينية) الهامة، وكتابه (رحلة الكناني) الذي طبع وعرف باسم (رحلة ابن جبير)يذكر فيه وصف رحلته الأولى إلى المشرق في عصر (صلاح الدين)[2]. وكانت نظراته النافذة وملاحظاته الدقيقة في وصف العمران والحياة الاجتماعية والثقافية في مصر والشام والعراق تجعله من المصادر المعتمدة لدى الكثير من المؤلفين في الشرق والغرب، يأخذون عنه، أمثال: (العبدري)[3]، و(البلوي)[4] و(ابن بطوطة)[5] و(ابن الخطيب)،

---

(١) محمد بن أحمد ابن جبير (١٢١٧م): رحالة أديب، ولد في (بلنسية) ونزل (شاطبة). ولع بالأدب، ونظم الشعر الرقيق. وأولع بالترحل والتنقل، فزار المشرق ثلاث مرات إحداها سنة (١١٨٣-١١٨٥م)، وهي التي ألف فيها كتابه (رحلة ابن جبير) ومات بالإسكندرية في رحلته الثالثة. المقري-المصدر السابق-ص(١/٥١٥) والزركلي-المصدر السابق-ص(٣١٩-٥/٣٢٠).

(٢) صلاح الدين الأيوبي: بطل من أبطال الإسلام، مؤسس الدولة الأيوبية في مصر وبلاد الشام ومحرر القدس وخصم الصليبيين العنيد والأول. ولد في تكريت سنة (١١٣٧م)، ونشأ في بلاط نور الدين السلجوقي. أزال الدولة العبيدية (الفاطمية) من العالم الإسلامي. وذاع صيت صلاح الدين بين المسلمين كمحارب شهم كريم الخلق أبي النفس. وكان رجلا مثقفا يحب العلم ويشجع العلماء. مات بدمشق سنة (١١٩٣م).

(٣) محمد بن محمد بن علي العبدري: صاحب الرحلة المعروفة باسمه. أصله من بلنسية. كان من سكان بلدة حاحة في المغرب. توفي سنة (١٣٠٠م).

(٤) محمد بن أحمد البلوي (١١٦٤م): من أهل العلم بالتاريخ والأدب والطب، أندلسي أصله من مدينة (سالم) كان من سكان (طرطوشة) وانتقل إلى (مرسية) ومات في (أشبيلية). له كتب في الأدب والتاريخ والطب. الزركلي-ص(٥/٣١٨).

(٥) محمد بن عبد الله، المعروف بابن بطوطة (١٣٧٧م): رحالة، مؤرخ، ولد ونشأ في (طنجة) بالمغرب الأقصى. وخرج منها سنة (١٣٢٤م) فطاف بلاد المغرب ومصر والشام والحجاز والعراق وفارس واليمن والبحرين وتركستان وما وراء النهر وبعض الهند والصين والجاوة وبلاد التتر وأواسط أفريقيا. واتصل بكثير من الملوك والأمراء، واستعان بهباتهم على أسفاره، وعاد إلى المغرب الأقصى، فانقطع إلى السلطان (أبي عنان) من ملوك بني مرين، فأقام في بلاده ودوّن أخبار رحلته بمدينة (فاس) سنة (١٣٥٥م) وسماها (تحفة النظار في غرائب الأمصار وعجائب الأسفار) واستغرقت رحلته (٢٧ سنة) ومات في مراكش الزركلي-ص(٢٣٥-٦/٢٣٦) وغربال-ص(١/١١).

و(المقريزي)[1] و(الفاسي)[2] وغيرهم.

وقد ترك لنا (علي الهروي)[3] كتاب (الإشارات إلى معرفة الزيارات) وفيه يصف العديد من المواقع الأثرية والمدن من خلال كتاب هدفه أن يكون مرشدا للحجاج. وقد بدأ الرحلة من حلب، ولكنه زار مصر ووصل إلى صقلية، كما زار الجزيرة العربية والعراق وبيزنطة. وقد اعتمده (ياقوت الحموي)[4] في مواضع عديدة من أوصافه لمدن الشام. وقد قام (موفق الدين بن عبد اللطيف البغدادي)[5] المعروف بأنه طبيب ولغوي برحلة إلى الشام ومصر في عصر كان فيه هذان القطران يعجان بالعلماء والكتاب بعد أن استرد (صلاح الدين) فلسطين من الصليبيين. ونتوقف بين مؤلفاته العديدة في الهيئة والطب والتشريح عند كتاب

(١) أحمد بن علي المقريزي (١٤٤١م): مؤرخ الديار المصرية. أصله من (بعلبك). ولد ونشأ في القاهرة، وولي فيها الحسبة والخطابة والإمامة مرات، واتصل بالملك (الظاهر برقوق) ودخل دمشق مع ولده (الناصر) سنة (١٤٠٨م)، ثم عاد إلى مصر. زادت تصانيفه على مئتي كتاب. الزركلي-ص(١٧٧-١/١٧٨) وغربال-ص(٢/١٧٣١).

(٢) محمد المهدي بن أحمد الفهري الفاسي: مؤرخ ومحدث، مولده بالقصر الكبير بالمغرب سنة ١٦٢٤. له تصانيف عديدة معظمها في التاريخ. توفي بفاس سنة (١٦٩٨م).

(٣) علي بن أبي بكر الهروي (١٢١٥م): رحالة ومؤرخ. أصله من (هراة) ومولده (بالموصل) طاف البلاد، وتوفي بحلب. وكان له فيها رباط. وكان من المجاهدين. ابن خلكان-ص(٣٤٦-٣/٣٤٨) والزركلي-ص(٤/٢٦٦).

(٤) ياقوت الحموي: أديب ومؤلف موسوعات. له كتاب (معجم البلدان) الذي يعتبر من اهم الموسوعات العربية في تراجم البلدان والأقطار حتى اليوم. وكتاب (إرشاد الأديب إلى معرفة الأديب) جمع فيه أخبار الأدباء. توفي سنة ١٢٢٨م.

(٥) عبد اللطيف بن يوسف، موفق الدين البغدادي (١٢٣١م): من فلاسفة الإسلام، وأحد كبار العلماء المكثرين من التصنيف في الحكمة وعلم النفس والطب والتاريخ والبلدان والأدب. مولده وفاته ببغداد. أقام مدة في حلب، وزار مصر والقدس ودمشق وحران وبلاد الروم وملطية والحجاز وغيرها. وحظي عند الملوك والأمراء. الزركلي-ص(٤/٦١).

(الإفادة والاعتبار في الأمور المشاهدة والمعاينة بأرض مصر) الذي يحوي الكثير من المعلومات الهامة عن مصر وآثارها وعمرانها وأبنيتها وسفنها وطعامها. كما قام (العبدري البلنسي- الأندلسي-) برحلة للحج برا، وصرف همه في وصف المدن الكبرى في شمال أفريقيا وصفا دقيقا، صحيحا مع التفاصيل الوافية عن الآثار واخلاق السكان والعلماء.

ويعتبر (ابن بطوطة) المشهور برحلته وكتابه (تحفة النظار) آخر الرحالة الكبار وآخر الجغرافيين الأعلام أيضا. وتقدر جولاته بمئة وخمسة وسبعين ألف ميل. ونكاد نؤكد أنه لم يترك مدينة إسلامية أو غير إسلامية معروفة في عصره إلا وزارها، بما في ذلك مجاهل أفريقيا الغربية أو أقصى جزر المالديف وأندونيسيا وتركستان.

ويطول بنا الكلام لو حاولنا الحديث عن كل واحد من الرحالة المسلمين في العصور الوسطى. ويكفي القول أن كل واحد من هؤلاء الأعلام أسهم بنصيب وافر في بناء علم الجغرافيا.

ويظهر لنا تقدم المسلمين في ذلك العلم بالمقارنة بين أماكن المدن التي عينها اليونان وتلك التي عينها المسلمون. ففي الوقت الذي نجد تقدير المسلمين يطابق الحقيقة أو يقرب منها ولا يختلف عنها إلا في بضع دقائق (بما قرره العلم الحديث) في حين بلغ خطأ (بطليموس السكندري) في تقديره لطول (البحر المتوسط) بلغ أربعمائة فرسخ.

لذلك لا نعجب إذا وجدنا كتب المسلمين في علم الجغرافيا ظلت أساسا لدراسة ذلك العلم في أوروبا عدة قرون. ونخص بالذكر كتاب (الشريف الإدريسي) المسمى (نزهة المشتاق في ذكر الأمصار والأقطار والبلدان والجزر والمدائن والآفاق). وهو مزود بأكثر من أربعين خريطة، وترجم إلى اللاتينية حيث

اعتمد عليه الأوروبيون أكثر من ثلاثة قرون، و(الإدريسي) هذا هو الذي كلفه (روجر الثاني) ملك صقلية بوضع خريطة جامعة، أثبتت أن المعلومات الجغرافية عند المسلمين أوسع مما كان يظن.

ولقد برع الجغرافيون العرب في رسم الخرائط، وهي فن إسلامي أصيل بعد أن أثبتت الأبحاث الحديثة كذب الخرائط المنسوبة (لبطليموس)، وما بني من الدراسات الاستشراقية حول استخدام العرب لخرائطه . فقد كانت معظم كتب الجغرافيا العربية لا تخلو من الخرائط. بالرغم من أن بعضها كان هندسيا أحيانا أو تقريبيا، إلا أن الاهتمام الأول الذي يبرز فيها هو الاهتمام بالمدن ومواقعها من الأرض بجانب ذكر الأقاليم.

وكان أول الخرائطيين في الإسلام - على ما يبدو - هو (سهراب)[١] ، الذي عاش في القرن الرابع الهجري/العاشر الميلادي، الذي شرح في أول كتابه (عجائب الأقاليم السبعة أو صورة الأرض) طريقة رسم خطوط الطول والعرض نقلا عن (الخوارزمي) الجغرافي والفيلسوف المسلم الشهير، وطريقة وضع أسماء المدن والبلدان عليها حسب الأقاليم، وتبعه كتاب المسالك والممالك، فكانوا يرسمون الأقاليم المختلفة ويوقعون عليها مواقع المدن والمناطق. وبعضهم كان يستخدم الرموز والحروف للدلالة على وظيفة المدينة أو حجمها السكاني. ومن هؤلاء (الاصطخري)[٢] الذي كان أول من رسم خريطة العالم الإسلامي بناء على رحلته ومشاهداته الشخصية، كما رسم صورة لكل إقليم على حده. وقد بلغت عشرين

---

(١) سهراب ابن بطل إيران رستم: حارب أباه في القصة المعروفة باسميهما. غربال-ص(٢/١٠٢٥).

(٢) إبراهيم بن محمد الاصطخري الفارسي: من علماء الجغرافيا المسلمين. ينسب إلى اصطخر في فارس. عاش في النصف الأول من القرن العاشر الميلادي. له كتاب (المسالك والممالك) ألفه سنة ٩٣٤م ووضحه بكثير من الخرائط.

خريطة لأقاليم الإسلام. ونقل عنه ذلك معظم الجغرافيين العرب من بعد، حتى (الإدريسي). أما (البلخي أبو زيد)[١] فقد رسم الخرائط بالألوان التي تيسرت له في كتابه (صور الأقاليم). ورسم (الجيهاني) خريطة العالم كما تصورها، وجاء (ابن حوقل) فأعاد رسم الأقاليم والمدن فيها. كما ذكر (المسعودي)[٢] أنه رسم خرائط للعديد من الأقاليم. وقد وصلتنا خريطة للعالم وهي من أدق الخرائط العربية وأحسنها تصورا للأرض المسكونة. وذكر (المقدسي)[٣] أيضا أنه رسم خرائط للأقاليم والمدن، ولم نجد نحن ذلك في كتابه، ولكن بعض المستشرقين وجدها ونشرها[٤].

وقد جمع (البيروني) بعد ذلك بين خرائط اليونان الفلكية، والخرائط الإسلامية البلدانية، وكتابه (نهاية الأماكن في تصحيح مسافات المساكن) ينبئ عن ذلك ولو أنه دون خرائط، وجاء (الإدريسي) أخيرا فرسم خطوط الطول والعرض أولا،

(١) أحمد بن سهل البلخي، أبو زيد (٩٣٤م): أحد كبار علماء الإسلام الأفذاذ. جمع بين الشريعة والفلسفة والأدب والفنون. ولد في إحدى قرى (بلخ)، وساح سياحة طويلة ثم عاد، وقد علت شهرته، فعرض عليه حاكم تخوم بلخ وزارته فأباها وذكر له الكتابة فرضيها، فكان يعيش منها إلى أن مات في بلخ. وقد سبق علماء البلدان الإسلامية كافة إلى استعمال رسم الأرض. له العديد من المؤلفات. الزركلي-ص(١/١٣٤).

(٢) علي بن الحسين المسعودي: جغرافي ومؤرخ عربي، ولد ونشأ ببغداد. أمضى شبابه بالتجوال، فزار فارس وكرمان والهند وسيلان ومدغشقر وما وراء النهر واذربيجان وجرجان والشام، وقصد مصر سنة ٩٥٦م واستقر بالفسطاط إلى أن توفي سنة ٩٥٧م. وضع عشرات الكتب أشهرها (مروج الذهب ومعادن الجوهر). وهو كتاب في التاريخ العام.

(٣) محمد بن أحمد المقدسي: عاش في القرن العاشر الميلادي، وكانت ولادته ببيت المقدس. من أشهر الجغرافيين العرب وأدقهم، ساح في معظم جهات العالم الإسلامي، ورسم للبلاد التي زارها خرائط ملونة. له كتاب (أحسن التقاسيم في معرفة الأقاليم).

(٤) هو المستشرق (كونراد موللر).

مبتدئا من الجزر الخالدات ومن خط الاستواء، فنتج من ذلك مربعات رسم لكل منها خريطة خاصة، توضح المدن والأنهار والجبال موضحا ذلك في كتابه (نزهة المشتاق) الذي يكاد يكون أكثر من شرح لخريطته وما ورد فيها من مدن ومواقع جغرافية. وهو يسمي خرائطه بلوحة الترسيم.

وقد رسم المسلمون صورا للمدن نفسها وبخاصة (لمكة)[١] مفصلين موقعها وخطها وما في ظاهرها، ومنها ما رسمه (القزويني) و(ابن المجاور)[٢] في كتابه (تاريخ المستبصر).

وفي أواخر العهد المملوكي حاول بعض الجغرافيين المسلمين إخراج صورة مجسمة (للمدينة)[٣] كالذي رواه (ابن إياس)[٤] من محاولة المعلم (حسن بن الصياد المهندس) الذي صور للسلطان المملوكي (الغوري) سنة (١٥١٠م) صورة بالجص (للإسكندرية) وأبوابها وهيئتها والمنارة فيها.

---

(١) مكة: البلد الحرام، وتدعى (أم القرى) و(بكة). فيها ولد رسول الله محمد صلى الله عليه وسلم، وفيها بعث، وفيها نزل القرآن الكريم، ومنها أخرج النبي صلى الله عليه وسلم مهاجرا إلى المدينة، وعاد إليها فاتحا سنة ثمانية للهجرة/٦٢٩ميلادية.

(٢) يوسف بن يعقوب ابن المجاور (١٢٩١م): مؤرخ، عالم بالحديث، من الكتاب، من أهل دمشق. له كتاب في التاريخ. الزركلي-ص(٨/٢٥٨).

(٣) المدينة: كان اسمها يثرب فلما نزلها رسول الله صلى الله عليه وسلم دعيت مدينة الرسول، ثم المدينة. ومن أسمائها: طيبة، وطابة، والمحبورة، والمرحومة، والمحبوبة، والقاصمة، وجابرة، والعذراء.

(٤) محمد بن أحمد الحنفي ابن إياس: مؤرخ بحاث مصري، من المماليك. كان من تلاميذ جلال الدين السيوطي. له (تاريخ ابن إياس) المسمى (بدائع الزهور في وقائع الدهور) توفي سنة ١٥٢٤م.

ويقال أن (فاسكوديجاما)[١] درس الخرائط التي وضعها المسلمون للبحار، وأعجب بها إلى حد كبير، واستعان ببعض الربابنة العرب في رحلته إلى جزر الهند الشرقية.

وجاء في دائرة المعارف الفرنسية أن (كولومبس)[٢] اطلع على كتب كثيرة في الجغرافيا والرحلات - ومنها كتب العرب - وذلك قبل قيامه برحلته التي أدت إلى اكتشاف العالم الجديد (أمريكا). ولعل هذا يتصل بما ذكره (الإدريسي) عن الإخوة المغرورين الذين خرجوا من (الشبونة) واتجهوا في المحيط الأطلسي غربا حتى اكتشفوا أكثر من جزيرة. ومعنى ذلك أن المسلمين - فضلا عن جهودهم التي استفاد منها كولومبس - حاولوا عبور المحيط الأطلسي والوصول إلى العالم الجديد قبل (كولومبس) بكثير.

وهكذا يبدو لنا فضل المسلمين على أوروبا في علم الجغرافيا، وعلى تزويد أوروبا بقسط وافر من الدراسات الجغرافية التي لم تعرفها أوروبا في العصور الوسطى. وتبدو هذه الحقيقة واضحة ثابتة، وإن تعمد بعض غلاة الأوروبيين إغفالها أو الإقلال من شأنها.

ونشير هنا إلى العبارة التي ذكرها (لوبون) من أنه: (لولا حقد الأوروبيين المعروف على الإسلام لتعذر إيضاح السبب في إنكار عالم جغرافي كبير مثل (فيفان دي سانت مارتن) لفضل العرب على الجغرافيا)[٣].

---

(١) فاسكو دي جاما (١٥٢٤م): بحار ومكتشف برتغالي، قام باكتشافات طرق بحرية عديدة كان من أهمها طريق (رأس الرجاء الصالح) الذي يصل المحيط الأطلسي بالمحيط الهندي مرورا بجنوب القارة الإفريقية، وذلك في رحلته التي قام بها عام (١٤٩٧-١٤٩٩م). الكيالي-ص(٤/٤٤٨) وغربال-ص(١/٥٩٧).

(٢) كريستوف كولومبوس (١٥٠٦م): مكتشف أمريكا. مات مغمورا، ولم يجن من اكتشاف العالم الجديد إلا الاحتقار وخيبة الأمل. شيخاني-ص(٩٦-٢/٩٨) وغربال-ص(١٥١١-٢/١٥١٢).

(٣) لوبون-المصدر السابق-ص(٤٩٩).

ومن المفيد أن نشير إلى أن الذي ساعد المسلمين على القيام برحلاتهم العلمية والتجارية الواسعة هو معرفتهم (بالبوصلة)[١] واستخدامها في أسفارهم. وإذا كان من الثابت أن البوصلة اختراع صيني، إلا أن فضل العرب في استخدامها يبدو في ناحيتين: الأولى: أنهم كانوا من أول من استخدم البوصلة على نطاق واسع في الملاحة، والثانية: أنهم هم الذين نقلوا ذلك الاختراع إلى أوروبا وعلموا الأوربيين استعمال البوصلة، ذلك أن الصينيين كانوا ضعافا في الملاحة، ولم نسمع عن قيامهم برحلات بحرية بعيدة عن شواطئ بلادهم، ولذلك لم يستخدموا البوصلة في البحر، وذلك بخلاف العرب الذين أثبتوا أنهم ملاحون مهرة، فأسرعوا إلى التفكير في استخدام البوصلة في الملاحة. ويقول المستشرق (جورج يعقوب): (إن العرب في أول معرفتهم بالبوصلة استخدموا قطعة مجوفة من الحديد الممغنط على شكل سمكة، وضعوها في طبق ماء لتطفو على سطحه وتتجه اتجاها شماليا جنوبيا)[٢].

وقد أكدت الأبحاث الحديثة أن الفكرة التي تنسب اختراع البوصلة في أوروبا إلى رجل إيطالي في القرن الرابع عشر الميلادي اسمه (فلافيو) إنما هي فكرة خاطئة؛ وكذبة فاقعة، لأنه من الثابت ان أوروبا عرفت البوصلة في القرن الثالث عشر ميلادي أو في أواخر القرن الثاني عشر ـ الميلادي، وأنها عرفتها عن طريق العرب الذين استعملوها قبل ذلك بسنين طويلة، وذكرها (الإدريسي) في مؤلفاته. ويكفي أن البوصلة احتفظت باسمها العربي في كثير من اللغات الأوروبية.

وهكذا تمكن العرب من ارتياد البحار في جرأة ومهارة فائقة، حتى ملكوا في أيديهم زمام التجارة بين الشرق والغرب. وسرعان ما أدى نشاطهم التجاري إلى ابتكارهم بعض النظم المالية والتجارية التي عرفتها أوروبا منهم.

___

(١) جهاز تعين به الجهات الأربع.
(٢) جورج يعقوب-المصدر السابق-ص(٢٩).

وقد اثبت العالم (جرسهوف) أن أول من عرف نظام الحوالات المالية هم العرب، وعنهم أخذتها أوروبا في القرن العاشر الميلادي عن طريق أسبانيا وإيطاليا. ومع هذه المستحدثات انتقلت أيضا الكلمات والاصطلاحات اللازمة لها من العربية إلى الأوروبية فلفظ (Aval) ليس إلا كلمة (حوالة) العربية. ولفظ (شيك) فارسي الأصل، استعمله (الفردوسي) [١] وانتقل إلى أوروبا.

هذا فضلا عن كثير من المصطلحات البحرية والتجارية التي انتقلت إلى اللغات الأوروبية بنطقها العربي. فمن المصطلحات التجارية (Bazaar) من بازار، و (Dinar) من دينار، و (Tariff) من تعريفه، و (Douanne) من ديوان، ومن المصطلحات البحرية (Admiral) أمير البحر، و (Tare) من طرح السفينة، و (Arsenal) من دار الصناعة، و (Felouque) من الفلك، و (Calfate) من الجلفطة.. الخ [٢].

ولقد عني العرب بتأليف الكتب الجغرافية عناية واضحة، فقد كانت المدن لديهم بمثابة الركائز التي تستند إليها تلك المؤلفات حتى أن الكثيرين يعتبرون ما كتبه العرب من الكتب الجغرافية كتبا في جغرافية المدن بقدر ما هي الجغرافيا الإقليمية، مع اهتمام واضح بالمظاهر الحضارية.

وكان الجغرافيون العرب يطوفون البلدان وينقلون ما يشاهدون بدقة متناهية معطين أصغر الأمور أهمية كبيرة حتى يحيطوا بكل المدن والأقاليم من وصف للعمارة والطبيعة والسكان والعادات والمأكل والمشرب والملبس، والمناخ والديانة واللغة.

---

(١) أبو القاسم الفردوسي: أكبر شعراء الدولة الغزنوية، ومن أشهر شعراء إيران عرف بمحاكمة (الشاهنامة) التي ذكر فيها أمجاد ملوك فارس في قرابة ستين ألف بيت. توفي سنة ١٠٢٠م.
(٢) عاشور - المصدر السابق - ص ٢٩٢).

فهذا اليعقوبي يقول في كتابه (البلدان): (إني عنيت في عنفوان شبابي.. بعلم أخبار البلدان ومسافة ما بين كل بلد وبلد لأني سافرت حديث السن.. فكنت متى لقيت رجلا من تلك البلدان سألته عن وطنه ومصره.. وسألته عن بلده ذلك في مدنه ما هي ؟ وزرعه ما هو ؟ وساكنيه من هم عرب أو عجم.. وسألته عن شرب أهله حتى أسأل عن لباسهم وديانتهم ومقالاتهم والغالبين عليه، ومسافة ذلك البلد وما يقربه من البلدان.. ثم أثبتت كل ما يخبرني به من أثق بصدقه حتى سألت خلقا كثيرا.. من أهل المشرق والمغرب وكتبت أخبارهم. وذكرت من فتح بلدا بلدا وجندا ومصرا مصرا من الخلفاء والأمراء ومبلغ خراجه وما يرتفع من أمواله.. وبقيت أؤلف هذا الكتاب دهرا طويلا.. وجعلنا هذا الكتاب مختصراً لأخبار البلدان. وقد ذكرت أسماء الأمصار والأجناد والكور - المناطق - وما في كل مصر من المدن والأقاليم والطساسيج - النواحي - ومن يسكنه ويترأس فيه من قبائل العرب وأجناس العجم ومسافة ما بين البلد والبلد والمصر والمصر ومن فتحه.. ومبلغ خراجه وسهله وجبله وبره وبحره، وهواءه في شدة حره وبرده ومياهه وشربه...).

وهناك الكثيرون غير اليعقوبي ممن أفنوا حياتهم في تأليف الكتب الجغرافية ولعلّه من الوفاء لهؤلاء الأعلام أن نمرَّ على ذكر أسمائهم محجمين عن الإطالة، فقد كان منهم على سبيل المثال لا الحصر:

هشام بن محمد السائب المخزومي[1] صاحب كتابي (البلدان الكبير، والبلدان الصغير).

---

(١) هشام بن السائب المخزومي (٨١٩م): مؤرخ، عالم بالأنساب وأخبار العرب وأيامها، كأبيه. كثير التصانيف، من أهل الكوفة، ووفاته فيها. له نيف ومئة وخمسون كتابا. ابن خلدون-ص(٢/٢٦٢) وابن خلكان-ص(٨٢-٦/٨٤).

ابن رسته، المتوفى بين عامي (٩٢٢-٩٤٨م)، وله كتاب (المسالك والممالك).

الوراق محمد بن يوسف القيرواني الأندلسي[1] صاحب كتاب (المسالك والممالك).

وهناك العشرات من الجغرافيين نلتمس العذر عن ذكر أسمائهم حتى لا يطول بنا المقام في هذا الحديث.

٢- الطبيعة

لقد كان لعلماء الطبيعة المسلمين باع طويل في هذا العلم، ولكن معظم مؤلفاتهم الهامة قد ضاعت، ولم يبق منها سوى القليل، على أنه يمكننا من هذا القليل أن نقف على مدى تقدمهم في علم الطبيعة، وما أفادته أوروبا من هذا التقدم.

ويعتبر (البيروني) رأس العلماء المسلمين المشهورين، والذي كان عالما في الطبيعيات، فضلا عن شهرته في الفلسفة والتاريخ والجغرافيا والرحلات والرياضيات والفلك.

فقد ألف كتابا ضخما في (الحجارة) وصف فيه عددا عظيما من الأحجار والمعادن من النواحي الطبيعية وشرح قيمتها التجارية والطبية. وعين الكثافة النوعية لثمانية عشر نوعا من أنواع الحجارة الكريمة، ووضع القاعدة التي تنص على أن الكثافة النوعية للجسم تتناسب مع حجم الماء الذي يزيغه. كما شرح (البيروني) أسباب خروج الماء من العيون الطبيعية والآبار الارتوازية بنظرية (الأواني المستطرقة).

---

(١) محمد بن يوسف القيرواني (٩٧٣م): مؤرخ اندلسي، آباؤه من (وادي الحجارة) ومنشؤه (بالقيروان) وإقامته ووفاته (بقرطبة). ألف كتبا كثيرة في التاريخ. الزركلي-ص(٧/١٤٨).

ومن أشهر علماء المسلمين في علم الطبيعة هو (الحسن بن الهيثم) الذي اشتغل بالعدسات والبصريات، وكتب عدة رسائل في أضواء الكواكب، وفي الضوء، في المرايا المحترقة بالقطوع، وفي المرايا المحرقة بالدائرة، وفي ضوء القمر.

وكان لكتابات (ابن الهيثم) تأثير كبير على علماء الغرب الناشئين لا سيما (روجر بيكون).

وهناك أيضا (الخازن البصري) الذي كتب أبحاثا رائعة في المرايا وأنواعها وحرارتها ومحل الصور الظاهرة فيها، وفي انحراف الأشياء وتجسيمها ظاهريا، كما أوجد حلا لبعض المسائل في الضوء مثل: إذا علم موضع نقطة مضيئة، ووضع العين، فكيف نجد على المرايا الكروية النقط التي تتجمع فيها الأشعة بعد انعكاسها ؟ كذلك أجرى (الخازن) تجارب لإيجاد العلاقة بين وزن الهواء وكثافته، وأوضح أن المادة يختلف وزنها في الهواء الكثيف عنه في الهواء الخفيف الأقل كثافة لاختلاف الضغط، كما عالج النظريات المتعلقة بالجاذبية ومركز الثقل.

وقد ترجمت كتابات (الخازن البصري) إلى اللاتينية ثم الإيطالية في وقت مبكر، واستعان بها رجال العلم في أوروبا. وإذا كان (روبرت جروستست)[١] أسقف (النكولن)[٢] يعتبر أول مثل بارز لعلماء الطبيعة في غرب أوروبا في أوائل القرن الثالث عشر الميلادي، نظرا لما كتبه عن البصريات والعدسات والمرايا، فإن (جروستست) -باعتراف الباحثين الأوربيين - استقى معلوماته من ترجمة لاتينية لكتاب (الخازن البصري). فعنه أخذ علماء أوروبا مثل: (جروستست) ومعاصره

(١) روبرت جروستست (١٢٥٣م): أسقف إنكليزي مؤسس مدرسة (اكسفورد) الفرنسيسكانية. من واضعي العلم الحديث. وعني بأرسطو، وأشاد بابن الهيثم. غربال-ص(١/٦٢٣).

(٢) لنكولن: مدينة تقع في وسط ولاية البنوى شي. تتوسط منطقة غنية بحاصلاتها الزراعية وبمناجم الفحم.

(بول وتلو) المتوفى سنة ١٢٧٠م؛ وعن هذين الأخيرين أخذ (روجر بيكون)، إذا فالخازن البصري كان الأستاذ الأكبر لكثير من العلماء الأوروبيين في العصور الوسطى ومستهل الحديثة.

وعاصر (الخازن البصري) (ابن سيناء) الذي قام بدراسات جديدة في الحركة والطاقة والفراغ والضوء والحرارة والكثافة النوعية. وله رسالة في المعادن بقيت في القرن الثالث عشر الميلادي أهم مصادر طبقات الأرض عند الأوروبيين، إذ تناول فيها تكوين الجبال، إنها تنشأ من سببين مختلفين، فقد تكون نتيجة اضطرابات في القشرة الأرضية أو لفعل المياه الجارية. والحق أن كتاب (شفاء النفس) لابن سينا، جاء موسوعة علمية ضخمة في ثمانية عشر مجلدا في العلوم الرياضية والطبيعية والدينية؛ فضلا عن الاقتصاد والسياسة والموسيقى.

٣- الكيمياء

ظل علم الكيمياء عند المسلمين مشوبا ببعض الأوهام والخرافات كالبحث عن أكسير الحياة الذي يشفي من جميع الأمراض.

ويعتبر (خالد بن يزيد بن معاوية)[١] رأس علماء الكيمياء العرب والمسلمين، وكان أول من عمل فيها. فقد اشتغل بالكيمياء والطب والنجوم، فأتقنها وألف فيها رسائل. وهو عند أهل هذه الصنعة من المتقدمين فيهم، فهو يقول في الكيمياء[٢]:

(١) خالد بن يزيد بن معاوية بن أبي سفيان (٧٠٨م): حكيم قريش وعالمها في عصره. اشتغل بالكيمياء والطب والنجوم، فأتقنها وألف فيها رسائل. وكان موصوفا بالعلم والدين والعقل. وهو أول من ترجم كتب النجوم والطب والكيمياء. توفي في دمشق. ابن خلكان-ص(٢٢٤-٢/٢٢٦) والزركلي-ص(٣٠٠-٢/٣٠١).

(٢) مروج الذهب-علي بن الحسين المسعودي-بيروت-دار الفكر ١٩٨٨-ص(٤/٢٥٨).

خذ الطلق مع الأشق ... وما يوجد في الطرق

وشيئا يشبه البرقا ... فدبره بلا حرق

فإن أحببت مولاكا ... فقد سودت في الخلق

ويقول عنه (البيروني): (كان خالد أول فلاسفة الإسلام). وقال (ابن النديم)[١]: (كان خالد بن يزيد فاضلا في نفسه له همة ومحبة للعلوم، خطر بباله حب صنعة (الكيمياء) فأمر بإحضار جماعة من فلاسفة اليونانيين ممن كان ينزل مصر، وقد تفصح بالعربية وأمرهم بنقل الكتب من اللسان اليوناني والقبطي إلى العربي. وهذا أول نقل كان في الإسلام من لغة إلى لغة)[٢]. وقال (الجاحظ)[٣]: (خالد بن يزيد خطيب شاعر، وفصيح جامع، جيد الرأي، كثير الأدب، وهو أول من ترجم كتب النجوم والطب والكيمياء)[٤].

يقول (المسعودي): (وقد صنف يعقوب بن إسحاق بن الصباح الكندي رسالة في ذلك، وجعلها مقالتين يذكر فيها تعذر فعل الناس لما انفردت الطبيعة بفعله، وخدع أهل هذه الصنعة وحيلهم، وترجم هذه الرسالة بإبطال دعوى المدعين صنعة الذهب والفضة من غير معادنها، وقد نقض هذه الرسالة على الكندي أبو بكر

---

(١) محمد بن إسحاق، المعروف بابن النديم (١٠٤٧م): صاحب كتاب (الفهرس) من أقدم كتب التراجم ومن أفضلها. وهو بغدادي، وكان معتزليا شيعيا. عاش قرابة تسعين عاما. الزركلي-ص(٦/٢٩) وابن خلكان-ص(٦/٢٠١).

(٢) الفهرست-ابن النديم-القاهرة ١٣٤٨هـ-ص(١/٢٤٢).

(٣) عمرو بن بحر، المعروف بالجاحظ (٨٦٩م): كبير أئمة الأدب، ورئيس الفرقة الجاحظية من المعتزلة. مولده ووفاته بالبصرة. فلج في آخر عمره. وكان مشوه الخلقة. ومات والكتاب على صدره. قتلته مجلدات من الكتب وقعت عليه. له تصانيف كثيرة في مجالات الأدب والبلاغة. ابن خلكان-ص(٤٧٩-٣/٤٧٥) والزركلي-ص(٥/٧٤).

(٤) البيان والتبيين-الجاحظ-تحقيق عبد السلام هارون-القاهرة ١٩٤٨-ص(١/١٧٨).

محمد بن زكريا الرازي، الفيلسوف صاحب الكتاب المنصوري في صناعة الطب الذي هو عشرـ مقالات، وأرى القول ما ذكره الكندي فاسداً، وأن ذلك قد يتأتى فعله؛ ولأبي بكر بـن زكريا في هـذا المعنى كتب قد صنفها، وأفرد كل واحد منها بنوع من الكلام في هذه الصنعة في الأحجار الكريمة، وغير ذلك من كيفية الأعمال، وهذا باب قد تنازع الناس فيه)[١].

كذلك اعتقد علماء الكيمياء من المسلمين أن جميع المعادن تتكون مـن عناصـر واحـدة ولا يختلف بعضها عن بعض إلا باختلاف تلك العناصر في تركيبها، وأنـه في حالـة تحليـل تلك العناصر وإعادة تركيبها على نسب مختلفة تنتج معادن أخرى ثمينة كالذهب والفضة.

وبلغ من تسلط هذه الفكرة على عقول المسلمين أن عرف بعضهم علم الكيمياء بأنه: (العلـم الذي يشمل الأصول والقواعد التي يمكن بها تحويل مختلف المواد إلى ذهب وفضة)[٢].

ومهما يكن في هذه النظرية من خطأ، فإن السعي وراء تحقيق تلك الغاية بحد ذاته أدى إلى الكشف عن حقائق صحيحة في علم الكيمياء. وهذا يدل على ملاحظة المسلمين العرب في توصلهم إلى هذه الحقائق دون أن يكونوا مدينين بشيء إلى علوم اليونان، الـذين لم يعرفوا مـا توصـل إليه المسلمون في مواد وتجارب كيميائية.

ويكفي المسلمين أنهم حللوا كثيرا من المواد تحليلا كيميائيا، وميزوا بين القلويات والأحماض. وشرحوا كثيرا من التفاعلات الكيميائية وتأثير المواد المختلفة.

---

(١) المسعودي-ص(٤/٢٥٨).
(٢) ديورانت- الجزء الثاني من المجلد الرابع -ص(١٨٧).

ولعلَّ كل ذلك دفع أحد العلماء المحدثين إلى القول: (ليكاد المسلمون يكونون هم الذين ابتدعوا الكيمياء بوصفها علما من العلوم لأنهم أدخلوا الملاحظة الدقيقة والتجارب العلمية والعناية برصد نتائجها، في حين اقتصر اليونانيون على الخبرة الصناعية والفروض الغامضة)[1].

وكان علم تحويل المعادن إلى ذهب، الذي أخذه المسلمون من مصر- هو الذي أوصلهم إلى علم الكيمياء الحق، وذلك بواسطة تجاربهم العديدة التي أدت إلى اكتشاف الطريقة التي كانت أكثر انطباقا على الوسائل العلمية الصحيحة وأكثر الطرق شيوعا في العصور الوسطى.

وكان من أشهر الكيميائيين العرب (جابر بن حيان)[2] المعروف عند الأوروبيين باسم (جبير Gebir). وكان جابر ابن عقّار كوفي، اشتغل بالطب، ولكنه كان يقضي- معظم وقته مع (الأنابيق والبوادق)[3] ، ويعزو إليه المؤرخون مئة من المؤلفات أو أكثر من مئة. وقد ترجم كثير من هذه المؤلفات إلى اللغة اللاتينية، وكان لها الفضل في تقدم علم الكيمياء في أوروبا.

ولعلَّ أهم مؤلفات (ابن حيان) كتاب (الاستتمام) الذي ترجم إلى اللغة الفرنسية سنة (١٦٧٢) مما يدل على استمرار نفوذه العلمي في أوروبا حتى القرن السابع عشر الميلادي.

---

(١) ديورانت – الجزء الثاني من المجلد الرابع – من (١٨٧).

(٢) جابر بن حيان بن عبد الله الكوفي (٨١٥م): فيلسوف كيميائي، كان يعرف بالصوفي من أهل الكوفة، وأصله من خراسان. اتصل بالبرامكة، وانقطع إلى أحدهم (جعفر بن يحيى) وتوفي بطوس. له تصانيف كثيرة قيل: عددها (٢٣٢)كتابا، وقيل: (٥٠٠) كتابا، ضاع أكثرها، وترجم بعض ما بقي منها إلى اللاتينية. ولجابر شهرة كبيرة عند الإفرنج بما نقلوه من كتبه، في بدء يقظتهم العلمية. جوستاف لوبون-ص(٥٧٤) والزركلي-ص(١٠٣-١٠٤/٢).

(٣) الإنبيق: جهاز تقطر به السوائل. البوادق: جمع بودقة تغلى بها السوائل في المختبر.

والواقع أن كتابات (ابن حيان) في علم الكيمياء تؤلف موسوعة كبيرة في هذا المجال، فقد ضمت ما وصل إليه هذا العلم في عصره من تقدم، سواء في وصف المركّبات الكيميائية التي لم تكن معروفة من قبل. مثل: ماء الفضة (حامض النيترك) وماء الذهب، والبوتاس، وروح النشادر وملحه، ونترات الفضة، والسليماني، والراسب الأحمر، والكربونات. أم في وصف العمليات الكيمائية كالتقطير والترشيح والتصعيد والتبلور والتذويب والتحويل. ومنذ وقت مبكر وجدت كتابات كثيرة في الكيمياء ترجمها الأوربيون إلى اللاتينية ونسبوها إلى اسم معين واحد هو (جابر Gaber).

أما (الرازي) فهو أول من وصف حامض الكبريتيك (زيت الزاج) والكحول. فقال: (إن الأول يستخرج بتقطير كبريت الحديد، والثاني يستخرج بتقطير المواد اللبية أو السكرية المختمرة). وهذا أخذ علماء المسلمين العرب يرقون بعلم الكيمياء، حتى قال (لوبون): (أنه لولا ما وصل إليه العرب من نتاج واكتشافات، لما استطاع (لافوازيه)[١] - أبو الكيمياء الحديثة - أن ينتهي إلى اكتشافاته)[٢].

ويتضح فضل المسلمين على علم الكيمياء من كثرة الأسماء العربية التي اقتبستها اللغات الأوروبية في ذلك العلم، فالكيمياء أصبحت (Alchicie) بالفرنسية،

---

(١) انطوان لوران لافوازييه: كيميائي فرنسي، وأحد مؤسسي الكيمياء الحديثة. كان أحد الرواد الذين أدخلوا الطرق الكمية الكيميائية. وعين طبيعة الاحتراق ودور الأكسجين في عملية التنفس. أعدم بالمقصلة في عهد الإرهاب في الثورة الفرنسية لاتهامه بجمع الضرائب سنة ١٧٩٤م.

(٢) لوبون-المصدر نفسه-ص(٥٠٣).

و(Chemistry) بالإنكليزيـــة، والكحـــول أصـــبح (Alcool) بالفرنســـية، و(Alcohol) بالإنكليزية، والقلويات أصبحت (Alcail)، والإمبيق (Alambic) ..الخ[١].

لقد كان من أهم تقدم المسلمين العرب في علم الكيمياء توصلهم إلى استقلال القـوة الناجمـة عن (انفجار البارود). صحيح أن (المركبات المحركة) كانت معروفة من قبل، وقد استعمل مـن قبـل البيزنطيين في رد الأسطول الإسلامي الذي هاجم (القسطنطينية) في أوائل القرن الثامن الميلادي[٢].

ولكن هذه المركبات المحرقة التي عرفت باسـم (النـار الإغريقيـة)[٣] لم تكـن تصـلح إلا في إشعال الحرائق، ولم تكن قابلة للانفجار، ولم يتولد عنها قـوة قاذفـة كـالمواد المتفجـرة. لـذلك لم يقنع المسلمون بمعرفة النار الإغريقية، وما زالوا يجـدّون ويبحثـون حتـى توصـلوا إلى اسـتخدام قوة البارود في رمي القذائف إلى مدى بعيد.

---

(١) لقد حاصر المسلمون (القسطنطينية) إحدى عشرة مرة، منها سبعة في القرنين الأولين للإسلام، فقد حاصرها (معاوية بن أبي سفيان) في أواخر خلافة (عثمان بن عفان) وحاصرها (يزيد بن معاوية) في خلافة (علي بن أبي طالب) وحاصرها (سفيان بن أوس) في خلافة (معاوية بن أبي سفيان) مرتين. وحاصرها (مسلمة بن عبد الملك) في زمن (عمر بن عبد العزيز) كما حوصرت في خلافة (هشام بن عبد الملك)، وفي السابعة حاصرتها الجيوش الإسلامية في عهد (هارون الرشيد)، وفتحها السلطان العثماني (محمد الثاني-الفاتح) سنة (٨٥٧هـ/١٤٥٣م). البوسنة والهرسك-محمد فاروق الإمام-عمان-دار عمار ١٩٩٣-ص(١٤-١٥).

(٢) مادة قابلة للاشتعال سميت بالنار المائعة، وقيل أن (كالينكس الهليوبوليسي) استعملها لإحراق سفن الأعداء بالقسطنطينية إبان حكم (قسطنطين بوجانوتس) كما استخدمها الإغريق البيزنطيون في العصور الوسطى. ولا تعرف بالتحقيق طبيعة كنهها الكيميائي، والمحتمل أنها تحتوي على الكبريت ومواد أخرى سهلة الاشتعال، ومادة كالجير تتفاعل مع الماء لإنتاج الحرارة.

(٣) عاشور – المصدر السابق – ص (٢٩٦).

وقد أثبت العلماء أن الصينيين هم أول من اكتشف ملح البارود (نترات البوتاسيوم)، واستخدموه في النار الصناعية ولكن المسلمين هم الذين استخدموا قوة البارود الدافعة. وهم بذلك أول من اخترع الأسلحة النارية.

وجاء في المراجع التاريخية العربية طريقة استخدام (ملح البارود) في الغرض السابق، وتتلخص هذه الطريقة في أن تؤخذ عشرة دراهم من ملح البارود ودرهمان من الفحم ودرهم ونصف درهم من الكبريت، وتسحق جميعا حتى تصبح كالغبار ويملأ منها ثلث المدافع فقط خوفا من انفجاره، وتدك فيه بعد أن يضاف إليها إما بندق وإما نبل، ثم تشعل الذخيرة.

وفي الكتاب الذي ألفه (حسن الرماح) في الربع الأخير من القرن الثالث عشر الميلادي، نجد معلومات كثيرة عن الأسلحة النارية وملح البارود. وفي هذا الكتاب أيضا أول إشارة إلى القنبلة أو الطوربيد، فيقول عنها: (بيضة تخرج وتحرق)[١]

كذلك يفهم من كتابات بعض مؤرخي العرب، أن المسلمين استعملوا المدافع النارية منذ أوائل القرن الثالث عشر الميلادي. فقد ذكر (ابن خلدون) وصفا دقيقا للكيفية التي تم للسلطان (أبي يوسف)[٢] بها الاستيلاء على (سجلماسة)[٣] سنة

---

(١) جورج يعقوب-المصدر السابق-ص(٣٣).

(٢) يعقوب بن عبد الحق المريني: سيد بني مرين على الإطلاق، بويع بالسلطنة سنة (٦٥٦هـ/١٢٥٨م). أنقذ مدينة سلا من يد الأسبان وطردهم منها؛ وأرسل غزوة إلى جهاد الأسبان في الأندلس ، وقاتل الموحيدين، ودخل مراكش سنة (٦٧٢هـ/١٢٧٣م)، وعلى يده انقرضت دولة الموحدين سنة (٦٧٤هـ/١٢٧٥م). استولى على طنجة سنة (٦٧٢هـ:١٢٧٣م)، وحاصر سلجماسة وقذفها بالنار وجص الحديد والبارود وفتحها سنة (٦٧٣هـ/١٢٧٤م)، وصفا له المغرب كله. قاد بنفسه حملة إلى الأندلس بعد أن استفحل شر الفرنجة فيها، فاثخن بهم وقهرهم ونظف مدن الأندلس من عبثهم. غزا الإفرنج سنة ٦٨١هـ/١٢٨٢م) وسنة (٦٨٣هـ/١٢٨٤م). كان محبا للعلم، بنى الكثير من المدارس والمعاهد العلمية ووقف عليها الأوقاف. واستمر غازيا مجاهدا وبانيا إلى أن توفي بالأندلس سنة (١٢٨٦م) ودفن برباط الفتح.

(٣) سجلماسة: تقع غربي الصحراء الكبرى ضمن حدود المغرب اليوم، وكانت من أهم المدن التجارية في العصور الإسلامية، لمرور القوافل عبرها إلى غرب إفريقية، وكانت عاصمة للخوارج المدراريين فترة من الزمن، ومكانها اليوم مدينة الريساني المغربية.

(١٢٧٣م)، إذ يقول: (نصب عليها آلات الحصار من المجانيق والعرادات[١] وهندام النفط القاذف بحص الحديد، ينبعث من خزانة أمام النار الموقود في البارود، بقوة غريبة ترد الأفعال إلى قوة باريها)[٢].

وسرعان ما تعلم الأوروبيون ذلك الاكتشاف الجديد من المسلمين، فكتب (مرقص جريكوس) بيانا بمسحوق البارود والكبريت والفحم، وكان ذلك تحت تأثير العرب في القرن الثالث عشر الميلادي، وعندما هاجم (ألفونس العاشر) مدينة (الجزيرة)[٣] سنة (١٢٤٢م) استعمل العرب الأسلحة النارية في الدفاع عن المدينة. وحضر ذلك الحصار (كونت دربي **Derby**) و(كونت سالسبوري) من الإنجليز، فشاهدا نتائج استخدام البارود، وأسرعا إلى نقل ذلك الاختراع إلى بلادهم حيث استخدمه الإنجليز بعد أربع سنوات في معركة (كريسي)[٤].

لقد كان للبارود أهمية في تاريخ العالم وحضارته، لأن هذه المادة المفرقعة - التي اكتشف المسلمون أثرها - لم تؤد إلى إحداث ثورة في أساليب الحرب وفنونها فحسب، بل ساعدت أيضا على إتمام كثير من المشروعات العمرانية الجبارة كشق الطرق والممرات بين الجبال وتفتيت الصخور وغير ذلك.

---

(١) العرادة: آلة من آلات الحرب القديمة، وهي منجنيق صغير.

(٢) تاريخ ابن خلدون-ص(٧/١٨٨).

(٣) جزيرة شكر: تقع في شرقي الأندلس.

(٤) معركة كريسي: جرت في كريسي الفرنسية، حيث هزم إدوار الثالث ملك إنكلترا سنة (١٢٤٦م) فيليب السادس ملك فرنسا خلال حرب المئة عام.

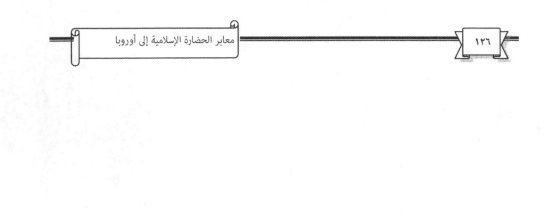

الفصل الخامس

الطـــب

الفصل الخامس

معابر الحضارة الإسلامية العربية إلى الغرب

جاء في (رسائل إخوان الصفا)[١] : (اعلم يا أخي أن مداواة العلل الحالّة بالأجسام، والعلم بذلك، من أجل المعلومات الطبيعية والمعارف الجسمانية، كما قال النبي صلى الله عليه وسلم: ((العلم علمان علم الأديان وعلم الأبدان))[٢] .

ولم يكن العرب حين دخلوا بلاد الشام يعرفون من الطب إلا معلومات بدائية، ولم يكن لديهم من الأدوات والأجهزة الطبية إلا القليل الذي لا يغني.

والواقع أن العرب بعد أن شرح الله صدرهم للإسلام وأفاء عليهم فتح البلاد شرقا وغربا، تحمسوا للعلم باندفاع شديد، وكان في مقدمة هذه العلوم (علم الطب)، ذلك العلم الذي عنوا به عناية فائقة لحاجة البشرية الملحة إليه.

وكان في مقدمة أنواع الطب التي توجهوا إليها، هو (الطب العلاجي وخواص العقاقير الطبية). وقد أضاف العرب إلى (علم الأعشاب، العنبر[٣]،

---

(١) إخوان الصفا: جماعة سرية، دينية وسياسية وفلسفية، عاشوا بالبصرة في النصف الثاني الهجري. وكان يتقدمهم خمسة هم: محمد بن مشير البستي (الملقب بالمقدسي)، وعلي بن هارون الزنجاني، ومحمد بن أحمد النهرجوري، والعوفي، وزيد بن رفاعة. وهم جماعة تآلفت وتصافت، واجتمعت على القدس والطهارة كما زعمت. ولذلك سموا بإخوان الصفا وخلان الوفا. جمعوا معارف عصرهم العلمية والفلسفية والدينية في رسائل تزيد على الخمسين. مذهبهم تلفيقي، اخذوا فيه من كل علم. تقع رسائلهم في أربعة أقسام: قسم الرياضيات، وقسم في الطبيعيات، وقسم في العقليات، وقسم في الإلهيات. فضلا عن الرسالة الجامعة التي توضح ما جاء في هذه الرسائل.

(٢) رسائل الصفا-القاهرة ١٩٢٨م-ص(٤/٣٦٠).

(٣) العنبر: مادة صلبة، لا طعم لها ولا ريح إلا إذا سحقت أو أحرقت. يقال: إنه روث دابة بحرية.

والكافور[١]، وخيار الشنبر[٢]، والقرنفل العطري، والزئبق، والسنالمكي[٣]، والمر. وأدخلوا في الأدوية مستحضرات طبية جديدة، منها: أنواع الشراب، والجلاب، وماء الورد، وغيرها.

يقول ديورانت: (إن من أهم الأعمال التجارية بين إيطاليا والشرق الأدنى استيراد العقاقير العربية. وكان المسلمون أول من أنشأ مخازن الأدوية والصيدليات، وهم الذين أنشأوا أول مدرسة للصيدلة، وكتبوا الرسائل العظيمة في (علم القربازين)[٤]. لقد عني المسلمون بالطب وعرفوا أهميته، فقد أخذ يتسابق الباحثون عن دقائق أموره، وينهلون من علمه، حتى بلغ عدد المتخصصين والمؤلفين من أطباء المسلمين درجة من الكثرة جعلت (ابن أبي أصيبعة)[٥] يخصص لهم مجلدا من كتابه (عيون الأنباء في طبقات الأطباء). وفي هذا العلم بدأ المسلمون بترجمة كتب اليونان الطبية مثل: (جالينوس) و(بقراط) و(بولس الأيجيني) وغيرهم).

ولكن المسلمين لم يكتفوا بما رأوه في تلك المؤلفات من معلومات، وإنما عدلوها وصححوها وأضافوا إليها وكتبوا أبوابا جديدة في الطب والصيدلة، لم يسبقهم إليها إنسان. في الوقت الذي كادت تنعدم معلومات الأوروبيين في الطب بسبب الجهل وتزمت رجال الكنيسة في العصور الوسطى، حتى اعتبروا المرض نوعا من الجزاء أو العقاب الإلهي لا يصح للإنسان أن يعالج أو يبرأ منه، فإذا

---

(١) الكافور: شجر من الفصيلة النارية، رائحتها عطرة وطعمها مر.

(٢) خيار الشنبر: ضرب من الخرنوب من فصيلة القرنية.

(٣) السنالمكي: نبات شجيري من الفصيلة القرنية، تستعمل أوراقه وثماره مسهلات يتداوى بها.

(٤) ديورانت-ص(١٨٩).

(٥) أحمد بن القاسم، المعروف بابن اصيبعة (١٢٧٠م): طبيب مؤرخ، كان مقامه بدمشق، مولده بها. زار مصر سنة (١٢٣٧م) وأقام بها طبيبا مدة سنة. توفي (بصرخد) من بلاد سورية. له العديد من الكتب في الطب والتاريخ. ابن كثير-ص(١٣/٢٥٣) والزركلي-ص(١/١٩٧).

انتابت أحدهم حمى هرع إلى أقرب دير أو كنيسة حيث يختفي على مقربة منها منتظرا حدوث معجزة تشفيه.

وقد روى (أسامة بن منقذ)[١] أكثر من قصة في عصر الحروب الصليبية توضح الفارق الكبير بين مستوى الأطباء المسلمين، وما كان عليه الفرنجة من جهل في أبسط المبادئ الطبية.

وكان المرضى من المسيحيين يفضلون الأطباء المسلمين واليهود على الأطباء المسيحيين، (خلال حملاتهم الصليبية على بلاد الشام).

وكان المسلمون يتقيدون بحديث رسول الله صلى الله عليه وسلم الذي يقول فيه: ((النظافة من الإيمان))، لهذا نجد أن الأطباء المسلمين كانوا عظيمي التحسس في دعوتهم إلى الاستحمام، وخاصة عند الإصابة بالحميات، وإلى استخدام (حمام البخار)؛ ولا يكاد الطب الحديث يزيد شيئا على ما وصفه المسلمون الأولون من العلاج للجدري والحصبة؛ وقد استخدموا (التخدير) بالاستنشاق في بعض العمليات الجراحية؛ واستعانوا (بالحشيشة) وغيرها من المخدرات على النوم العميق.

ومن الأطباء الذين اشتهروا في دولة الإسلام (يوحنا بن ماسويه)[٢] الذي درّس التشريح بتقطيع أجسام القردة؛ و(حنين بن إسحاق) صاحب كتاب (العشر

---

(١) أسامة بن مرشد بن منقذ (١١٨٨م): أمير، من أكابر بني منقذ (أصحاب قلعة شيزر) قرب حماة السورية. من العلماء الشجعان. له تصانيف في الأدب والتاريخ. ولد في شيزر، وسكن دمشق، وانتقل إلى مصر سنة (١١٤٥م) وقاد عدة حملات على الصليبيين في فلسطين، وعاد إلى دمشق. ثم برحها إلى حصن (كيف) فأقام إلى ان ملك السلطان (صلاح الدين) دمشق، فدعاه إليه، فأجابه وقد تجاوز الثمانين، فمات بدمشق. ابن كثير-ص(١٢/٣٣١) وابن خلكان-ص(١/٦٣).

(٢) يوحنا بن ماسويه (٨٥٧م): من علماء الأطباء. سرياني الأصل. عربي المنشأ. إليه عهد (هارون الرشيد) بترجمة ما وجد من كتب الطب القديمة في بلاد الروم.وجعله أمينا على الترجمة، ورتب له كتابا بين يديه. وبقي طبيب للخلفاء العباسيين. وأصاب شهرة واسعة وثروة طائلة. له نحو أربعين كتابا معظمها في الطب. ابن أبي اصيبعة-ص(١٧٥-١/١٨٣) والزركلي-ص(٨/٢١١).

مقالات في العين) وهو أقدم مرجع منظم في طب العيون، و(علي بن عيسى)[١] أبرز أطباء العيون المسلمين وصاحب كتاب (تذكرة الكحالين)، وهو الكتاب الذي ظل يدرّس في أوروبا حتى القرن الثامن عشر الميلادي.

يقول (ديورانت): (ولدينا أسماء أربعة وثلاثين (بيمارستانا)[٢] كانت قائمة في البلاد الإسلامية في ذلك الوقت، ويلوح أنها أنشئت على نمط المجمع العلمي والمستشفى الفارسي الذي كان في (جند نيسابور)...)[٣] - المقصود هنا الجند الذين سيّروا إلى مدينة نيسابور الفارسية - وهي من مدن خراسان، وإحدى عواصمها. كانت في العصر العباسي من أشهر مراكز الثقافة والتجارة والعمران، وذلك قبل أن يدمرها زلزال سنة (٥٤٠هـ/١١٤٥م)، ثم أكمل خرابها المغول سنة ١٢٢١م.

ويؤكد المؤرخ (المقريزي): (أن أول من بنى المارستان في الإسلام ودار للمرضى هو (الوليد بن عبد الملك)[٤] ، وأنه أول من عمل دار الضيافة، وذلك في سنة (٨٨هـ/٧٠٧م) وجعل في المارستان الأطباء، وأجرى لهم الأرزاق)[٥] .

---

(١) علي بن عيسى (١٠٣٩م): طبيب حاذق في أمراض العين ومداواتها. ابن أبي أصيبعة-ص(١/٢٤٧) والزركلي-ص(٤/٣١٨).

(٢) كلمة فارسية آتية من بيمار ومعناها مريض، واستان تعني مكان.

(٣) ديورانت-ص(١٩١).

(٤) الوليد بن عبد الملك: خليفة أموي، تولى الحكم سنة (٧٠٥م)، وحارب البيزنطيين، وبلغت جيوشه القوقاز والمغرب وصقلية والأندلس. وفي أيامه فتح قتيبة الباهلي بخارى وسمرقند وخوارزم وفرغانة وطشقند، وفتح ابن القاسم الهند، وموسى بن نصير الأندلس.بنى المسجد الأقصى بالقدس، والجامع الأموي بدمشق. توفي سنة (٧١٤م).

(٥) المقريزي-ص(٢/٤٠٥).

ورأى الوليد كثرة (المجذومين)[١] بفلسطين فأمر بحبس المجذومين لئلا يخرجوا، وأجرى عليهم وعلى العميان الأرزاق.. وجعل لكل عاجز خادما ولكل أعمى قائدا من الرقيق.

وتبلورت فكرة إنشاء أول مارستان حقيقي في بغداد أيام (هارون الرشيد) حين كلف (جبرائيل بختيشوع)[٢] بإنشاء مارستان في بغداد، وعهد إلى الصيدلي (يوحنا بن ماسويه) بإدارته.

ويبدو أن (يحيى بن خالد)[٣] و(البرامكة)[٤] أيدوا (المدرسة الهندية الطبية) وأنشأوا مارستانا أسندوا رئاسته لطبيب هندي اسمه (منكه).

ولم تبق هذه البدعة فريدة ببغداد وحدها، فما أن تقدم القرن الثالث الهجري/التاسع الميلادي، حتى كان انتشارها الواسع. وحوالي سنة (٨٥٠م) كان في العالم الإسلامي مارستانات موزعة بين مدن المشرق والشام ومصر.

(١) الجذام: داء يصيب الجلد والأعصاب الطرفية، يسبب فقدا بقعيا، وقد تتساقط منه الأطراف.

(٢) جبرائيل بن بختيوشع (٨٢٨م): طبيب الرشيد. ثم الأمين والمأمون. توفي ودفن في دير (مارجرجس) بالمدائن. من تصانيفه (المدخل إلى صناعة المنطق) و(كناش) جمع فيه خلاصات ومجريات في الطب. وله رسالة في (المطعم والمشرب) وكتاب في (صنعة البخور) ألفهما للمأمون. ابن أبي أصيبعة-ص(١٢٧-١/١٣٨) والزركلي-ص(٢/١١١).

(٣) يحيى بن خالد البرمكي: سيد بني برمك، تولى الوزارة لأبي العباس السفاح، وتعاقب على الوزارة وأدّب الرشيد، فكان يدعوه (يا أبي) ولما تقلد الرشيد الخلافة قلده أمر الرعية ودفع إليه خاتمه، فنهض بأعباء الدولة. قبض عليه في نكبة البرامة وسجن في الرقة إلى ان مات سنة (١٩٠هـ/٨٠٦م).

(٤) البرامكة: أسرة فارسية مشهورة لعبت دورا أساسيا في شؤون الدولة العباسية زمن الخلفاء الأربعة الأول (٧٥٠-٨٠٩م) أسسها خالد بن برمك وتغيّر الرشيد عليهم لتعاظم نفوذهم وميولهم الشيعية، ونكاية أعدائهم بهم، فنكبهم سنة (٨٠٢م).

وهذا (طاهر بن الحسين)(١) وزير الخليفة المأمون يوصي ابنه (عبد الله)(٢) قائد جيش المأمون في النصف الغربي من مملكته قائلا: (ولينصب للمسلمين دورا توقيهم، وقواما يرفقون بهم، وأطباء يعالجون أسقامهم).

وهذا يدل على أن هذه الظاهرة الحضارية صارت مبكرة ضمن الهموم الأولى لكبار القوم. وصارت من مميزات الحضارة الإسلامية.

وقد أجمع كل الرحالة في العصر الوسيط، وهم كثيرون على الإعجاب بالبيمارستانات التي كانت في الشرق، وأثبت (نوربرجير) - وهو مؤرخ لعلم الطب- (أن تنظيم البيمارستانات هو أحد المستحدثات الجميلة للثقافة العربية).

ولم يقدر على إنشاء هذه المارستانات إلا الملوك والأمراء وكبار الأغنياء بسبب تكاليفها الباهظة، وكثرة النفقات الدائمة عليها، وحاجة هذه المارستانات إلى أوقاف تدر مثل هذه النفقات، أضف إلى ذلك تعيين المتفرغين للإشراف على أوقاف هذه المارستانات.

ولقد نقلت لنا كتب التاريخ أن ما بين أواخر القرن الثالث ومطلع القرن الرابع الهجري/التاسع-العاشر الميلادي، عن قيام الخلفاء والملوك والأمراء ببناء عدد من المارستانات في بغداد نتيجة توسعها وتكاثر السكان فيها، ومن هذه

---

(١) طاهر بن الحسين: مؤسس الدولة لطاهرية في خراسان. نال منزلة كبيرة عند المأمون، وهو الذي قاد جيوشه إلى بغداد وقتل الأمين، فولاه المأمون شرطة بغداد، ثم ولاه خراسان سنة (٢٠٥هـ/٨٢٠م). تمرد على المأمون وقطع خطبته فقتله أحد غلمانه سنة (٢٠٧هـ/٨٢٢م).

(٢) عبد الله بن طاهر بن الحسين: ولاه المأمون على الشام سنة (٢٠٥هـ/٨٢٠م) ثم مصر سنة (٢١١هـ/٨٢٦م) فأقام فيها إلى سنة (٢١٣هـ/٨٢٨م)، ثم ولاه خراسان سنة (٢١٤هـ/٨٢٩م). توفي في نيسابور سنة (٢٣٠هـ/٨٤٤م) عن ٤٨ سنة.

المارستانات - على سبيل المثال - المارستان الذي أنشأه (بدر)[١] المعتضدي، غلام (المعتضد العباسي)[٢] ما بين عامي (٨٩٢-٩٠٢م).

ونسمع أيضا عن مارستان آخر في بغداد أنشأه الوزير (علي بن عيسى الجراح)[٣] سنة (٩١٢م) وأعطى رئاسته ورئاسة مارستاني (مكة والمدينة) إلى (أبي عثمان سعيد بن يعقوب الدمشقي)[٤].

وكان عدد المارستانات في بغداد سنة (٣٠٤هـ/٩١٤م) خمسة، وكان يتقلدها (سنان بن ثابت) [٥] الطبيب، وبفضله وبإشارته أنشئ مارستانان آخران، أحدهما

---

(١) بدر بن عبد اللـه الحمامي (بدر الكبير): قائد تركي الأصل من أمراء الجيش العباسي. خدم الخلفاء العباسيين، فولي لهم اصبهان وغيرها إلى أن توفي وهو عامل على شيراز سنة (٩٢٢م).

(٢) المعتضد بالله العباسي: أحد خلفاء بني العباس، ولد في بغداد سنة (٨٥٧م) ومات فيها سنة (٩٠٢م). أظهر بسالة ودراية في حروبه مع الزنج والأعراب. بويع له بالخلافة سنة (٢٧٩هـ/٨٩٢م)، فظهر بمظهر الخلفاء. كان شجاعا حازما مهيبا. أقام العدل، وبذل المال، وأصلح الحال. وحج وغزا وجالس المحدثين وأهل الفضل والدين.

(٣) علي بن عيسى ابن الجراح: وزير المقتدر العباسي والقاهر، وأحد العلماء الرؤساء من أهل بغداد. فارسي الأصل، نشأ كاتبا. ولي مكة، ثم استقدمه المقتدر إلى بغداد فولاه الوزارة، فأصلح الحوال واحسن الإدارة وحمدت سيرته. عاش حياة مضطربة بين الوزارة والسجن والنفي. توفي في بغداد سنة (٩٤٦م).

(٤) ابن أبي أصيبعة-ص(١/٢٣٤).

(٥) سنان بن ثابت بن قرة الحراني (٩٤٣م): طبيب عالم. أصله من حران، ومنشأه ببغداد. كان رفيع المنزلة عند المقتدر العباسي، فقد جعله رأسا للأطباء، وكان منهم ببغداد ثمانمائة وستون طبيبا، لم يؤذن لأحده منهم باحتراف الطب إلا بعد أن انتخبه سنان، وخدم القاهر بالله والراضي العباسيين مدة. وتوفي في بغداد. له العديد من التصانيف في الطب والهندسة والتاريخ والأنساب. ابن أبي أصيبعة-ص(١/٢٢٠) والزركلي-ص(٣/١٤١).

مارستان (السيدة) الذي أقامته (شغب أم المقتدر العباسي)[١] على ضفاف دجلة سنة (٣٠٦هـ/٩١٨م) وأشرف عليه (سنان بن ثابت) الذي يبدو أنه خلف (سعيد بن يعقوب) في إدارة مستشفى بغداد مع مكة والمدينة.

والمارستان الثاني أقيم على نفقة (المقتدر بالله العباسي)[٢] ونسب إليه، وكان إنشاؤه حوالي نفس الوقت الذي أنشئ فيه مارستان (السيدة)، وقد أقيم المستشفى المقتدري عند باب الشام ببغداد.

وما لبث (ابن الفرات)[٣] وزير المقتدر أن أقام مارستاناً ثالثاً، أسند إدارته أيضا للطبيب سنان بن ثابت.. وسارع كبار القوم وأثرياؤهم في تقديم الهبات ورصد الأوقاف له.

ويمكننا تقديم صورة واضحة عن معظم هذه المستشفيات واتساعها من خلال استعراض ما كان ينفق عليها. فقد كان راتب الطبيب في المارستان المقتدري (٢٠٠) دينار في الشهر، وراتب الطبيب في مارستان السيدة (٦٠٠)دينار. وكانت تكاليف المرضى تضم الأغطية لهم، وثمن الفحم في الشتاء.

---

(١) شغب أم المقتدر العباسي: مدبرة حازمة، كانت من جواري المعتضد وأعتقها وتزوجها. وتوفيت من آثار العذاب الذي أمر به ابن زوجها القاهر بالله بعد أن قتل أخاه المقتدر سنة (٩٣٣م).

(٢) المقتدر بالله العباسي: خليفة عباسي، ولد في بغداد سنة (٨٩٥م)، وبويع له بالخلافة سنة (٢٩٥هـ/٩٠٨م)، وخلع سنة (٢٩٦هـ/٩٠٩م) لصغر سنه، ثم أعيد بعد يومين، فطالت أيامه، وكثرت فيها الفتن، ثم تمرد عليه خادمه مؤنس فخلعه سنة (٣١٧هـ/٩٢٩م)، ثم أعيد، وقتله رجال مؤنس سنة (٩٣٢م).

(٣) ابن الفرات علي بن محمد بن موسى: وزير من الدهاة الفصحاء الأدباء الأجواد، وهو عهد الدولة للمقتدر العباسي. ولد في النهروان سنة (٨٥٥م) وتنقل في مناصب الدولة، تتولى الوزارة ثلاث مرات، ثم سجنه المقتدر ثم أعيد. ونكب سنة (٣٠٦هـ/٩١٨م) ثم أعيد سنة (٣١١هـ/٩٢٣م) إلى الوزارة، ثم ما لبث أن قبض عليه سنة (٣١٢هـ/٩٢٤م) وسجن وضرب عنقه سنة (٩٢٤م).

وبعد ذلك بنى (بجكم التركي)[١] قائد الجيوش، بمشورة الطبيب سنان ابن ثابت مارستان آخر سنة (٣٢٩-٣٤١هـ/٩٤٠-٩٥٢م) فوق ربوة كان عليها قصرا لهارون الرشيد ببغداد، فظل هذا المارستان قرابة أربعين سنة حتى جدده (عضد الدولة البويهي)[٢] سنة (٣٦٨هـ/٩٧٨م) وافتتحه سنة (٣٧١هـ/٩٨١م) وزوده بالأطباء والمعالجين والخزان والبوابين والوكلاء والناظورين[٣].

وقبل ذلك كان (معز الدولة البويهي)[٤] قد أقام سنة (٣٥٥هـ/٩٦٦م) مارستانا آخر على نهر دجلة ووقف عليه أوقافا وضياعا يرتفع منها في السنة خمسة آلاف دينار.

وفي أيام سنان بن ثابت كان الأطباء يزورون المرضى في السجون يوميا ويعطونهم الدواء، وكانت النساء يقبلن في السجون كممرضات، كما كان ثمة بعثة صحية (جوالة) تحمل خزانة الأدوية والأشربة إلى (قرى السواد) في العراق. وكان المسلمون وأهل الذمة على السواء يعالجون في هذا المارستان دون تمايز.

---

(١) بجكم التركي: أمير الأمراء ببغداد. كان عاقلا يفهم العربية ولا يتكلمها. كان يحب العلم وأهله، وكان كثير الأموال والصدقات. بدأ في بناء مارستان ببغداد ولم يتمه، حيث مات سنة (٣٢٩هـ/٩٤١م). وتممه عضد الدولة بن بويه.

(٢) عضد الدولة البويهي (فناخسرو): أحد المتغلبين على الملك في عهد الدولة العباسية بالعراق. وخطب له على المنابر بعد الخليفة، ولقب بـ(شاهنشاه). كان شديد الهيبة، جبارا، عسوفا، أديبا، عالما بالعربية. كان كثير العمران. أكمل مارستان بجكم. أخباره كثيرة. توفي ببغداد سنة (٩٨٣م).

(٣) أخبار العلماء بأخبار الحكماء-القفطي-بيرووت-ص(١٩٢-١٩٣)، والكامل في التاريخ-ابن الأثير-بيروت-دار الكتاب العربي-ط٢-١٩٦٧-ص(٩/١٢).

(٤) معز الدولة أحمد بن بويه: من ملوك بني بويه بالعراق، فارسي الأصل، مستعرب، وكان يقال له الأقطع لأن يده اليسرى قطعت في معركة مع الأكراد. امتلك بغداد سنة (٣٣٤هـ/٩٤٥م) في خلافة المستكفي، ودام ملكه في العراق اثنين وعشرين سنة. توفي ببغداد سنة (٩٦٧م).

وكان المارستان (العضدي) الذي أنشئ على الضفة الغربية من نهر دجلة في بغداد، وكان فيه حين أنشئ على قول (القفطي)[١] أربعة وعشرون طبيبا ما بين (طبيب وكحال ومجبر) يطوفون على المرضى يومين وليلتين في الأسبوع. وكانت تعطى في المارستان العضدي دروس في الطب، وهذا يدل على أن المارستان العضدي كان كلية للطب، وتعرف بعض الكتب الطبية التي كانت تقرأ فيه. وقد صار الطبيب (ابن التلميذ)[٢] ساعور المارستان - أي مديرا للمارستان - وكان هذا المارستان ما يزال نشاطه قائما حين زاره بعد مئة عام من إنشائه الرحالة (ابن جبير)، وتحدث عنه سنة (٥٨٠هـ/١١٨٤م) قائلا: (... وأنه في سوق المارستان وهي مدينة صغيرة فيها المارستان الشهير ببغداد وهو على دجلة ويتفقده الأطباء كل يوم اثنين وخميس ويطالعون المرضى به. ويرتبون لهم أخذ ما يحتاجون إليه وبين أيديهم قوامته يتناولون طبخ الأدوية والأغذية، وهو قصر كبير فيه المقاصير والبيوت وجميع مرافق المساكن الملوكية والماء يدخل إليه من دجلة)[٣].

---

(١) علي بن يوسف القفطي (١٢٤٨م): وزير، مؤرخ، من الكتاب. ولد (بقفط) من صعيد مصر، وسكن حلب، فولي بها القضاء في أيام الملك (الظاهر) ثم الوزارة في أيام الملك (العزيز) سنة (١٢٣٦م) وأطلق عليه لقب (الوزير الأكرم) وكان صدرا محتشما، جماعا للكتب، تساوي مكتبته خمسين الف دينار، لا يحب من الدنيا سواها، ولم يكن له دار ولا زوجة ولا ولد. وتوفي بحلب. الزركلي-ص(٥/٣٣) وابن خلكان-ص(٤/٦٤).

(٢) هبة الله بن صاعد، (المعروف بابن التلميذ): حكيم، عالم بالطب والأدب. ولد ببغداد سنة (١٠٧٣م) ومات سنة (١١٦٥م). عمر طويلا، وخدم خلفاء بني العباس، وانتهت إليه رئاسة الأطباء في بغداد. تولى البيمارستان العضدي إلى أن توفي.

(٣) رحلة ابن جبير-ابن جبير-القاهرة-دار الكتاب المصري-ص(٢٠١).

ولم تقتصر البيمارستانات على المدن الكبرى، فقد كان في (شيراز)[(١)] و(واسط)[(٢)] و(أصفهان)[(٣)] و(الري)[(٤)] بيمارستانات أيضا.

وقد بنى (بجكم التركي) وقت المجاعة سنة (٤١٣هـ/١٠٢٣م) دار ضيافة للضعفاء والمساكين في (واسط)، ثم تحولت إلى مارستان[(٥)]، أما مارستان (الري) فقد كان يديره الطبيب (الرازي) قبل أن يذهب إلى بغداد ويتسلم بناء وإعداد المارستان العضدي ويموت هناك سنة (٩٣٢م).

وثمة مارستان كبير خاص للمجانين في (دير حزقيل)[(٦)] بين واسط وبغداد زاره (المرذ) أيام الخليفة (المتوكل العباسي)[(٧)] ، ما بين سنة (٢٣٢-٢٤٧هـ/٨٤٧-٨٦١م) وكان أهم ما يلزم لهذا المارستان السلاسل والسياط، كما كان يُفهم في ذلك الحين كدواء للجنون حتى عهد غير بعيد.

---

(١) شيراز: كانت عاصمة بلاد فارس، تقع في الجنوب الشرقي من إيران.

(٢) واسط: مدينة في وسط العراق، بناها الحجاج بن يوسف الثقفي لتكون وسطا بين الكوفة والبصرة والأهواز.

(٣) أصفهان: من أهم مدن إيران. تقع في الجنوب الشرقي من إقليم الجبال، وهي أهم مدنه.

(٤) الري: تقع في الطرف الشمالي الشرقي من إقليم الجبال. في العام المئة الرابعة للهجرة، خرب أكثرها، وتحول أهلها إلى طهران القريبة منها.

(٥) يقول ابن كثير: (... وفيها فتح المارستان الذي بناه الوزير مؤيد الملك، أبو علي الحسن، وزير شرف الملك بواسط، ورتب له الخزان والأشربة والأدوية والعقاقير، وغير ذلك مما يحتاج إليه). البداية والنهاية-ابن كثير-بيروت-مكتبة المعارف ١٩٨٨-ص(١٢/١٤).

(٦) دير حزقيل (حزقيال): دير في العراق القديم.

(٧) جعفر بن محمد المتوكل على الله: خليفة عباسي. ولد ببغداد سنة (٨٢١م). وبويع بالخلافة سنة (٨٤٧م). كان جوادا محبا للعمران. بنى المتوكلية في بغداد، وهو الذي أمر بترك الجدل في القرآن. اغتيل سنة (٨٦١م) بإغراء من ابنه المنتصر. والمتوكل هو الذي هدم قبر الحسين سنة (٢٣٦هـ/٨٥٠م).

وفي مصر بنى (الفتح بن خاقان)[١] منذ أيام المتوكل العباسي مارستان عرف باسم (مارستان المغافر)[٢].

ويقال إن (أحمد بن طولون)[٣] هو الذي بنى سنة (٢٥٩هـ/٨٧٣م) أول مارستان كبير في مصر مصر في مدينة (القطائع)، وكان به حمامان أحدهما للرجال الثاني للنساء. وشرط ألا يعالج فيه جندي ولا مملوك. وإذا جاء العليل أن تنزع ثيابه ونفقته - أي أمواله وحوائجه الخاصة - وتوضع عند أمين المارستان، ثم يلبس ويفرش له ويعالج حتى يبرأ، فإذا أكل فروجا ورغيفا أُمر بالانصراف وأُعطي ماله وثيابه. وقد أنفذ ابن طولون على هذا المارستان ستين ألف دينار، وكان يركب بنفسه في كل يوم جمعة ليتفقد المارستان والمرضى. وجعل في المسجد خزانة فيها جميع الأدوية والأشربة، وطبيبا يجلس يوم الجمعة للعلاج. وكان في المارستان قسم للمجانين[٤].

ثم تلاه بمارستان ثالث بناه (كافور الأخشيدي)[٥] سنة (٢٤٦هـ/٨٦٠م) أيام كان الوصي على (انوجر بن محمد الإخشيدي) قبل أن يتسلم إمارة مصر[٦].

---

(١) الفتح بن خاقان: شاعر فصيح. فارسي الأصل، من أبناء الملوك، اتخذه المتوكل العباسي أخا ووزيرا له، وجعل له إمارة الشام. اجتمعت له خزانة حافلة بالكتب. توفي سنة (٨٦١م).

(٢) المقريزي-ص(٢/٤٠٦).

(٣) أحمد بن طولون: صاحب الديار المصرية والشامية والثغور، تركي مستعرب. كان شجاعا جوادا حسن السيرة، موصوفا بالشدة على خصومه. بنى الجامع المنسوب إليه في القاهرة، وهو باني قلعة يافا بفلسطين. توفي سنة (٨٨٤م).

(٤) المقريزي-ص(٤٠٥-٢/٤٠٦).

(٥) كافور الإخشيدي: ملك مصر وصاحب المتنبي. كان فطنا ذكيا حسن السياسة.أخباره كثيرة. حكم مصر اثنتين وعشرين سنة. توفي بالقاهرة سنة (٩٦٨م).

(٦) المقريزي-ص(٢/٤٠٦).

وفي سنة (٣٦٨هـ/٩٧٨م) أنشئ في دمشق مارستان لصيق بالجامع الأموي، كان أشهر مارستان في العالم الإسلامي، وكان يعمل به أربعة وعشرون طبيبا. وكان العلاج والأدوية يمنحان بالمجان فيه طيلة أكثر من ثلاثة قرون. وقد سمي منذ أواخر القرن الخامس بالمارستان الدقاقي على اسم ملك دمشق (دقاق بن تتش السلجوقي)[١].

وكان يلحق بكل مارستان - كما روت كتب التاريخ ونقل لنا الرحالة - أطباء وجراحون وكحّالون ومجبرون عدا الطلبة المتدربين. كما كانت تزود هذه المارستانات بأغطية تقدم للمرضى، إضافة إلى الطعام، وتفريغ الممرضين للسهر على خدمتهم، وكان يلحق بهذه المارستانات الصيدليات العامرة بكل أنواع الأدوية. وكل هذا على حساب الوقف الموقوف على المارستان. وكان نزيل مارستان مصر من المرضى يأخذ مبلغا معينا من النقود ممن هو في دور النقاهة عند مغادرته المارستان.

وقد زادت الحاجة إلى المشافي والأطباء في فترة (الحروب الصليبية) فتكاثرت في مصر والشام.

وقد نقل المقريزي عن (القاضي الفاضل)[٢] في بدايات سنة (٥٧٧هـ/١١٨١م) أن السلطان (صلاح الدين الأيوبي) أمر بفتح مارستان

---

(١) دقاق بن تتش السلجوقي: استقل بمملكة دمشق بعد موت أبيه تتش. توفي بدمشق سنة (٤٩٧هـ/١١٠٤م).

(٢) عبد الرحيم بن علي اللخمي، المشهور بالقاضي الفاضل (١٢٠٠م): وزير، من أئمة الكتاب. ولد بعسقلان (بفلسطين) وانتقل إلى الإسكندرية، ثم إلى القاهرة وتوفي فيها. كان من وزراء السلطان صلاح الدين، ومن مقربيه، ولم يخدم بعده أحدا، قال بعض مترجميه: (كانت الدولة بأسرها تأتي إلى خدمته)، وكان السلطان صلاح الدين يقول: (لا تظنوا أني ملكت البلاد بسيوفكم بل بقلم الفاضل !)). وكان سريع الخاطر في الإنشاء، كثير الرسائل، قيل: لو جمعت رسائله وتعليقاته لم تقصر عن مئة مجلد، وهو مجيد في أكثرها. ابن خلكان-ص(١٥٨-٣/١٦٣) والزركلي-ص(٣/٣٤٦).

للمرضى والضعفاء في القاهرة فاختير له مكان في القصر، وأفرد برسمه من أجرة الرباع الديوانية مشاهرة مبلغها (مئتا دينار) وغلات جهاتها (الفيوم)[١] ، واستخدم له أطباء وجراحين ومشارف وعاملا خداما. ووجد به الناس رفقا وإليه مستروحا وبه نفعا. وكذلك بمصر أمر بفتح مارستانها القديم، وأفرد برسمه من ديوان الأحباس ما تقدير ارتفاعه عشرون دينارا، واستخدم له طبيب وعامل ومشارف. وارتفق به الضعفاء وكثر بسبب ذلك الدعاء.. وكان في الأصل قاعة بناها (العزيز بالله الفاطمي)[٢] سنة (٣٨٤هـ/٩٩٥م). فقال صلاح الدين هذا يصلح أن يكون مارستانا وسألوا مباشريه عن ذلك، فقالوا إنه صحيح وكان قديما المارستان[٣].

وافتتح صلاح الدين في الاسكندرية مارستانا وصفه (ابن جبير) قائلا: (.. ومن مناقب هذا البلد ومفاخره العائدة إلى سلطانه: المدارس والمحارس الموضوعة لأهل الطب والتعبد يفدون من الأقطار النائية فيلقى كل واحد منهم مسكنا يأوي إليه ومدرسا يعلمه الفن الذي يريد تعلمه.. واتسع اعتناء السلطان بهؤلاء الغرباء الطارئين حتى أمر بتعيين حمامات يستحمون فيها متى احتاجوا إلى ذلك، ونصب لهم مارستانا لعلاج من مرض منهم ووكل بهم أطباء يتفقدون أحوالهم وتحت أيديهم خدام يأمرونهم بالنظر في مصالحهم التي يشيرون بها من علاج وغذاء، وقد رتب أيضا فيه أقوام برسم الزيادة للمرضى الذين يتنزهون عن الوصول للمارستان المذكور من الغرباء خاصة. وينهون إلى الأطباء أحوالهم ليتكفلوا بمعالجتهم.)[٤] .

---

(١) الفيوم: محافظة في وسط مصر تحيط بها الصحراء، بناها يوسف عليه السلام، وقتلل ببعض نواحيها آخر خلفاء بني أمية مروان بن محمد.

(٢) نزار بن معد العبدي: ولد في المهدية (بالمغرب) سنة (٩٥٥م)، وهو صاحب مصر والمغرب، وبويع له سنة (٣٦٥هـ/٩٧٥م). طالت مدة حكمه، ومات في بلبيس سنة (٩٩٦م).

(٣) المقريزي-ص(١/٤٠٧).

(٤) ابن جبير-ص(١٥-١٦).

وإن العناية بالغرباء بمدينة الإسكندرية وبهذه الأعداد الكبيرة يعود إلى العدد الضخم من المسلمين الفارين من المغرب والأندلس - وهي أول ثغور المشرق - من التطهير الصليبي، وحروب ما يسميه الفرنجة (بحرب الاسترداد).

وبنى (نور الدين محمود بن زنكي)[١] عددا من المارستانات في دمشق وحلب والموصل، أشهرها وأهمها مارستان الشام (دمشق)، وما زال بناؤه قائما، وقد ذكره ابن جبير، فقال: (.. وبها - أي دمشق - مارستان قديم وحديث، والحديث أجملها وأكبرها. وجرايته في اليوم نحو الخمسة عشر دينارا. وله قومه بأيديهم الأزمة المحتوية على أسماء المرضى وعلى النفقات التي يحتاجون إليها في الأدوية والأغذية وغير ذلك. والأطباء يبكّرون إليهم في كل يوم ويتفقدون المرضى ويأمرون بإعداد ما يصلحهم من الأدوية والأغذية حسبما يليق بكل إنسان منهم. والمارستان الآخر على هذا الرسم. لكن الاحتفال في الجديد أكثر وهذا القديم هو غربي الجامع المكرم).. (وللمجانين المعتقلين أيضا ضرب من العلاج وهم في سلاسل موثوقون.. وهذه المارستانات مفخر عظيم من مفاخر الإسلام)[٢] . وكان المارستان (الثوري) قد بني من فدية أحد ملوك الفرنج[٣].

---

(١) نور الدين محمود بن عماد الدين الزنكي: من أعظم أبطال الإسلام، قضى حياته يجاهد لطرد الصليبيين من بلاد الشام. وكان أول انتصاراته طرد الصليبيين من الرها، فقامت قيامة العالم الصليبي فجهز البابا حملة بقيادة ملك فرنسا لويس السابع وملك ألمانيا كنراد الثالث، وقادا الحملة الصليبية الثانية، وقد أخفق هذان الملكان أيما إخفاق، وأرسل نور الدين جيشا لانجاد مصر من الصليبيين بقيادة أسد الدين شيركوه، توفي نور الدين رحمه الله سنة (١١٧٤م). كان غيورا على الإسلام، مثالا للحاكم الفاضل معنيا بمصالح رعيته.بنى دور العلم والبيمارستانات والمساجد، كما انشأ في دمشق دار الحديث والبيمارستان المشهور.

(٢) ابن جبير-ص(٢٥٥).

(٣) المقريزي-ص(١/٤٠٨).

ولم ينشأ مارستان هام بعد المارستان الثوري إلا المارستان الكبير المنصوري بمصر الذي أقامه في مجمع بنائي السلطان (المنصور قلاوون)[١] سنة (٦٨٢هـ/١٢٨١م) مع مدرسة بجانبه وقبة، فأنجز الأمير (علم الدين سنجر الشجاع)[٢] بناءه في أحد عشر شهرا، وكان السبب في بنائه أن السلطان اعتل بدمشق ورأى مارستان (نور الدين) وأعجب به ورأى تقليده.. وجعله ذا إيوانات أربعة بكل إيوان شاذروان وبدور قاعدتها فسقية.. ولما أنجزت وقف عليها الملك المنصور من الأملاك بديار مصر وبغيرها ما يقارب ألف ألف درهم (مليون درهم) في كل سنة، ورتب فيها مصارف المارستان والقبة والمدرسة ومكتب الأيتام، وقال: (قد وقفت هذا على مثلي فمن دوني، وجعله وقفا على الملك والمملوك والجندي والأمير والكبير والصغير والحر والعبد الذكور والإناث. ورتب فيه العقاقير والأطباء وسائر ما يحتاج إليه من به مرض من الأمراض.

وجعل السلطان فيه فراشين من الرجال والنساء لخدمة المرضى وقرر لهم المعاليم ونصب الأسرّة للمرضى وفرشها بجميع الفرش المحتاج إليه في المرضى وأفرد لكل طائفة من المرضى وضعا فجعل أواوين المارستان الأربعة للمرضى بالحميات ونحوها وأفرد قاعة للرمدى وقاعة للجرحى وقاعة لمن به إسهال وقاعة للنساء ومكانا للمبرودين ينقسم بقسمين للرجال وقسم للنساء، وجعل الماء يجري في جميع هذه الماكن وأفرد مكانا لطبخ الطعام والأدوية والأشربة ومكانا لتركيب

(١) المنصور قلاوون لاجين بن عبد الله: الحادي عشر من ملوك الترك بمصر والشام. قتله بعض مماليك الأشرف في قصره سنة (١٢٩٩م)، وحكم حوالي ثلاث سنوات. وكان مهيب الشكل موصوفا بالفروسية، عاقلا يحب العدل ومجالسة الفقهاء. أبطل كثيرا من المكوس.

(٢) علم الدين سنجر بن عبد الله الجاولي: فقيه فاضل، من أمراء الجند بالديار المصرية. ولد بآمد سنة (١٢٥٥م)، ولي نيابة غزة ثم عدة ولايات في مصر والبلاد الشامية، وطالت أيامه. توفي بالقاهرة سنة (١٣٤٥م).

المعاجين والأكحال والشياقات ونحوها. ومواضع يخزن فيها الحواصل، وجعل مكانا يفرق فيه الأشربة والأدوية، ومكانا يجلس فيه رئيس الأطباء لإلقاء درس الطب، ولم يحص عدة المرضى بل جعله سبيلا لكل من يرد عليه من غني وفقير، ولا حدد مدة لإقامة المريض به، بل يرتب منه لمن هو مريض بداره سائر ما يحتاج إليه. ووكل الأمير (عز الدين أيبك الأفرم الصالحي)[١] أمير (جندار) في وقف ما عينه من المواضع وترتيب الوظائف وجعل النظر لنفسه أيام حياته، ثم من بعده لأولاده، ثم من بعدهم لحاكم (قاضي) المسلمين الشافعي. وقف ذلك في وثيقة وقف سنة (٦٨٠هـ/١٢٨١م)[٢].

وقد بنى السلطان (المؤيد شيخ)[٣] بين سنة (٨٢١-٨٢٣هـ/١٤١٨-١٤٢٠م) مارستانا وأنزل فيه المرضى وعملت مصارفه من جملة أوقاف الجامع المؤيدي المجاور لباب زويلة. فلما مات تعطل قليلا ثم سكنه طائفة من العجم المستجدين. وصار منزلا للرسل الواردين من البلاد إلى السلطان، ثم صار جامعا بسبب ضياع أوقافه[٤].

_____

(١) عز الدين أيبك بن عبد الله الصالحي: أول السلاطين البحرية في مصر والشام تزوج شجرة الدر، فنزلت له عن الملك سنة (٦٤٨هـ/١٢٥٠م)، ثم تغيرت عليه شجرة الدر، فحرضت خدمها عليه فقتلوه خنقا سنة (١٢٥٨م). كان شجاعا حازما.

(٢) المقريزي-ص(٢/٤٠٨).

(٣) المؤيد شيخ بن عبد الله الظاهري: من ملوك الجراكسة بمصر والشام، حياته حافلة في الارتفاع والنكوس، تقلد السلطنة سنة (٨١٥هـ/١٤١٢م)، من محاسنه هدم سجن القاهرة الكبير المسمى (خزانة شمايل) وبنى مكانه (جامع الملك المؤيد). كان شجاعا وافر العقل كريما، بصيرا بمكايد الحروب. توفي سنة (١٤٢١م).

(٤) المقريزي-ص(٢/٤٠٨).

وفي سنة (٥٨٠-٥٩٥هـ/١١٨٤-١١٩٩م) أنشئ أول مارستان في المغرب على يد السلطان الموحدي (يعقوب المنصور)[1] . وقد كان ولوعا بالبناء والمآثر، فبنى في مراكش أول مارستان كبير. وكان في بلاطه نخبة من الأطباء المشهورين النازحين من الأندلس، أمثال: (ابن الطفيل) و(ابن رشد) و(ابن زهر)[2] الحفيد وابنه، ويبدو أنهم أشاروا عليه ببناء المارستان. فبناه وخصصه للغرباء من أغنياء وفقراء. وقد وصف (عبد الواحد المراكشي)[3] في كتابه (المعجب) هذا المارستان. كما بنى السلطان نفسه عددا من المارستانات في مدن مملكته الواسعة، منها للمجانين وللمجذومين والعميان، وحظيت (فاس) في هذه الناحية، فبنيت فيها مارستانات عديدة على ما يقول (ليو الفريقي)، وكان الغرباء يعطون السكن بها لمدة ثلاثة أيام. وكان خارج أبواب المدينة عدد من المارستانات تقل جمالا عن التي بداخلها، وكانت هذه المارستانات غنية جدا بأوقافها.

---

(١) يعقوب بن يوسف الموحدي: من أعظم ملوك الدولة المؤمنية في المغرب الأقصى، ومن أعظمهم آثارا. بعد أن استقامت إليه الأمور بعد موت والده وجه نفسه إلى الإصلاح، فاستقامت له الأحوال وعظمت في عهده الفتوحات. وقهر الفرنجة في كل معاركه التي خاضها معهم. وكان شديدا في دينه، أمر برفض فروع الفقه، ونهى الفقهاء عن الإفتاء إلا بالكتاب السنة، وأباح الاجتهاد لمن اجتمعت فيه شروطه. بنى كثيرا من المساجد والمدارس والمستشفيات، وجعل للفقهاء وطلبة العلم مرتبات. ومآثره كثيرة. الزركلي-ص(٨/٢٠٣).

(٢) ابن زهر الحفيد محمد بن عبد الملك. من نوابغ الطب والأدب في الأندلس، ولد بأشبيلية، وخدم دولتي الملثمين والموحدين. ولم يكن في زمنه أعلم منه بصناعة الطب. توفي بمراكش. ابن أبي أصيبعة-ص(٦٧-٢/٧٤) وابن خلكان-ص(٤٣٤-٤/٤٣٧).

(٣) عبد الواحد المراكشي (١٢٥٠م): مؤرخ، ولد بمراكش، وتعلم بفاس والأندلس ورحل إلى مصر سنة (١٢١٦م) وحج سنة (١٢٢٣م) وتجول في بعض بلدان المشرق. الزركلي-ص(٤/١٧٦).

وقد عني السلاطين (المرينيون)[١] الكبار (كأبي يوسف يعقوب) و(أبو الحسن)[٢] و(أبو عنان)[٣] ، بتلك المؤسسات الصحية التي أنشأها (المنصور الموحدي) وأنشأوا الكثير من مثلها.

وآخر المشافي في مراكش قبل العصور الحديثة هو الذي أقامه السلطان السعدي (عبد الله الغالب بالله)[٤] .

وفي (غرناطة)[٥] أقام السلطان النصري (محمد الخامس)[٦] مستشفى رائعا للمسلمين الفقراء والمرضى انتهى من بنائه سنة (٧٦٨هـ/١٣٦٧م) وفي النقش الذي كتب عليه أنه لم يقم منذ دخول الإسلام إلى الأندلس مثل هذا البناء.

---

(١) المرينيون: هم أصحاب دولة بني مرين بمراكش ما بين عامي (١١٩٥-١٥٦٧م).

(٢) علي بن عثمان بن يعقوب المريني، أبو الحسن: من كبار بني مرين ملوك المغرب، بويع سنة (٧٣١هـ/١٣٣١م)، أنجد بني الأحمر في الأندلس، وتولى مجاهدة الفرنجة بنفسه، ولكنه نكب وانهزم ونجا سنة (٧٤١هـ/١٣٤١م)، قاومه ولده أبي عنان وألجأه إل الجبال، فاعتل ومات هناك سنة (١٣٥١م).كان محبا للعلم والعمران. الزركلي-ص(٤/٣١١).

(٣) فارس بن علي بن عثمان المريني، أبو عنان: من ملوك الدولة المرينية بالمغرب. ثار على أبيه وبويع له سنة (٧٤٩هـ/١٣٤٨م)، واستتب له الأمر بعد موت أبيه سنة (١٣٥١م). انتظم له أمر المغرب الأوسط. خنقه وزيره الحسن بن عمر الفودي سنة (١٣٥٨).

(٤) عبد الـله بن محمد، الغالب السعدي: من ملوك السعديين بفاس ومراكش. ولد بتارودانت سنة (١٥٢٧م)، وبويع له سنة (٩٦٤هـ/١٥٥٧م). بنى مارستانا بمراكش وجامعا، وعني بترقية الزراعة والصناعة. توفي بمراكش سنة (١٥٧٤م).

(٥) غرناطة: مدينة من أشهر مدن الأندلس. كانت آخر معاقل المسلمين في أسبانيا، وقد خسروها في عهد ملوك بني الأحمر سنة (١٤٩٢م). فيها قصر الحمراء المشهور وجنة العرين.

(٦) محمد بن يوسف، محمد الخامس الغني بالله: ثامن ملوك دولة بني نصر بن الأحمر في الأندلس. ولي سنة (٧٥٥هـ/١٣٥٤م)، وكان وزيره لسان الدين ابن الخطيب، ثم خلعه أخوه إسماعيل سنة (٧٦١هـ/١٣٦٠م)، ثم عاد إلى غرناطة سنة (٧٦٣هـ/١٣٦٢م) وثبّت قدمه فيها، ونكب ابن الخطيب واتسعت دولته حتى أصبح له المغرب كله. كان حازما داهية، توفي سنة (١٣٩١م).

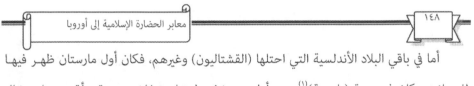

أما في باقي البلاد الأندلسية التي احتلها (القشتاليون) وغيرهم، فكان أول مارستان ظهر فيها للمجانين، وكان في مدينة (بلنسية)[١] وهو أول مستشفى في تاريخ المغرب، وقد أقيم على مثال مارستان القاهرة. وكان يُنظر إلى المجانين في أوروبا عل أنهم بهم مسٌّ من الشيطان وتطاردهم الكنيسة بالصلوات.

وأما في أفريقيا (تونس)[٢] فكان أول مارستان أقيم فيها هو الذي بناه السلطان (الحفصي)[٣] سنة (٨٢٨هـ/١٤٢٠م) للمسلمين والفقراء والغرباء والمرضى[٤].

وكان أعظم مارستانات بلاد الإسلام على بكرة أبيها - كما يقول ديورانت - هو المارستان الذي أنشئ في دمشق سنة (٧٠٦م) وفي عام (٩٧٨م) كان به أربعة وعشرون طبيبا. وكانت المارستانات أهم الأماكن التي يدرّس فيها الطب؛ ولم يكن القانون يجيز لإنسان أن يمارس هذه الصناعة إلا إذا تقدم إلى امتحان يعقد لهذا الغرض، ونال إجازة من الدولة. كذلك كان الصيادلة والحلاقون، والمجبرون يخضعون لأنظمة تضعها الدولة، وللتفتيش على أعمالهم. وقد نظم (علي بن عيسى) الوزير الطبيب هيئة من الأطباء الموظفين يطوفون في مختلف البلاد ليعالجوا المرضى؛ وكان أطباء يذهبون في كل يوم إلى السجون ليعالجوا نزلاءها؛ وكان

---

(١) بلنسية: مدينة من عواصم الحضارة الإسلامية في الأندلس، تقع على الساحل الشرقي للبحر المتوسط. استولى عليها الأسبان سنة (٤٨٧هـ/١٠٩٤م)، واستردها المرابطون منهم سنة (٤٩٥هـ/١١٠٢م)، وأحرقها الأسبان عند خروجهم منها، ثم استولى عليها الأسبان ثانية سنة (٦٣٠هـ١٢٣٨م) لتخرج نهائيا من يد المسلمين.

(٢) تونس: عاصمة الجمهورية التونسية حاليا، عمرت على أنقاض مدينة (قرطاجة) الفينيقية.

(٣) عبد العزيز بن أحمد الحفصي: من ملوك الحفصيين بتونس. بويع له سنة (٧٩٦هـ/١٣٦٧م). كان موفقا حازما وحسنت سيرته. توفي سنة (١٤٣٤م).

(٤) تاريخ الدولتين-الزركشي-تونس ١٢٨٩-ص(١٠٢).

المصابون بأمراض عقلية يلقون عناية خاصة ويعالجون علاجا يمتاز بالرحمة والإنسانية[١].

وكان في بغداد وحدها عام (٩٣١م) ثمانمائة وستون طبيبا مرخصا. وكانت أجورهم ترتفع بنسبة قربهم من بلاط الخلفاء. فقد جمع (جبريل بن بختيوشع) طبيب هارون الرشيد والمأمون والبرامكة ثروة يبلغ مقدارها (٨٨،٨٠٠،٠٠٠) درهم أي نحو (٧،١٠٤،٠٠٠) دولار أمريكي؛ ويحدثنا المؤرخون أنه كان يتقاضى من الخليفة مئة ألف درهم نظير (حجامته)[٢] مرتين في العام، ومثل هذا المبلغ لإعطائه مسهلا كل نصف عام. وقد نجح في علاج (الشلل الهستيري) في جارية بأن تظاهر بأنه سيخلع عنها ملابسها أمام الناس[٣].

ولعلَّ أشهر الأطباء المسلمين على الإطلاق هو (أبو بكر محمد الرازي)، الذي اشتهر بين الأوربيين باسم (رازيس Rhases). وقد ظلت كتبه في الحميات ذات البثور كالحصبة والجدري من المراجع الأساسية التي اعتمد عليها الأطباء في غرب أوربا زمنا طويلا، كما أن كتابه في أمراض الأطفال يعتبر الأول من نوعه. ويلاحظ في كتبه سعة الاطلاع في علم التشريح، واستخدامه وسائل جديدة في العلاج أخذ بها الطب الحديث، إذ طبق معلوماته في الكيمياء على الطب والصيدلة وتوصل من ذلك إلى نتائج باهرة. وألف الرازي (١٣١) كتابا نصفها في الطب. ضاع معظمها. ومن أشهر كتبه كتاب (الحاوي) وهو في عشرين مجلدا، ويبحث في كل فرع من فروع الطب، وقد ترجم هذا الكتاب إلى اللغة اللاتينية وسمي (Libercntinens)، وأغلب الظن أنه ظل عدة قرون أعظم الكتب الطبية مكانة، وأهم مرجع لهذا العلم

---

(١) ديورانت-ص(١٩٠).

(٢) الحجامة: امتصاص الدم بالمحجم.

(٣) ديورانت-ص(١٩٠-١٩١).

في بلاد (الرجل الأبيض)، وكان من الكتب التسعة التي تتألف منها مكتبة (الكلية الطبية) في جامعة باريس عام (١٣٩٤م). وكانت رسالته في الجدري والحصبة آية في الملاحظة المباشرة والتحليل الدقيق، كما كانت أولى الدراسات العلمية الصحيحة للأمراض المعدية، وأول مجهود يبذل للتفرقة بين هذين المرضين. وفي وسعنا أن نحكم على ما كان لهذه الرسالة بالغ الأثر واتساع الشهرة إذا عرفنا أنها طبعت باللغة الإنكليزية أربعين مرة بين عامي (١٤٩٨-١٨٦٦). وأشهر كتب (الرازي) كلها كتاب (طبي) في عشر مجلدات يسمى (كتاب المنصوري) أهداه إلى أحد أمراء خراسان[١]. وقد ترجمه (جرار الكريموني) إلى اللاتينية. وظل المجلد التاسع من هذا الكتاب وهو المعروف عند الغربيين باسم (Alrnansoris) متداولا في أيدي طلاب الطب في أوروبا حتى القرن السادس عشر. وقد كشف (الرازي) طرقا جديدة في العلاج كمرهم الزئبق، واستخدام أمعاء الحيوان في التقطيب. وهدأ من تحمس الأطباء لتحليل البول في عصر أقبل فيه الأطباء على تشخيص كل مرض بالفحص على بول المريض، دون أن يروه في بعض الأحيان. ولقد كان الرازي بإجماع الآراء أعظم الأطباء المسلمين وأعظم علماء الطب السريري (الكلينيكي) في العصور الوسطى[٢].

وقد علقت في مدرسة الطب بجامعة باريس صورتان ملونتان لطبيبين مسلمين هما: (الرازي) و(ابن سينا). وكان ابن سينا من أعظم فلاسفة الإسلام وأشهر أطبائه. عالج المرضى وهو شاب من غير أجر. وشفى الله على يديه

---

(١) هو منصور بن نوح بن نصر الساماني: أمير ما وراء النهر وكان مقر الإمارة في بخارى، تولى الملك سنة (٣٥٠هـ/٩٦١م). كان حكيما مسالما. توفي في بخارى سنة (٩٧٧م).

(٢) ديورانت-ص(١٩١-١٩٢).

(نوح بن منصور)[١] وهو في السابعة عشرة من عمره. وعين في منصب في بلاطه، وكان يقضي في الدرس ساعات طوالا في مكتبة السلطان الضخمة. وبعد القضاء على سلطان السامانيين في أواخر القرن العاشر الميلادي، وجد في بلاط (علاء الدولة البويهي) أمير أصفهان مأمنا له، حيث رحب به الأمير وأكرمه[٢].

ونقل لنا (ابن خلكان)[٣] بعضا من نصائح ابن سينا الطبية التي يقول فيها:

اجعل غذاءك كل يوم مـرة ... واحذر طعاما قبل هضم طعام

واحفظ منيك ما استطعت فإنه ... ماء الحياة يراق في الأرحـام[٤]

ولابن سينا كتاب (القانون في الطب)، وهو بحث ضـخم في وظـائف الأعضـاء، وعلـم الصـحة، والعلاج، والأقرباذين، ويشدد ابن سينا قائلا: (إن كل من يتبع تعاليمه ويريـد أن يفيـد منهـا يجـب عليه أن يحفظ عن ظاهر قلب هذا الكتاب الذي يحتوي (ألف ألف كلمة..) . والطب في رأيـه هـو فن إزالة العقبات التي تعترض طريق عمل الطبيعة السوي. وهـو يبحـث أولا في الأمـراض الخطـيرة فيصف

(١) نوح بن نصر بن أحمد الساماني: أمير، كان صاحب ما وراء النهر، وليها سنة (٣٣١هـ/٩٤٢م)، وأقام في بخارى. وتقلب في الإمارة بين مخلوع ومثبت. كان صبورا على المضض. توفي في بخارى سنة (٩٥٤م).

(٢) الموسوعة الميسرة-ص(١٩١).

(٣) أحمد بن محمد بن إبراهيم ابن خلكان (١٢٨٢م): مؤرخ حجة وأديب ماهر، وصاحب الموسوعة (وفيات الأعيان وأنباء أبناء الزمان) وهو أشهر كتب التراجم ومن أحسنها ضبطا وإحكاما. ولد بإربل - بالقرب من الموصل على شاطئ دجلة الشرقي - وانتقل إلى مصر فأقام فيها مدة، وتولى نيابة قضائها. وسافر إلى دمشق، فولاه الملك الظاهر قضاء الشام. وعزل بعد عشر سنين، فعاد إلى مصر فأقام سبع سنين، ورد إلى قضاء الشام، ثم عزل عنه مرة بعد مرة. وولي التدريس في كثير من مدارس دمشق، وتوفي فيها فدفن في سفح جبل قاسيون. يتصل نسبه بالبرامكة. الزركلي-ص(١/٢٢٠) وغربال-ص(١/١٥).

(٤) وفيات الأعيان-المصدر السابق-ص(٢/١٦١).

أعراضها، وتشخيصها، وطرق علاجها. وفي الكتاب فصول عن طريق الوقاية والوسائل الصحية العامة والخاصة، والعلاج بالحقن الشرجية، والحجامة، والكي، والاستحمام، والتدليك. وهو ينصح بالتنفس العميق، وبالصياح من حين إلى حين لتقوية الرئتين والصدر. أما كتابه (الشفاء) فيلخص، ما عرفه اليونان والعرب عن النباتات الطبية. ويبحث في كتابه الثالث في بعض الأمراض وطبائعها، وفيه بحوث قيمة ممتازة عن التهاب البلورا والدُّبيلة، والنزلات المعوية) والأمراض التناسلية، وفساد الشهية، والأمراض العصبية، بما فيها العشق. ويبحث الكتاب الرابع في الحميات، وفي الجراحة، وأدهان التجميل، ووسائل العناية بالشعر والجلد. في كتابه الرابع الخاص بعلم العقاقير الطبية، تعليمات مفصلة عن طرق طبخ سبعمائة وستين نوعا من العقاقير(١).

وقد حل كتاب (القانون) بعد ترجمته إلى اللغة اللاتينية في القرن الثاني عشر الميلادي محل كتب (الرازي) و(جالينوس)، وأصبح هو الذي يعتمد عليه في دراسة الطب في المدارس الأوروبية. وقد احتفظ فيها بمكانته العالية، وظل الأساتذة يشيرون على الطلاب بالرجوع إليه في جامعتي (منبلييه) و(لوفان)(٢) إلى أواسط القرن السابع عشر(٣).

وجملة القول أن ابن سينا أعظم من كتب في الطب في العصور الوسطى، وأن الرازي أعظم أطبائها.

---

(١) ديورانت-ص(٣٠٠).

(٢) جامعة لوفان الكاثوليكية: تقع في بلوفان ببلجيكا. أسست سنة (١٤٢٥م) بتصريح بابوي للرجال والنساء، تضم الكليات العلمية والإنسانية وعدد من المدارس والمعاهد.

(٣) ديورانت-ص(١٩٦).

لقد ترك ابن سينا تسعة وتسعين مؤلفا في مختلف فروع المعرفة. فقد تكلم في التشريح ولم يترك عضوا من أعضاء الجسم حتى تشريح الأسنان وعظام الفكين، وفي كلامه عن الأعصاب والعضل يتناول أعصاب الوجه والجبهة والمقلة والجفن والخد والشفة واللسان.. فضلا عن أعصاب النخاع والصدر. وهكذا يكاد القارئ يجد أن كتب ابن سينا لم تنس ناحية من نواحي الطب الحديث إلا ذكرتها.

ومن خلال الاطلاع على كتب الأطباء المسلمين نجد أن هؤلاء الأطباء قد عرفوا الأمراض النفسية ووصفوا لها أكثر من علاج، فسروا كثيرا منها في ضوء العامل الجنسي، وذلك قبل أن يولد (فرويد)[١] بمئات السنين.

وقد امتاز الطبيب المسلم (علي بن العباس)[٢] الذي اشتهر في القرن العاشر الميلادي بكتابه (الملكي)، الذي تميز عن غيره بمشاهداته العملية في المستشفيات لا على دراسة الكتب النظرية، ومن ثم تمكن من اكتشاف أخطاء خطيرة لأطباء اليونان مثل بقراط وجالينوس وبولس الأيجيني.

واشتهر بالجراحة (أبو القاسم القرطبي)[٣] الذي اخترع كثيرا من العمليات الجراحية الدقيقة في العيون والأسنان والولادة. وأهمها جميعا سحق الحصاة في المثانة واستخراجها. وأشار (أبو القاسم) باستخدام مساعدات وممرضات من النساء في حالة إجراء عملية جراحية لامرأة، لأن ذلك أدعى إلى الطمأنينة والرقة.

---

(١) سيجموند فريد: طبيب نمساوي، مؤسس مدرسة التحليل النفسي. توفي سنة (١٩٣٩).

(٢) علي بن عباس (١٠١٠م): عالم بالطب، فارسي الأصل. من أهل الأهواز. كان متصلا بعضد الدولة البويهي وكان مقربا إليه. ابن أبي اصيبعة-ص(١/٢٣٦) والزركلي-ص(٤/٢٩٧).

(٣) صاعد بن عبد الرحمن، أبو القاسم القرطبي (١٠٧٠م): مؤرخ، بحاث. أصله من قرطبة، مولده في المرية، ولي القضاء في طليطلة إلى أن توفي. له كتب في التاريخ والفلك. الزركلي-ص(٣/١٨٦).

ويطول بنا الشرح لو استعرضنا بالتفصيل كتابات وعلوم الأطباء المسلمين، فهناك مؤلفات (ابن زهرون)[١] وابن رشد و(ابن البيطار)[٢] وكثيرون غيرهم.

ونكتفي فقط بالإشارة إلى الأثر العظيم الذي تركته تلك المؤلفات في أوروبا، وهذا ما يهمنا في كتابنا هذا.

لقد ترجمت كتب الرازي إلى اللاتينية، ثم طبعت عدة مرات في أوروبا سنة (١٥٠٩م، ١٥٢٨م، ١٧٤٥م). وكتاب (الملكي) لعلي بن العباس ترجم إلى اللغة اللاتينية سنة (١١٢٧م)، ثم طبع في مدينة (ليون) سنة (١٥٢٣م)، وحصلت أوروبا على فوائد عظيمة حيث ظل مستعملا حتى غلبت عليه كتابات ابن سينا.

أما كتابات ابن سينا والرازي ضمن الكتب التي يجب أن يُمتحن فيها الطالب إجباريا للحصول على إجازة الطب من جامعة (مونتبليه).

أما في الجراحة فيشهد الكتّاب المحدثون أن نهضة هذا العلم في غرب أوروبا قامت على أساس كتابات (أبي القاسم). كذلك ذكر (لوبون) أن كتب أبي القاسم: (كانت المصدر العام الذي استقى منه جميع من ظهر من الجراحين بعد القرن الرابع عشر الميلادي[٣]).

---

(١) ثابت بن إبراهيم الحراني، ابن زهرون: طبيب من العلماء. ولد في الرقة سنة ٨٩٦م، ونشأ وتعلم في بغداد، والف كتبا. توفي في بغداد سنة (٩٨٠م).

(٢) عبد الله بن أحمد المالقي، المعروف بابن البيطار (١٢٤٨م): إمام النباتيين وعلماء الأعشاب. ولد في مالقة، وتعلم الطب، ورحل إلى بلاد الأغارقة وأقصى بلاد الروم، باحثا عن الأعشاب والعارفين بها، حتى كان الحجة في معرفة أنواع النبات وتحقيقه وصفاته وأسمائه وأماكنه. واتصل بالكامل الأيوبي (محمد بن أبي بكر) فجعله رئيس العشابين في الديار المصرية. ولما توفي الكامل استبقاه ابنه الملك الصالح أيوب، وحظي عنده واشتهر شهرة عظيمة. وهو صاحب كتاب (الأدوية المفردة) المعروف بمفردات ابن البيطار. توفي بدمشق. ابن أبي أصيبعة-ص(٢/١٣٣) والمقري-ص(٢/٦٨٣).

(٣) لوبون-ص(٥١٩).

وإذا كانت مدرسة (سالرنو) [١] قد أصبحت أول جامعة للطب في أوروبا، فإن الفضل يرجع إلى الطب العربي فيما أحرزته تلك المدرسة من شهرة. ذلك أن (النورمان) عندما استولوا على صقلية وجنوب إيطاليا في أواخر القرن الحادي عشر الميلادي أحاطوا مدرسة (سالرنو) بما أحاطوا به بقية المؤسسات والدراسات العربية من رعاية وتشجيع. وكان (قسطنطين الأفريقي) [٢] رئيسا لتلك المدرسة فترجم كثيرا من الكتابات الطبية العربية، كذلك يرجع الفضل إلى (فرج بن سالم اليهودي) الذي ترجم كتاب (الحاوي) للرازي سنة (١٢٧٩م) في إمداد أوروبا بقسط وافر من طب العرب.

وقد عني المسلمون بمشافيهم عناية فائقة، كما تنقل لنا كتابات (ابن بطوطة) و(المقريزي) وغيرهما. ومن يتأمل هذه الكتابات يخرج بصورة واضحة عن أن مشافي المسلمين لم تقلّ في الاستعداد والنظام والعناية عن المستشفيات الحديثة. إضافة إلى أن هذه المستشفيات كانت تفتح أبوابها لجميع الناس على حد سواء.

وكان المسلمون قبل أن يقيموا أي مشفى جديد، كانوا يدققون في مناخ الجو الذي يحيط بالمكان المنوي إقامة المستشفى فيه، فهذا (سنان بن ثابت) عندما عهد إليه الخليفة العباسي (المقتدر) إقامة مارستان في أحد أحياء بغداد، قام بتعليق بعض قطع لحم من ذبيحة واحدة في مختلف أحياء بغداد؛ وقال: (إن أصلح حي لإقامة المارستان هو الذي يتأخر فيه فساد قطعة اللحم المعلقة عن الأحياء الأخرى) [٣].

___

(١) مدرسة طبية أقيمت في مدينة سالرنو الإيطالية في القرن التاسع الميلادي، ووصلت إلى الذروة في القرن الثاني عشر، ثم أغلقت سنة (١٨١٧م).

(٢) قسطنطين الإفريقي (١٠٨٧م): يظن انه ولد بقرطاجنة، اعتزل في (الدير البنديكي) (بموت كاسينو)، وترجم إلى اللاتينية بعض مؤلفات العرب، وبخاصة في الطب. فكان لها أعظم الأثر في الطب الأوروبي من القرن الثاني عشر إلى القرن السابع عشر. غربال-ص(٢/١٣٨٠).

(٣) المنتظم-ابن الجوزي-بغداد-الدار الوطنية ١٩٩٠-ص(٦/١٤٦). وابن كثير-ص(٦/١٥٠).

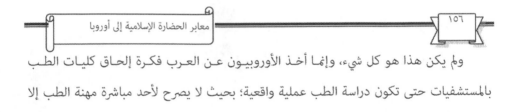

ولم يكن هذا هو كل شيء، وإنما أخذ الأوروبيون عـن العرب فكرة إلحاق كليـات الطب بالمستشفيات حتى تكون دراسة الطب عملية واقعية؛ بحيث لا يصرح لأحد مباشرة مهنة الطب إلا بتصريح من الدولة.

ولم يهمل الأطباء المسلمون العرب قيمة الغذاء والطعام، فقد وصفوا ذلك بأنواعه المختلفة، ووضحوا منافع كل نوع من الأغذية، والحالات التي يحسن فيها الإقلال أو الإكثار منه.

فالرازي في كتاب (منافع الأغذية ودفع مضارها) يذكر كثيرا مـن ألوان الطعام وطرق عملها ومزايا أو مضار كل لون.

وابن سينا ينصح بتعديل الطعام في كميته بحيث لا يزيد أو لا يقل عن اللازم، وفي كيفيته بأن لا يكون أحر أو ابرد، أو أيبس أو أرطب مما يجب. ويحذر مـن تناول أغذية سريعة الهضم بعـد أخرى بطيئة الهضم مباشرة، كما يحذر من تناول أغذية غير منسجمة في وجبـة واحدة أو وقت متقارب مما يسبب عفونة وعسر هضم.

وينصح ابن سينا بعدم دخول الحمام دفعة واحـدة والجسـم مجهـد، أو الخروج منه دفعـة واحدة، لما تسببه الحالتان من نوازل.

كذلك يرى ابن سينا عدم الإفراط في شرب الماء أثناء الطعام، نظرا لمـا يسببه ذلـك مـن عسر الهضم وتخفيف عصارة الكبد والعصارات المعدية.

ومما تقدم يتبين لنا مدى التقدم الكبير الذي وصل إليه الأطباء المسلمون، والذي لا يقل رقيـا وفهما لهذا العلم الإنساني عن مثيله في عصرنا الحديث الذي نعيشه.

إن الحديث عن العلوم التي حازها المسلمون العرب وتطورها ورقيها لمفخرة نعتز بها مقارنـة بما كان عليه الغرب من جهل وتخلف، فقد تأكد لكل ذي بصيرة وعقل المدى العظيم الذي وصلت إليه حضارة المسلمين العرب في مختلف العلوم

التي تعرضنا لها، وتبين لنا بشهادات علماء الغرب ومفكريهم الأثر الكبير لهذه العلوم في الحياة العلمية الأوروبية وفي جامعات أوروبا التي نشأت منذ أواخر القرن الثاني عشر ـ الميلادي. أي بعد إقامتها في بلاد المسلمين بما يزيد على أربعة قرون.

وقد بلغ من أثر الثقافة الإسلامية في الحياة الفكرية الأوروبية، أن أخذ الأوروبيون منذ القرن الثالث عشر الميلادي يربطون بين العلم وإجادة اللغة العربية، حتى قال (روجر بيكون): (إن الفلسفة مستمدة من العربية، وعلى هذا الأساس لا يستطيع الشخص اللاتيني أن يفهم فلسفة العلم إلا إذا عرف اللغة التي نقلت عنها).

وهكذا نجد أن معرفة (اللغة العربية) كانت شرطا أساسيا يجب أن يتوافر للأوروبي المثقف حتى يحيط بالعلم الذي يريد دراسته (كما هي الحال في عصرنا هذا) مما جعل بعض الجامعات الأوروبية في العصور الوسطى تعني (باللغة العربية) عناية فائقة، بوصفها لغة العلم والمعرفة (كما هي الحال في أيامنا هذه اللغة الإنكليزية واللغة الفرنسية). ولا مبالغة في ذلك، فإن كثيرا من كتب المسلمين ومؤلفاتهم ظلت موضع ثقة الأوروبيين العلمية حتى القرن السابع عشر بل وحتى التاسع عشر.

فإذا كانت آراء ابن رشد وشروحه صارت المحور الذي دار حول تدريس الفلسفة في فرنسا منذ القرن الثالث عشر الميلادي، وأقر ذلك ملك فرنسا (لويس الحادي عشر)[١] عندما نظم التعليم في بلاده في أواخر القرن الخامس عشر؛ فإن (لوبون) يقول: (إن أساتذة جامعة (موتبليه) لم يكفوا عن شرح كتابات ابن سينا في الطب إلا منذ خمسين سنة فقط)[٢].

---

(١) لوبون-المصدر السابق-ص(٥١٨).

(٢) لويس الحادي عشر: حكم فرنسا ما بين عامي (١٤٦١-١٤٨٣م)، وكان كثير التدخل في شؤون الكنيسة. مات سجين نفسه في قلعة بلسيه لي تور سنة (١٤٨٣م).

ولم يكن نفوذ المسلمين في الجامعات الإيطالية - وبخاصة جامعة بادوا[١] - أقل منه في فرنسا؛ إذ أصبح للدراسات الإسلامية شأن كبير فيها، مما جعل (بتراك)[٢] يفزع محتجا على مواطنيه قائلا: (يا للعجب ! استطاع (شيشرون[٣]) أن ينبغ في الخطابة بعد (ديموستين)[٤] ، واستطاع (فرجيل)[٥] أن ينبغ في قرض الشعر بعد (هومر)[٦] فهل قدر علينا ألا نكتب بعد العرب ؟ لقد أدركنا الإغريق وجميع الشعوب وسبقناها في بعض الأحيان، ما عدا العرب.. فيا للحماقة، ويا للجهل، ويا للعبقرية الإيطالية الخامدة !)[٧].

---

(١) جامعة بادوا: أسست في مدينة بادوا بإيطاليا سنة ١٢٢٢م. وضمت عدد من الكليات العلمية والإنسانية. القى جاليليو عددا من المحاضرات فيها.

(٢) بترارك شاعر إيطالي. درس القانون في إيطاليا وفرنسا، وجنح إلى الأدب واهتم بالدراسات الإنسانية. مات سنة (١٣٧٤م).

(٣) شيشرون (ماركوس توليوس): خطيب وكاتب ومحام وسياسي روماني. شارك في الحياة العامة، وتقلد مختلف مناصب الدولة. انصرف في آخر حياته إلى الكتابة والتأليف. أعدم سنة (٤٣ق.م).

(٤) ديموستين: خطيب إغريقي، يعتبر من أعظم الخطباء قاطبة. كان له مهابة في أثينا. انتحر سنة (٣٢٢ق.م).

(٥) فرجيل: أعظم شعراء الرومان. امتاز عن سائر شعراء الرومان بإيمانه بالأفكار التي تجول بخاطره. مات سنة (١٩ق.م).

(٦) هومر: أعظم شعراء اليونان، وصف بأنه البداية والنهاية في الشعر. باعث نهضة اليونان، وجعل منهم أمة قوية تؤمن بدين واحد، وتتخذ لغة واحدة. عاش في القرن الثامن قبل الميلاد.

(٧) لوبون-نفس المصدر-ص(٥٩١).

الفصل السادس

منابع الثقافة والعلوم الإسلامية

الفصل الأول

معابر الحضارة الإسلامية العربية إلى الغرب

تتجلى الثقافة في الحياة الإسلامية العربية في عدة مؤسسات كان من أبرزها:

- المسجد وتعلم القراءة والكتابة والدين والعلم.

- منازل العلماء ومجالسهم.

- دور القرآن ودور الحديث.

- المدارس والجامعات.

١-   المسجد وتعلم القراءة والدين والعلم

جاء التنزيل من عند اللـه الحكيم العليم وفيه الحث على العلم، إذ يقول تعالى: (الرحمن. علم القرآن. خلق الإنسان. علمه البيان)[١] ، وجعل اللـه تعالى أداة العلم القلم، فقال: (الـذي علـم بالقلم. علم الإنسان ما لم يعلم)[٢] ، وخصَّ الكتاب بعلمـه فقال: (وإذ علمتـك الكتـاب والحكمـة والتوراة والإنجيل)[٣] . وقال: (وأنزل اللـه عليك الكتاب والحكمة وعلمك ما لم تكن تعلم)[٤] .

وهذا النبي موسى عليه السلام يطلب العلم ممن هو أعلم منه فيقول: (.. هل أتبعك على أن تعلمني مما علمت رشدا)[٥] .

(١) سورة الرحمن: (١-٣).

(٢) سورة العلق: (٤-٥).

(٣) سورة المائدة: (١١٠).

(٤) سورة النساء: (١١٣).

(٥) سورة الكهف: (٦٦).

ولعلَّ الآيات التي أنزلها العلي القدير في كتابه أكثر من أن يحصيها كتاب في الحثِّ على العلم وطلب العلم، وفضل العلم على الإنسان.

وجاءت السنة النبوية المطهرة لتؤيد ما جاء في القرآن الكريم من حث على العلم وطلب العلم. فيقول عليه الصلاة والسلام: ((اطلب العلم من المهد إلى اللحد))، يقول أيضا: ((اطلب العلم ولو في الصين)). وسارع المسلمون إلى الامتثال لأمر نبيهم عليه الصلاة والسلام، ليعبّوا من القرآن وما حوى ومن السنة المطهرة وما حوت.

وكانت المدرسة الأولى في الإسلام هي دار (الأرقم بن أبي الأرقم)[١] في مكة المكرمة، والتي اتخذها النبي الكريم صلى الله عليه وسلم مركزا يلتقي فيها بأصحابه ومن تبعه ليعلمهم الدين الجديد ويقرئهم ما أنزل الله من آي الذكر الحكيم. كما كان يستقبل فيها من ينضم إلى الجماعة الإسلامية ويعتنق الدين الجديد الذي يبشر به.

وكانت المدرسة الثانية في المدينة المنورة بعد الهجرة، والتي أنشأها الرسول صلى الله عليه وسلم في دولته الفتية ليتعلم المسلمون القراءة والكتابة على يد أسرى بدر[٢]. ولعلَّ هذه المدرسة هي التي كانت تدعى (بدار القراء). فقد ذكر

---

(١) الأرقم بن عبد المناف المخزومي: صحابي جليل لم يسبقه إلى الإسلام غير ستة من الصحابة. كانت داره بمكة، عند الصفا، تسمى دار الإسلام، وفيها كان الرسول صلى الله عليه وسلم يدعو الناس إلى الإسلام. توفي بالمدينة سنة (٦٧٥م).

(٢) بدر قرية صغيرة قرب المدينة على طريق القوافل بين مكة والشام. لم تعرف إلا بغزوة بدر الكبرى التي وقعت بقربها في ١٧ رمضان السنة الثانية للهجرة، انتصر فيها المسلمون وهم قلة، كانوا حوالي (٣٠٠) على أهل قريش وكانوا نحوا من (١٠٠٠) رجل، حيث لم تدم المعركة إلا نحو ساعة، قتل فيها من المشركين سبعون وأسر سبعون آخرون. وكان للمعركة أثرها في نفوس العرب.

(الواقدي)[١] : (أن عبد اللـه بن أم مكتوم[٢] قدم مهاجرا إلى المدينة مع مصعب بن عمير[٣]، وقيل قدم بعد بدر بيسير فنزل دار القراء).

وقد قامت في المدن الإسلامية المختلفة، بعد الفتح، كتاتيب (مدارس لتعليم القراءة والكتابة والقرآن الكريم) للمستجدين في الإسلام، وبعضها كان لتعليم الصغار وبعض الكبار. وكانت المساجد هي مقر هذه الحلقات لفراغها فيما بين الصلوات، ولأن الهدف من التعلم هو معرفة الشرع الإسلامي. وقد نقلت لنا كتب التاريخ أن (الحجاج بن يوسف الثقفي) كان في بداية حياته معلما للصبية في الطائف.

والحقيقة أن معظم العلماء الأوائل تخرجوا من حلقات العلم التي كانت تقام في المساجد. ولقد ساعد تلازم المدرسة مع المسجد العلم على الانتشار لما كان يضم المسجد من الأساتذة والمعلمين. وهكذا نجد أن العلم نشأ في بدايته دينيا في أساسه وتكوينه.

---

(١) محمد بن عمر الواقدي (٢٠٧هـ/٨٢٣م): من أقدم المؤرخين في الإسلام، ومن أشهرهم، ومن حفاظ الحديث. ولد بالمدينة، وكان حناطا (تاجر حنطة) بها. وضاعت ثروته، فانتقل إلى العراق سنة (١٨٠هـ/٧٩٦م) في أيام الرشيد العباسي، واتصل بيحيى بن خالد البرمكي، ففاض عليه عطاياه وقربه من الخليفة، فولي القضاء ببغداد. واستمر إلى أن توفي فيها. ابن خلكان-المصدر السابق-ص(٣٤٨-٤/٣٥١) والزركلي-المصدر السابق-ص(٦/٣١١).

(٢) عبد اللـه بن أم مكتوم (عمرو بن قيس بن زائدة): صحابي شجاع، كان ضرير البصر. أسلم بمكة، وهاجر إلى المدينة بعد وقعة بدر، وكان يؤذن للرسول صلى اله عليه وسلم في المدينة، وكان يستخلفه النبي صلى اللـه عليه وسلم على المدينة يصلي بالناس في عامة غزواته. حضر حرب القادسية. ثم رجع إلى المدينة فتوفي فيها سنة (٦٤٣م).

(٣) مصعب بن عمير: صحابي شجاع، من السابقين إلى الإسلام. هرب من سجن أهله في مكة وهاجر إلى الحبشة، ثم رجع إلى مكة، وهاجر إلى المدينة. وعرف بالقارئ. شهد بدرا وأحد. فاستشهد فيها سنة (٦٢٥م).

ويلاحظ أن الكتابة كانت منفصلة في التعليم عن القراءة منذ البدء. فقد كان الطفل يتعلم الخط والحساب في بيت المعلم أولا ثم يذهب إلى معلم القرآن الكريم ليلقنه آياته في المسجد أو خارجه، فلا يدخل الجامع إلا بعد حفظ القرآن. وكان هذا الأسلوب متبعا في بلاد المشرق الإسلامي. إلا أن بلاد المغرب والأندلس جمعوا الاثنين معا.

وكانت الكتاتيب فسيحة أحيانا كما في (بلخ)[١] حيث كان يتعلم في كتاب (أبي القاسم البلخي)[٢] ثلاثة آلاف تلميذ، وكان يحتاج إلى حمار ليشرف عليهم.

وقد ذكر (ابن حوقل)[٣] أنه عدَّ حوالي (٣٠٠) معلم كتّاب في مدينة واحدة، هي عاصمة مملكة صقلية (بلمرة) قبل أن يغتصبها النورمنديون.

ولم تكن المساجد مختصة فقط في تعليم الصغار - وإن استخدمت في ذلك - بل كانت المدارس الأولى لتعليم الكبار. فقد استمرت تؤدي بجانب وظيفة العبادة وظيفة المركز الثقافي إضافة إلى السياسي والاجتماعي مدة تزيد عل أربعة قرون تقريبا. وكانت مجالس العلماء والأدباء تعقد فيها. وإذا اشتهر (مربد البصرة) بوصفه مركزا ثقافيا للشعر خاصة، فإن ساحات المساجد كانت لمختلف العلوم. فقد كان يفسر فيها القرآن الكريم ويملى فيها الحديث النبوي الشريف والفقه، كما كان تدرّس بها دروس العربية والنحو والعروض وأخبار العرب في حلقات (أبي

(١) بلخ: مدينة مشهورة بخراسان ومن أجلّ مدنها. كانت مركزا للثقافة اليونانية وسوقا نشطا للتجارة. وهي اليوم من بلاد الأفغان.

(٢) جعفر بن محمد بن علي البلخي: مؤدب. سكن بغداد وحدث بها. توفي سنة (٢٨٣هـ/٨٩٦م).

(٣) محمد بن حوقل البغدادي: رحالة، من علماء البلدان. كان تاجرا رحل من بغداد سنة (٣٣١هـ/٩٤٣م)، ودخل المغرب وصقلية، وجاب الأندلس وغيرها. له المسالك والممالك. توفي سنة (٩٧٧م).

عمر الزاهد)[١] و(أبي العتاهية)[٢] في بغداد. وروى (السيوطي)[٣] أن دروسا مختلفة رتبت في (الجامع الطولوني) وقد شملت الطب والميقات. ويروي (عبد اللطيف البغدادي)[٤] أن دروسا في الطب كانت تلقى في (الأزهر) في منتصف النهار من كل يوم.

وفي مسجدي دمشق والبصرة ظهر (الجدل المعتزلي)[٥] حول صفات الله مع

---

(١) محمد بن عبد الواحد الباوردي، غلام ثعلب: أحد أئمة اللغة، المكثرين من التصنيف. أملى من حفظه في اللغة نحو ثلاثين ألف ورقة. له العديد من الكتب والمؤلفات. توفي ببغداد سنة (٩٥٧م).

(٢) إسماعيل بن القاسم المعروف بأبي العتاهية (٢١١هـ/٨٢٦م): شاعر مكثر، سريع الخاطر، في شعره إبداع. كان ينظم في اليوم المئة والمئة وخمسين بيتا. وهو يعد من مقدمي المولدين. وكان يجيد القول في الزهد والمديح. ولد في (عين التمر) قرب الكوفة، ونشأ فيها، وسكن بغداد. اتصل بالخلفاء وعلت مكانته عندهم. أخباره كثيرة. الزركلي-ص(١/٣٢١).

(٣) عبد الرحمن بن أبي بكر السيوطي (٩١١هـ/١٥٠٥م): إمام حافظ مؤرخ أديب. له نحو (٦٠٠) مصنف. نشأ في القاهرة. ولما بلغ الأربعين من عمره اعتزل الناس، فألف أكثر كتبه. وكان الأغنياء والأمراء يزورونه ويعرضون عليه الأموال والهدايا فيردها. وطلبه السلطان مرارا فلم يحضر إليه، وأرسل إليه هدايا فردها وبقي على ذلك إلى أن توفي. الزركلي-ص(٣٠١-٣/٣٠٢) وغربال-ص(٢/١٠٥٩).

(٤) عبد اللطيف البغدادي (ابن اللباد، ابن نقطة): من فلاسفة الإسلام، وأحد العلماء المكثرين من التصنيف في الحكمة وعلم النفس والطب والتاريخ والبلدان والأدب. ولد ببغداد سنة (١١٦٢م)، ومات فيها سنة (١٢٣١م). أقام مدة بحلب وزار مصر والقدس ودمشق وحران وبلاد الروم وملطية والحجاز وغيرها. وحظي عند الملوك والأمراء.

(٥) المعتزلة: فرقة كلامية إسلامية، ظهرت في أخريات القرن الأول الهجري، وبلغت شأوها في العصر العباسي الأول. يرجع اسمها إلى اعتزال إمامها واصل بن عطاء مجلس الحسن البصري. امتازت هذه الفرقة بحرية الفكر، والاعتداد بالعقل، وقوة الحجة. رفض رجال هذه الفرقة الوظائف الإدارية ليتفرغوا للبحث والمناظرة، ثم انغمسوا في السياسة.

(غيلان الدمشقي)[١] و(الجعد بن درهم)[٢] في الشام، و(الحسن البصري)[٣] و(واصل بـن عطـاء)[٤] في العراق. وظهرت معه مبادئ الفكر الفلسفي عند المسلمين العرب منذ أواخر العصر الأموي. وقـد أعانت المساجد على القيام بهذه الوظيفة الثقافية في البلاد الإسلامية العربيـة خـلال القـرون الأولى عدة أمور منها:

١- انتشار الورق.

٢- حوانيت الوراقين.

٣- مجانية التعلم والأوقاف المخصصة له.

(١) غيلان الدمشقي (١٠٥هـ/٧٢٣م): كاتب، من البلغاء تنسب إليه فرقة (الغيلانية) من القدرية. وهو ثاني من تكلم في القدر ودعا إليه، واتهم بأنه كان في صباه من أتباع (الحارث بن سعيد) المعروف بالكذاب. قتله (هشام بن عبد الملك) وصلبه على باب كيسان بدمشق. الزركلي-ص(٥/١٢٤) وغربال-ص(٢/١٢٦٠).

(٢) الجعد بن درهم (١١٨هـ/٧٣٦م): من الموالي. مبتدع، له أخبار بالزندقة، سكن الجزيرة الفراتية. وكان هذا مؤدبا (لمروان بن محمد الأموي) آخر ملوك بني أمية. قتل على ضلاله في العراق يوم النحر. ابن الأثير-ص(٥/١٦٠) والزركلي-ص(٢/١٢٠).

(٣) الحسن البصري (١١٠هـ/٧٢٨م): تابعي. كان إمام أهل البصرة، وحبر الأمة في زمانه. وهو أحد العلماء الفقهاء الفصحاء الشجعان النساك. ولد بالمدينة، وشب في كنف (علي بن أبي طالب) رضي اه عنه، واستكتبه (الربيع بن زياد) والي خراسان في عهد (معاوية). وسكن البصرة. وكان يهابه الولاة، وكان لا يخاف في الـلـه لومة لائم. أخباره كثيرة. توفي بالبصرة. ابن خلكان-ص(٦٩-٢/٧٣) والزركلي-ص(٢٢٦-٢/٢٢٧).

(٤) واصل بن عطاء (١٣١هـ/٧٤٨م): رأس المعتزلة. كان ممن يحضر درس (الحسن البصري) ثم اعتزل مجلسه، وتبعته جماعة، فعرفوا بالمعتزلة، وما زال مذهبهم ينمو إلى أيام (الرشيد). ولد بالمدينة وفشا في البصرة، وكان يلثغ بالراء. له تصانيف كثيرة. المقريزي-ص(٢/٣٤٥) وابن خلكان-ص(٧-٦/١١).

٢- منازل العلماء ومجالسهم

ذكر (العبدري) أن أفضل مواضع التدريس هو المسجد لأن الجلوس للتدريس إنما فائدته أن تظهر به سنة أو تخمد به بدعة أو يتعلم به حكم من أحكام الله، والمسجد يحصل به هذا الغرض متوفرا له موضع لاجتماع الناس رفيعهم ووضيعهم وعالمهم وجاهلهم بخلاف البيت فإنه محجوز على الناس إلا من أبيح له، والمنازل مكان للدرس عند الضرورة.

على أن هذه الضرورة ظهرت بشكل متزايد في العصر العباسي يوم كان الجو الثقافي يمور بالطلاب والعلماء والنسخ والجدل والترجمة، فكان لابد من اللجوء إلى منازل العلماء لطلب العلم. فهذا بيت (ابن سينا) في (همذان)[١] كان مجتمعا لطلبة العلم كما يقول (الجوزجاني)[٢] : (وكنت أقرأ معه الشفاء وكان يقرئ غيري من القانون نوبة. وكان التدريس بالليل لعدم الفراغ بالنهار خدمة للأمير (شمس الدولة) وقضينا على ذلك زمنا).

وكان الفقيه (أبو سليمان السجستاني) في أواخر القرن الرابع الهجري قد انقطع عن الناس لعور به واضح، فكان منزله مقصدا للعلماء والأجلاء.

ويذكر (القفطي) أن (أبا الحسن المنجم)[٣] كان صديقا لأبي سليمان وكان كثيرا ما يجتمع في منزله ببغداد بكبار العلماء يتذاكرون ويتناظرون في مواضيع

---

(١) همذان: أكبر مدينة في منطقة الجبال.

(٢) إبراهيم بن يعقوب الجوزجاني (٢٥٩هـ/٨٧٣م): محدث الشام واحد الحفاظ المصنفين المخرجين الثقات. مولده في (جوزجان) ورحل إلى مكة ثم البصرة ثم الرملة، وأقام في كل منها مدة. ونزل دمشق فسكنها إلى أن مات. ياقوت الحموي-ص(١٨٢-٢/١٨٣) وابن كثير-ص(١١/٣١).

(٣) أحمد بن يحيى بن علي بن يحيى المنجم (٣٠٠هـ/٩١٢م): نديم، أديب، متكلم. من فضلاء المعتزلة. مولده ووفاته ببغداد. نادم الموفق بالله العباسي وعدة خلفاء كان آخرهم المكتفي بالله العباسي. صنف كتبا عديدة. ابن خلكان-ص(٣٧٣-٣/٣٧٤) والزركلي-ص(٨/١٥٧).

شتى، ومنهم (أبو الفتح النوشجاني)[1] و(أبو زكريا الصيري) و(أبو القوسي)، و(أبو حيان التوحيدي)[2]. وقد ألف (أبوحيان) كتابه (الإمتناع والمؤانسة) على أساس هذه المجالس.

وكانت دار الإمام (أبو حامد الغزالي) مرتادا للعلماء والطلاب ببغداد بعد أن اعتزل وعكف على كتابة (إحياء علوم الدين). وقد فصل (علي بن محمد الفصيحي) المتوفى سنة (٥١٦هـ/١١٢٢م) عن المدرسة (النظامية)، لكن أفواج المتعلمين كانت تقصده في داره لمتابعة القراءة عليه. وكان منزل (يعقوب بن كلس)[3] في القاهرة أيام (العزيز بالله العبيدي) يمتلئ بالطلاب كل يوم جمعة ليقرؤوا عليه كتابه في فقه (الإسماعيلية)[4] وغيره.

وكان السلفي (أبو الطاهر أحمد بن محمد)[5] من العلماء الفقراء فتزوج بالإسكندرية من امرأة ميسورة، واتخذ من بيته مكانا للتدريس.

---

(١) سليم بن أيوب بن سليم الرازي النوشجاني: فقيه أصله من الري، تفقه ببغداد، ورابط بثغر صور وحج، فغرق في البحر عند ساحل جدة سنة (١٠٥٥م).

(٢) علي بن محمد بن العباس التوحيدي: فيلسوف، متصوف معتزلي. ولد في شيراز وأقام مدة في بغداد. وانتقل إلى الري. مات مطلوبا من الوزير المهلبي نحو سنة (١٠١٠م).

(٣) يعقوب بن كلس (٣٨٠هـ/٩٩٠م): وزير. من الكتاب الحساب، ولد ببغداد. وسافر إلى دمشق، ثم مصر، فاتصل بكافور الإخشيدي صاحب مصر، فولاه ديوانه بالشام ومصر. وكان يهوديا فأسلم في أيامه سنة (٣٥٦هـ/٩٦٧م) ثم انتقل إلى المغرب الأقصى فخدم المعز العبيدي سنة (٣٦٣هـ/٩٧٤م) وتولى أموره. ابن خلكان-ص(٢٧-٣٥/٧) والزركلي-ص(٢٠٢-٢٠٣/٨).

(٤) الإسماعيلية: فرقة من الشيعة الباطنية تنسب إلى إسماعيل الابن الأكبر لجعفر الصادق المتوفي سنة (٧٦١م).

(٥) أحمد بن محمد بن سلفة الأصبهاني: حافظ مكثر، رحل في طلب الحديث، بنى له الأمير العادل (وزير الظافر العبيدي) مدرسة في الإسكندرية، سنة (٥٤٦هـ/١١٥١م)، فأقام إلى أن توفي فيها سنة (١١٨٠م).

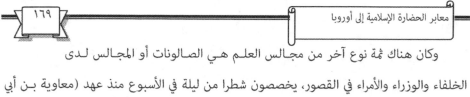

وكان هناك ثمة نوع آخر من مجالس العلم هي الصالونات أو المجـالس لـدى الخلفاء والوزراء والأمراء في القصور، يخصصون شطرا من ليلة في الأسبوع منذ عهد (معاوية بـن أبي سفيان)[١] و(عبد الملك بن مروان)[٢] لاستقبال العلماء والأدباء والشعراء وأهل الرأي والفكر يبرزون فيه ما لديهم ويتناظرون.

كما اشتهرت بذلك مجالس هارون الرشيد الأدبية واللغوية. فقد اشتهر (بيت الحكمـة) الـذي أنشأه الرشيد للترجمة وحفظ الكتب، ورعاه بعد ذلك المأمون وزاد فيه واستقطبت مجالس المأمون الفلسفية عددا كبيرا من أهل الكلام وأصحاب الرأي. وقد بقيت أخبار هذه المجالس تملأ كتب (ابن عبد ربه) و(المقري)[٣] و(المقريزي) وأبي الفرج الأصفهاني)[٤] وغيرهم.

---

(١) معاوية بن أبي سفيان بن حرب: مؤسس الدولة الأموية، وأول خليفة أموي، ومن أعظم دهاة العرب. أسلم يوم فتح مكة، وكان من كتّاب الرسول صلى الله عليه وسلم. واتخذ من دمشق عاصمة لملكه، أنشأ ديوان البريد، وديوان الخاتم، واتخاذ مقصورة في الجامع، وحمل لواء الجهاد ضد الروم، وحاول فتح القسطنطينية. توفي سنة (٦٨٠م).

(٢) عبد الملك بن مروان: خامس الخلفاء الأمويين، يعد المؤسس الثاني للدولة الأموية، ودفع بحدودها شرقا وغربا من حدود الصين حتى المحيط الأطلسي. عرّب الدواوين، وأحل اللغة العربية محل لغات البلاد المفتوحة، وأقام دور سك العملة. توفي سنة (٧٠٥م).

(٣) أحمد بن محمد بن محمد أبو العباس المقري: مؤرخ أديب، صاحب نفح الطيب في غصن الأندلس الرطيب في تاريخ الأندلس السياسي والأدبي. ولد في تلمسان سنة (١٥٨٤م)، وانتقل إلى فاس، فكان خطيبها وقاضيها، ثم إلى القاهرة، وتنقل في الديار المصرية والحجازية والشامية. وتوفي سنة (١٦٣١م).

(٤) علي بن الحسين، أبو الفرج الأصبهاني: أديب، ولد بسر من رأى سنة (٨٩٧م)، ومات ببغداد سنة (٩٦٧م). كتب لركن الدولة البويهي، ونادم معز الدولة، وعاش في رعاية أمراء العراق والشام والأندلس، قامت شهرته على التأليف، فقد كان أهم كتبه (الأغاني) وهو موسوعة تضم التاريخ والأدب والنقد والموسيقى والأخبار والأنساب والتراجم.

ومن هذه المجالس ما كان يعقده الوزراء أمثال: الوزير (ابن الفرات) وقد انعقد آخر مرة سنة (٣٣٦هـ/٩٤٧م) وكان فيه (أبو سعيد السيرافي)[١] و(ابن أبي بشر) و(ابن فراس) و(قدامة بن جعفر)[٢] و(ابن يحيى العلوي) و(علي بن عيسى الجراح) و(ابن عبد العزيز الهاشمي)[٣].

وفي مجلس (أبي عبد الله بن سعدان) المتوفى سنة (٣٧٥هـ/٩٨٦م) وزير (صمصام الدولة)[٤]. فقد كان يجتمع في بيته (أبي حيان التوحيدي) بـ(ابن مسكويه)[٥] المؤرخ و(ابن زرعة)[٦] الفيلسوف النصراني، و(أبو الوفاء) المهندس.

---

(١) الحسن بن عبد الله السيرافي (٣٦٨هـ/٩٧٩م): نحوي، عالم بالأدب، أصله من سيراف - بلاد فارس - تفقه في عمان، وسكن بغداد، فتولى نيابة القضاء، وتوفي فيها، وكان معتزليا. ابن خلكان-ص(٧٨-٢/٧) والزركلي-ص(١٩٥-٢/١٩٦).

(٢) قدامة بن جعفر بن قدامة البغدادي: كاتب، من البلغاء الفصحاء المتقدمين في علم المنطق والفلسفة، كان في أيام المكتفي بالله العباسي، وأسلم على يده. توفي ببغداد سنة (٩٤٨م).

(٣) عبد الحميد بن عبد العزيز: قاض، فرضي، من أهل البصرة. ولي القضاء بالشام والكوفة وبغداد. توفي سنة (٩٠٥م).

(٤) صمصام الدولة ابن عضد الدولة: تسلم الملك بعد موت أبيه سنة (٣٧٢هـ/٩٨٢م)، وفي عام (٣٧٦هـ/٩٨٦م). اختلف مع أخيه شرف الدولة فاقتتلا فغلبه شرف الدولة وتملك بغداد ومات صمصام بنفس السنة.

(٥) أحمد بن محمد، المعروف بابن مسكويه (٤٢١هـ/١٠٣٠م): مؤرخ بحاث، أصله من الري وسكن أصفهان وتوفي بها. اشتغل بالفلسفة والكيمياء والمنطق مدة، ثم أولع بالتاريخ والأدب والإنشاء. عظم شأنه عند (بهاء الدولة البويهي) ألف كتبا نافعة. وعاش عمرا طويلا. ابن أبي أصيبعة-ص(١/٢٤٥) والزركلي-ص(٢١١-١/٢١٢).

(٦) عيسى بن إسحاق ابن زرعة (٤٤٨هـ/١٠٥٦م): عالم بالفلسفة والمنطق، من نصارى العراق. امتاز بالترجمة. مولده ووفاته ببغداد. كان يحترف التجارة مع بلاد الروم. صنف وترجم كتبا كثيرة. ابن أبي أصيبعة-ص(١/٢٣٥) والزركلي-ص(٥/١٠٠).

وحين تداعت الدولة العباسية وانقسمت إلى ممالك وإمارات ودول، تنافست البلاطات فيها كما تنافست (دول الطوائف) التي قامت في الأندلس بعد انفراط عقد الخلافة الأموية في اجتذاب العلماء والشعراء وأهل الأدب. فكان مجلس للوزير (المهلبي)[١] - ابن العميد - ومجلس (لآل سامان)[٢] في ما وراء النهر، وثالث لـ(سيف الدولة لحمداني)[٣] في حلب. كان يحضره (المتنبي)[٤] الشاعر، و(ابن جني)[٥] النحوي، و(الفارابي) الفيلسوف، و(ابن نباتة)[٦] الخطيب. ورابع

ورابع

(١) الحسن بن محمد بن عبد الله المهلبي: من كبار الوزراء، الأدباء الشعراء. اتصل بمعز الدولة بن بويه، وقربه المطيع لله العباسي واستوزره ولقب بذي الوزارتين. وكان من رجال العالم حزما ودهاء وكرما وشهامة. ولد بالبصرة سنة (٩٠٣م)، وتوفي في طريق واسط سنة (٩٦٣م).

(٢) آل سامان: أقاموا الدولة السامانية فيما وراء النهر (٨٧٤-٩٩٩م) أسسها جدهم نصر بن سامان.

(٣) سيف الدولة الحمداني: أمير حلب وصاحب المتنبي. لم يجتمع بباب أحد من الملوك بعد الخلفاء ما اجتمع بباب سيف الدولة من شيوخ العلم ونجوم الدهر. ولد في ميافارقين سنة (٩١٥م). امتلك بلاد الشام وواسط. توفي في حلب سنة (٩٦٧م).

(٤) أحمد بن الحسين، أبو الطيب المتنبي (٣٥٤هـ/٩٦٥م): شاعر حكيم، وأحد مفاخر الأدب العربي. وفي علماء الأدب من يعده أشعر الإسلاميين. ولد بالكوفة، ونشأ بالشام، وتنبأ ثم تاب. حظي عند (سيف الدول) صاحب حلب، وذهب إلى مصر ومدح (كافور الإخشيدي)، وقصد العراق، وزار بلاد فارس ومدح (ابن العميد) ورحل إلى (شيراز) فمدح (عضد الدولة البويهي) وعاد يريد بغداد فالكوفة، فعرض له بعض اللصوص فقتل مع ابنه محمد وغلامه مفلح. ابن خلكان-ص(١٢٠-١/١٢٥) وابن الجوزي-ص(٧/٢٤).

(٥) عثمان بن جني الموصلي: من أئمة الأدب والنحو. ولد بالموصل نحو (٩٣٧م) وتوفي ببغداد سنة (١٠٠٢م).

(٦) عبد الرحيم بن محمد الفارقي، ابن نباتة الخطيب: صاحب الخطب المنبرية. كان مقدما في علوم الأدب. ولد في ميافارقين سنة (٩٤٦م) وسكن حلب فكان خطيبها. وكان علما في بلاط سيف الدولة الحمداني، وكان يكثر من خطب الجهاد ليحث سيف الدولة عليه. توفي في حلب سنة (٩٨٤م).

(لآل غزنة)[١] يضم (العتبي)[٢] المؤرخ، و(البيروني) المؤلف والعالم، و(الفردوسي)[٣] الشاعر. ولدى (السلاجقة)[٤] من بعد مجلس (نظام الملك)[٥] الوزير الذي فتح فتحا في نشر الثقافة بافتتاحه العديد من المدارس، وكان من حاشيته (أبو إسحاق الشيرازي)[٦] و(أبو المعالي الجويني)[٧] إمام الحرمين.

(١) آل غزنة: ملوك غزنة: أتراك الأصل، أقاموا ملكهم في أفغانستان والبنجاب. أولهم سبكتكين المتوفى سنة (٩٩٧م) وأشهرهم محمد الغزنوي، وآخرهم خسرو ملك المتوفى سنة (١١٩١م).

(٢) محمد بن عبد الجبار العتبي: مؤرخ من الكتاب الشعراء. أصله من الري. نشأ في خراسان، وولي نيابتها، ثم استوطن نيسابور. وانتهت إليه رئاسة الإنشاء في خراسان والعراق. له كتاب ألفه ليمين الدولة محمود بن سبكتبكين. سماه (اليميني) توفي سنة (١٠٣٦م).

(٣) أبو القاسم الفردوسي: أكبر شعراء الدولة الغزنوية، ومن أشهر شعراء إيران. عرف بـ(الشاهنامة) الملحمة التي تذكر أمجاد ملوك الفرس. توفي سنة (١٠٢٠م).

(٤) السلاجقة: ظهر السلاجقة في إيران في القرن العاشر الميلادي، واعتنقوا الإسلام. سيطروا على خوارزم وإيران، واتخذوا أصفهان عاصمة لهم. ودخل ملكهم طغرل بك بغداد بطلب من القائم العباسي، ولقب بملك الشرق والغرب. سيطروا على بلاد واسعة، وهزموا البيزنطيين في معركة ملا ذكرد سنة (١٠٧١م) وأسروا الإمبراطور البيزنطي، وتجزأت دولتهم في القرن الثالث عشر، إلى أن اكتسحها جنكيز خان.

(٥) الحسن بن علي الطوسي الملقب بنظام الملك: وزير حازم عالي الهمة. أصله من طوس، وتأدب بآداب العرب، واشتغل بالأعمال السلطانية فوزر للسلطان إلب أرسلان ولولده ملك شاه. وكان من حسنات الدهر. اغتاله ديلمي سنة (١٠٩٢م).

(٦) إبراهيم بن علي بن يوسف الفيروز أبادي الشيرازي: العلامة المناظر، ولد في فيروز اباد بفارس سنة (١٠٠٣م)، انصرف إلى البصرة ومنها إلى بغداد. وظهر نبوغه في علوم الشريعة الإسلامية، فكان المرجع ومفتي الأمة في عصره. واشتهر بقوة الحجة والجدل والمناظرة. وبنى له الوزير نظام الملك المدرسة النظامية. فكان يدرس فيها ويديرها، عاش فقيرا صابرا. توفي ببغداد سنة (١٠٨٣م).

(٧) عبد الملك بن عبد الله الجويني الملقب بإمام الحرمين: أعلم المتأخرين، من أصحاب الشافعي. ولد في جوين من أعمال نيسابور سنة (١٠٢٨م)، ورحل إلى بغداد، فمكة حيث جاور أربع سنين، وذهب إلى المدينة فأفتى ودرس، جامعا طرق المذاهب. ثم عاد إلى نيسابور، فبنى له الوزير نظام الملك المدرسة النظامية فيها. فكان يحضر دروسه أكابر العلماء. توفي بنيسابور سنة ١٠٨٥م.

٣- دُور القرآن ودُور الحديث

لقد بدأت دور القرآن الكريم والحديث في الظهور أيام الخليفة العباسي (المعتضد بالله) أواخر القرن الثالث الهجري. فإنه (لما أراد بناء قصره في الشمّاسية ببغداد استزاد في الذرع بعد أن فرغ من تقدير ما أراد فلما سئل عن ذلك ذكر أنه يريده ليبني فيه دورا ومساكن ومقاصيد يرتب في كل موضع رؤساء كل صناعة ومذهب من مذاهب العلوم النظرية والعملية ويجري عليه الأرزاق السنية ليقصد كل من اختار علما او صناعة رئيس ما يختاره فيأخذ عنه..)[١].

أيضا كانت هذه الدور من ابتكار (نيسابور) فقد كانت فيها داران للحديث أنشئتا في الثلث الأول من القرن الرابع الهجري. هما: دار الحديث البسطامية، ودار السنة الصبغية. لكن هذه الدور لم تنتشر كثيرا وبسرعة فلم يلحق بها من بعد سوى دار الحديث النورية التي أنشأها (نور الدين بن زنكي) في دمشق بعد أواسط القرن السادس الهجري. ثم لحق بها بعد ذلك دار الحديث الكاملية التي أنشأها (الكامل الأيوبي) في مصر، ولحقت بها دور أخرى، كما ظهرت مثل هذه الدور في حلب والموصل. في أيام (نور الدين).

٤- المدارس والجامعات

لقد انتشرت المدارس انتشارا كبيرا منذ القرن الرابع الميلادي، وقد تحول العديد من هذه المدارس إلى جامعات تضم كليات من كل فن ولون.

ولو استقرأنا هذه المدارس لتبين لنا أن انتشارها كان من الشرق إلى الغرب ولكن ببطء وعلى النحو التالي:

---

(١) المقريزي-ص(٣٦٢-١/٣٦٣).

١- في خراسان وما وراء النهر قبل سنة (٢٩٥هـ/٩٠٧م) وهي المدرسة (السامانية).

٢- في العراق ببغداد سنة (٤٧٥هـ/١٠٦٤م) وهي المدرسة النظامية وبناها (نظام الملك الوزير).

٣- في الشام بدمشق سنة (٤٩١هـ/١٠٩٧م) وهي المدرسة الصادرية التي سُميت باسم بانيها (صادر بن عبد الله) من حاشية الملك (تاج الدولة تتش)[1] وابنه (دقاق). وفي القدس أواخر القرن الخامس: وهما مدرستان واحدة للشافعية والثانية للحنفية.

٤- في مصر بالإسكندرية سنة (٥٣٢هـ/١١٣٧م) وهي المدرسة الصوفية المنسوبة لـ(ابن عوف الزهري)، وكانت المدرسة الثانية بعدها في المدينة نفسها المدرسة السلفية سنة (٥٤٤هـ/١١٤٩م).

٥- في الحجاز بمكة المكرمة سنة (٥٧٩هـ/١١٨٣م) وهي مدرسة (الزنجبيلي) للحنفية وبانيها تاجر موسر كان في (عدن)[2] ثم تركها وله مبرّات عديدة في مكة ودمشق.

٦- في أفريقيا بتونس سنة (٦٤٧هـ/١٢٤٩م) وهي المدرسة الشمّاعية أنشأتها الأميرة (عطف) زوجة (أبي زكريا الأول الحفصي)[3].

---

(١) تاج الدولة تتش بن ألب أرسلان السلجوقي: صاحب البلاد الشرقية، أنقذ دمشق من العبيديين سنة (٤٦٨هـ/١٠٧٥م) وملكها سنة (٤٧٠هـ/١٠٧٧م)، ثم ملك حلب سنة (٤٧٨هـ/١٠٨٥م). قتل في معركة قامت بينه وبين ابن أخيه بركياروق بالقرب من مدينة الري سنة (٤٨٨هـ/١٠٩٥م).

(٢) عدن: مدينة يمنية تقوم على شبه جزيرة صغيرة في أقصى جنوب الجزيرة العربية، وهي مركز تجاري هام، وكانت عاصمة اليمن الجنوبي قبل الوحدة اليمنية سنة (١٩٩١م).

(٣) يحيى بن عبد الواحد الحفصي: أول من استقل بالملك من الحفصيين بتونس. تغلب على الملك سنة (٦٢٥هـ/١٢٢٨م) واستقل بدولته سنة (٦٢٦هـ/١٢٢٩م) وخطب لنفسه، وسع ملكه فاستولى على الجزائر وتلمسان وسلمجاسة وسبتة وطنجة ومكناسة. خدم العلم فأنشأ عدة مدارس ومساجد، وأنشأ دار الكتب جمع فيها (٣٦،٠٠٠) ألف مجلد. كان كثير البر والإحسان. توفي ببنونة سنة (١٢٤٩م).

٧- في المغرب بفاس سنة (٤٦٢هـ/١٠٦٩م). و(بتلمسان)[١] في الوقت نفسه تقريبا.

وكانت من بدائع الدنيا. و(بفاس) سنة (٦٧٠هـ/١٢٧١م) أول مدرسة أنشأها (بنو مرين). و(بمراكش) سنة (٦٨٥هـ/١٢٨٦م) وهي التي بناها السلطان (يعقوب المريني).

٨- في الأندلس (بغرناطة) سنة (٧٥٠هـ/١٣٤٩م) وهي التي أحدثها (يوسف الأول)[٢] ملك بني نصر.

وظلت المدارس أكثر من قرن ونصف القرن مجرد مؤسسة تابعة للمسجد تقوم بمعونته على التدريس الديني. ولكن ولاة الأمر والحكام لم يلبثوا أن بدأوا بتبنيهم لهذه المدارس وبنائها في مختلف المدن الإسلامية، حتى غدت منارات يشع منها نور العلم والمعرفة ليعم العالم الإسلامي أجمع، ويتعداه إلى الدول والأمم المجاورة شرقا وغربا.

وقد كانت للمدارس طابعا مشتركا، فكانت متشابهة التخطيط والبناء في العالم الإسلامي كله. فقد كان لها باب أو بوابة كبيرة مزخرفة كأبواب بعض الجوامع كما في المدرسة النورية بدمشق والمستنصرية والمرجانية والشرابية في بغداد. ثم ساحة

---

(١) تلمسان: مدينة عظيمة قديمة، كانت قاعدة المغرب الأوسط، وما تزال من أكبر مدن الجزائر.
(٢) يوسف بن إسماعيل النصري: سابع ملوك بني نصر ابن الأحمر في الأندلس. بويع بغرناطة سنة (٧٣٣هـ/١٣٣٣م). قام بأعباء الملك، وباشر الحروب بنفسه وقاتله الأسبانيون فثبت لهم. طعنه مجهول وهو ساجد يصلي فمات للحال سنة (١٣٥٤م).

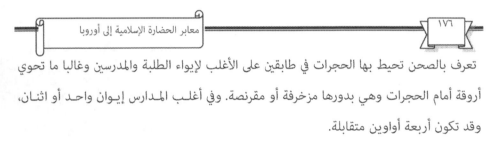

تعرف بالصحن تحيط بها الحجرات في طابقين على الأغلب لإيواء الطلبة والمدرسين وغالبا ما تحوي أروقة أمام الحجرات وهي بدورها مزخرفة أو مقرنصة. وفي أغلب المدارس إيوان واحد أو اثنان، وقد تكون أربعة أواوين متقابلة.

ولقد تكاثرت المدارس في المنطقة الإسلامية الشرقية بسرعة، وحتى لا نطيل نكتفي بتعدادها.

يذكر ابن جبير أنه حوالي سنة (٥٨٠هـ/١١٨٤م) أنه في بغداد كان: (المدارس بها نحو الثلاثين وهي كلها بالشرقية وما منها مدرسة إلا وهي يقصر ـ القصر ـ البديع عنها، وأعظمها وأشهرها النظامية.. ولهذه المدارس أوقاف عظيمة وعقارات محبسة تصير إلى الفقهاء المدرسين بها، ويجرون بها على الطلبة ما يقوم بهم. ولهذه البلاد في أمر هذه المدارس والمارستانات شرف عظيم وفخر مخلد)[١].

وكان في الوقت نفسه تقريبا أكثر من (٤٤) مدرسة بنيسابور وأكثر من خمسة مدارس في (مرو)[٢] قبل سنة (٥١٠هـ/١١١٧م).

ويذكر المقريزي أنه كان في (دهلي) وحدها بالهند من المدارس الإسلامية ما عدته ألف مدرسة[٣].

وإذا انتقلنا إلى الموصل وجدنا فيها في العهد الأتابكي حتى أواسط القرن السابع الهجري سبع عشرة مدرسة.

أما حلب فقد عدّد ابن شداد المتوفى سنة (٦٨٤هـ/١٢٨٣م) في القسم الأول من كتابه (الأعلاق الخطيرة) مساجدها التي تبلغ (٢٠٨) مسجدا عدا التي بالقلعة

(١) ابن جبير ـ ص(٢٠٥).
(٢) مرو: مدينة في خراسان. أسسها الملك السلجوقي (انطوخيوس الأول) سنة (٢٨٠-٢٤٠ق.م). ثم استولى عليها الفرس، وفيها قتل يزدجرد آخر ملوك الفرس وسبيت ابنتاه وحملتا إلى المدينة.
(٣) المقريزي ـ ص(٤/١٧٤).

وهي عشر، وعدا التي بين أبواب المدينة وهي (١٤) وعدا التي في الأرباض وهي (٤٥) مسجدا. وذكر ما في حلب من المدارس بالتفصيل فإذا فيها (١٥) مدرسة للشافعية وعشرا للحنفية وثلاثا للمالكية والحنبلية، هذا إلى (١٨) خانقاه للرجال وسبع خوانق للنساء[1].

وفي دمشق ذكر (عبد القادرمحمد النعيمي)[2] مدارس دمشق فقال: (إنها بلغت (١٣١) مدرسة عدا (٢٦) زاوية و(٢١) رباطا و(٣١) خانقاه. بالإضافة إلى سبع دور للقرآن و(١٥) دارا للحديث).

وأما (القدس) فقد حظيت بسبب تراثها الديني العريق بالهزات العنيفة في توجهها الثقافي، فقد كانت لها حرمتها وعلماؤها في العصر العباسي ثم فوجئت بالاحتلال العبيدي سنة (٣٥٨هـ/٩٦٩م). وعاد إلى القدس زهوها بعد أن عادت إلى الإسلام سنة (٤٦٧هـ/١٠٧٢م). وكتب (ابن العربي)[3] يوم زارها أواخر القرن الخامس عشر: (وردت بيت المقدس فألفيت فيها ثماني وعشرين حلقة ومدرستين، أحدهما للشافعية بباب الأسباط، والأخرى للحنفية بإزاء قمامة (كنيسة القيامة) تعرف بمدرسة (أبي عقبة) وكان فيها من رؤوس العلماء.. كثير ومن أحبار اليهود والنصارى والسحرة جمل لا تحصى..)[4].

---

(١) ابن شداد ج١-ص(٥٩-١٢٢).

(٢) عبد القادر بن محمد النعيمي: مؤرخ دمشق في عصره. من علماء الحديث. ولد بدمشق سنة (١٤٤٢م) وكانت وفاته سنة (١٥٢١م).

(٣) محمد بن علي، المعروف بابن العربي (٦٣٨هـ/١٢٤٠م): فيلسوف، من أئمة المتكلمين في كل علم. ولد في مرسية بالأندلس وانتقل إلى أشبيلية. وقام برحلة، فزار الشام وبلاد الروم والعراق والحجاز. وحبس في الديار المصرية. ثم أطلق سراحه فاستقر بدمشق، وتوفي فيها. وكتب عنه كثيرون مدحا وذما. المقري-ص(١/٤٠٤) والزركلي-ص(٢٨١-٦/٢٨٢).

(٤) ابن العربي-آراء ابن عربي الكلامية-تحقيق عمار الطالبي-الجزائر-ص(٦١).

لتقع القدس مجددا بين أنياب الصليبية الغازية سنة (٤٩٣هـ/١٠٩٩م)، التي عملت إلى محو كل أثر للإسلام فيها، وعملت حتى على القضاء على كل مسلم فيها إن لم يتنصّرـ وحولت المدينة المسلمة التي تعتبر من أقدس مساجدهم، إلى مدينة (نصرانية كاثوليكية). حتى الأقصى حولوا جانبا منه كنيسة وجانبا هيكلا للداودية، وألحقوا في غربه بناء للأسلحة، واتخذوا السراديب اصطبلات لخيلهم. وانقطعت عن العالم الإسلامي (٩٠) سنة (٤٩٣-٥٨٣هـ/١٠٩٩-١١٨٧م).

ثم حررها صلاح الدين الأيوبي، وعاد المد الإسلامي إليها بشكل كثيف. حتى أصبحت في أواخر العهد العثماني من منارات العلم والمعرفة، وقد عدَّ فيها نيفا وأربعين مدرسة.

أما مصر فقد عدَّ المقريزي ما فيها من المدارس - بعد زوال الكابوس العبيدي عـن صـدرها - أواسط القرن التاسع الهجري فوجدها (٧٥) مدرسة[١].

٥- المكتبات

إن عشق الكتب ومحبتها أمر واضح في القرآن الكريم، فقد سمي القرآن الكريم نفسه بالكتاب، كما سمي (الذميون) بأهل الكتاب. وقال تعالى: (الحمد لله الذي أنزل على عبده الكتاب ولم يجعل له عوجا)[٢]، وقال: (واتل ما أوحي إليك من كتاب ربك)[٣]، وقال: (ولدينا كتاب ينطق بالحق وهم لا يظلمون)[٤]. وحتى قبل أن يظهر الورق كانت للعلماء مكتباتهم، وقد ذكر التاريخ أنه حين توفي

---

(١) المقريزي-ص(٢/٣٦٣).

(٢) سور الكهف: (١).

(٣) سورة الكهف: (٢٧).

(٤) سورة المؤمنون: (٦٢).

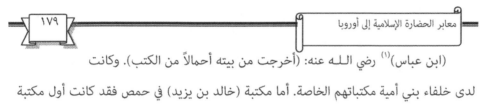

(ابن عباس)[1] رضي الـلـه عنه: (أخرجت من بيته أحمالاً من الكتب). وكانت لدى خلفاء بني أمية مكتباتهم الخاصة. أما مكتبة (خالد بن يزيد) في حمص فقد كانت أول مكتبة انطلق منها عصر الترجمة في الإسلام.

على أن المكتبات لم تظهر بشكل واسع، ولم يتسع نسخ الكتب إلا في القرن الثالث الهجري بعد انتشار الورق، وكان امتلاك مكتبة في أي منزل علامة ارستقراطية وغنى. ويمكن تصنيف المكتبات إلى أربعة أصناف:

أ-(المكتبات العامة):

ويقصد بها المفتوحة للرواد من الباحثين والدارسين، والواقع أن معظمها كان نصف مدرسة تؤي الطلاب وتمنحهم الأجور ولم يكن يرتادها إلا فئة محدودة تتمثل في العلماء والطلاب والباحثين والدارسين، فهي مؤسسات لخدمتهم، كما أنها على أي حال قليلة العدد، وتتواجد في أغلب الأحيان في المدن الكبيرة، وتقوم على الوقف. ومنها.

- مكتبة بيت الحكمة: وقد نشأت مبكرة زمن (الرشيد). وذكر (القلقشندي)[2] أنها ظلت قائمة حتى دهم التتر بغداد فاندثرت مع ما اندثر[3].

---

(١) عبد الـلـه بن عباس بن عبد المطلب: حبر الملة والصحابي الجليل. ولد بمكة سنة (٦١٩م). وتوفي بالطائف سنة (٦٨٧م).

(٢) أحمد بن علي القلقشندي (٨٢١هـ/١٤١٨م): المؤرخ الأديب البحاثة. ولد في قلقشندة - من قرى القليوبية بقرب القاهرة – ونشأ وناب في الحكم وتوفي في القاهرة. وهو من دار علم. له تصانيف كثيرة. الزركلي-ص(١/١٧٧).

(٣) القلقشندي-صبح الأعشى-القاهرة-دار الكتب المصرية ١٩٢٢-ص(١/٤٦٦).

- مكتب رام هرمز[1] ومكتبة البصرة: أنشأهما (علي بن سوار) - من رجال عضد الدولة - وقد زارهما (المقدسي) وكتب عن (رام هرمز) قوله: (.. وبها دار كتب كالتي بالبصرة والداران جميعا اتخذهما (ابن سوار) وفيهما أجراء على من قصدهما ولزم القراءة والنسخ، إلا أن خزانة البصرة أكبر وأعمر وأكثر كتبا، وفي هذه أبدا شيخ يدرّس عليه الكلام على مذهب المعتزلة..)[2].

- خزانة الحكمة لعلي بن المنجم[3]: قال (ياقوت الحموي): (وكان بكركر - قرب بغداد - ضيعة نفيسة لعلي بن يحيى المنجم، وقصر جليل فيه خزانة كتب عظيمة يسميها خزانة الحكمة يقصدها الناس من كل بلد فيقيمون فيها ويتعلمون منها صنوف العلم والكتب مبذولة في ذلك لهم والصيانة مشتملة عليهم والنفقة في ذلك من مال علي بن يحيى..)[4].

- دار العلم بالموصل: أنشأها الفقيه الشافعي (أبو القاسم جعفر بن محمد الحمداني الموصلي) في القرن الرابع الهجري، وجعل فيها خزانة كتب من جميع العلوم وقفا على كل طالب علم لا يمنع أحد من دخولها. وإذا جاءها غريب يطلب الأدب وكان معسرا أعطاه دواة وورقا. وكانت تفتح في كل يوم ويجلس فيها إذا عاد من ركوبه، ويجتمع إليه الناس ويملي عليهم من شعره وشعر غيره..).

---

(١) رام هرمز: مدينة تقع في شرق الأهواز من إيران وسميت بذلك نسبة إلى الملك هرمز حفيد اردشير بابكان.
(٢) المقدسي-أحسن التقاسيم في معرفة الأقاليم-ليدن ١٩٠٦-ص(٤١٣).
(٣) علي بن يحيى المنجم: نديم المتوكل على الله العباسي. خص به ومن بعده الخلفاء إلى ايام المعتمد على الله. يفضون إليه بأسرارهم ويأمنونه على أخبارهم. توفي بسامراء سنة (٨٨٨م).
(٤) ياقوت الحموي-معجم البلدان-ص(٤٥٢-٤٥٣/٤).

- دار العلم التي بناها (سابور أزدشير)[١] وزير البويهيين: وكانت ملتقى القراء والباحثين، وفيها عرف (أبو العلاء المعري)[٢] بعض علماء بغداد وأحبها وأقام فيها. أنشئت سنة (٣٨٣هـ/٩٩٤م). ويذكرون أن بها كتبا كثيرة اشتراها أو جمعها، وكان بها مئة نسخة من القرآن الكريم، وعشرة آلاف وأربعمائة مجلد اخرى. وكانت الدار مفتوحة لكل من يقصدها. وقد ذكروا أنها أحرقت سنة (٤٥١هـ/١٠٥٩م) حين دخل (طغرل بك السلجوقي)[٣] مع الخليفة[٤] إلى بغداد وأحرق الناس محلة الكرخ حيث تقوم الدار.

- دار العلم في نيسابور: أقامها القاضي (ابن حبان)[٥] وجعلها دارا للعلم وخزانة للكتب ومساكن للغرباء الذين يطلبون العلم، وأجرى لهم الأرزاق ولم تكن الكتب تعار خارج الخزانة.

---

(١) سابور بن أردشير (بهاء الدولة): وزير بهاء الدولة ابن نصر بن عضد الدولة بن بويه. كان من أكابر الوزراء، وأوائل الرؤساء، جمعت فيه الكفاية والدراية، وكان بابه محط الشعراء. توفي ببغداد سنة ٤١٦هـ/١٠٥٢م). وكان قد ولد بشيراز سنة (٣٣٦هـ/١٠٢٢م).

(٢) أحمد بن عبد الله بن سليمان، المعروف بالمعري: شاعر فيلسوف. ولد في معرة النعمان سنة (٩٧٣م) ومات فيها سنة (١٠٥٧م). عمي في السنة الرابعة من عمره، وقال الشعر وهو ابن إحدى عشرة سنة. رحل إلى بغداد سنة (٣٩٨هـ/١٠٠٧م). فاقام بها سنة وسبعة اشهر.

(٣) ركن الدين محمد بن مخائيل السلجوقي: من سلاطين السلاجقة. أخضع ملوك جرجان وطبرستان، وغزا خوارزم وما إليها وفارس، ودخل آسيا الصغرى. واحتل بغداد وخطب له فيها. مات سنة (١٠٦٣م).

(٤) هو القائم بأمر الله عبد الله بن أحمد العباسي: خليفة من العباسيين في العراق. ولي الخلافة سنة (٤٢٢هـ/١٠٣١م). كان ورعا عادلا، له عناية بالأدب والإنشاء. توفي في بغداد سنة (١٠٧٥م).

(٥) محمد بن حبان (٣٥٤هـ/٩٦٥م): مؤرخ، علامة، جغرافي، محدث. ولد (بست) - من بلاد سجستان - وتنقل في الأقطار، فرحل إلى خراسان والشام ومصر والعراق والجزيرة. وتولى قضاء سمرقند مدة، ثم عاد إلى نيسابور، ومنها إلى بلده، حيث توفي في عشر الثمانين من عمره. وهو أحد المكثرين من التصنيف، وأخرج من علوم الحديث ما عجز عنه غيره. ياقوت الحموي-ص(١/٤١٥) والزركلي-ص(٦/٧٨).

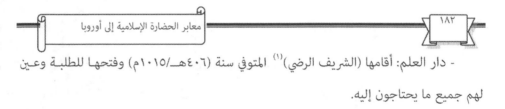

- دار العلم: أقامها (الشريف الرضي)[١] المتوفي سنة (٤٠٦هـ/١٠١٥م) وفتحها للطلبة وعين لهم جميع ما يحتاجون إليه.

- خزانة المسجد الزيدي: أنشأها (ابو الحسن علي بن أحمد الزيدي) المتوفى ببغداد سنة (٥٧٥هـ/١٠٧٩م) وكان وزير (المستضيء)[٢].

- الخزانة الحيدرية في الكوفة[٣]: ويقال إنها ما تزال باقية حتى يومنا هذا. وقد أنشئت في مصر أيام العبيديين مثل هذه الدور[٤].

- دار العلم في طرابلس الشام: أقيمت في النصف الثاني من القرن الخامس الهجري سنة (٤٧٣هـ/١٠٨٠م)، أقامها (جلال الملك الحسن بن عمار) قاضي طرابلس وحاكمها. قيل إن ما فيها من كتب وصل إلى ثلاثة ملايين كتاب منها خمسون ألف نسخة من القرآن الكريم. ولكن عمر هذه الدار لم يزد على ثلاثين سنة لأن الصليبيين احتلوا المدينة سنة (٥٠٣هـ/١١٠٩م) فأحرقوا الدار. ولم تكن مذبحة الكتب فيها بأقل من مذبحة الأهلين في المدينة.

---

(١) محمد بن الحسين، المعروف بالشريف الرضي (٤٠٦هـ/١٠١٥م): أشعر الطالبيين على كثرة المجيدين فيهم. مولده ووفاته في بغداد. انتهت إليه نقابة الأشراف في حياة والده. وخلع عليه السواد، وجدد له التقليد سنة (٤٠٣هـ/١٠١٢م) له (ديوان شعر) في مجلدين. وشعره من الطبقة الأولى رصفا وبيانا وإبداعا. ابن خلكان-ص(٤١٤-٤/٤٢٠).وابن الجوزي-ص(٢٧٩-٧/٢٨٣).

(٢) الحسن بن يوسف المستضيء بالله العباسي: خليفة من العباسيين في العراق كان جوادا حليما، محبا للعفو. كريم اليد، بويع له سنة (٥٦٦هـ/١١٧١م). صفت له الخلافة حتى مات سنة (١١٨٠م).

(٣) الكوفة: مدينة أسست في عهد الخليفة عمر بن الخطاب رضي الله عنه نحو سنة (٦٣٨م) في الجانب الغربي لنهر الفرات في العراق.

(٤) حول المكتبات في مصر العبيدية راجع كتاب: المقريزي-المصدر السابق-ص(١/٤٥٨).

- مكتبة مرو الشاهجان: يقول (ياقوت الحموي): (إنه كان فيها على عهده - يوم تركها سنة (٦١٦هـ/١٢١٩م) إثنتا عشرة خزانة بإحداها نحو من اثني عشر ألف مجلد[١].

ب-المكتبات الخاصة:

لقد ولع المسلمون باقتناء الكتب، وقد كان منهم من يحرم نفسه الطعام ليشتري كتابا. وكان الفقراء مولعون بالكتب، وكانوا يشكلون جمهور الثقافة.

وكان الخلفاء في مقدمة الناس في رصد مكان من قصورهم كمكتبات تضم النفيس منها. وكان الخلفاء والملوك المسلمون يتفاخرون بالكتب فخرهم بوجود العلماء في بلاطاتهم ومن حولهم. ومن الأمثلة: مكتبة الخلفاء الأمويين في قصر الخضراء بدمشق. ومكتبة (الحكم بن عبد الرحمن) صاحب الأندلس. وخزانة الكتب في القصر العبيدي في القاهرة. وخزانة الكتب في دار (عضد الدولة البويهي) بشيراز. وخزانة كتب (نوح بن منصور الساماني)[٢] في بخارى.

ولم تكن المكتبات الخاصة حكرا على الخلفاء. فقد صارت هواية جمع الكتب (والناس على دين ملوكهم) منذ القرن الرابع الهجري جزءا من علامات المثقف ومن زينة البيوت وأساسها. ومن أشهر المكتبات الخاصة:

- مكتبة (الصاحب بن عباد)[٣] : التي كان يحملها على (٤٠٠) جمل.

---

(١) ياقوت الحموي-ص(٥/١١٤)

(٢) نوح بن منصور الساماني: أمير ما وراء النهر. ولد في بخارى سنة (٩٦٤م) ومات سنة (٩٩٧م). وكانت عاصمة إمارته. تولى الإمارة سنة (٣٦٦هـ/٩٧٦م). كان عزيز الجانب، مطاعا. وطال عهده.

(٣) إسماعيل بن عباد بن العباس: وزير غلب عليه الأدب، فكان من نوادر الدهر علما وفضلا وتدبيرا وجودة رأي. استوزره مؤيد الدولة ابن بويه ثم أخوه فخر الدولة. ولد في الطالقان سنة (٩٣٨م)، وتوفي بالري سنة (٩٩٥م).

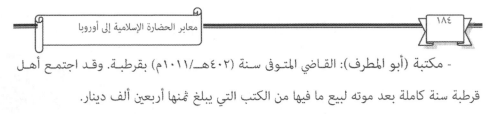

- مكتبة (أبو المطرف): القاضي المتوفى سنة (٤٠٢هـ/١٠١١م) بقرطبة. وقد اجتمع أهل قرطبة سنة كاملة بعد موته لبيع ما فيها من الكتب التي يبلغ ثمنها أربعين ألف دينار.

- مكتبة (الفتح بن خاقان): قال فيها (ابن النديم): (لم ير أعظم منها كثرة وحسنا)[١].

- مكتبة (حنين بن إسحاق): المترجم.

- مكتبة (ابن الخشاب)[٢]: وقف كتبه على أهل العلم في نهاية حياته.

- مكتبة (أسامة بن منقذ): غرقت وهي عائدة من مصر إلى الشام وحزن عليها حزنا شديدا.

- مكتبة (المبشر بن فاتك)[٣]: أغرقت زوجته كتبها في الماء بعد موته غيرة منها وحزنا على زوجها الذي أضاع حياته في الكتب.

- مكتبة (القفطي): في حلب، استغنى عن الزوجة والولد، وكانت تساوي خمسين ألف دينار.

---

(١) ابن النديم-ص(١٦٩ و٢٠٥).

(٢) عبد الله بن أحمد، المعروف بابن الخشاب (٥٦٧هـ/١١٧٢م): أعلم معاصريه بالعربية، من أهل بغداد مولدا ووفاة. كان عارفا بعلوم الدين، مطلعا على شيء من الفلسفة والحساب والهندسة. مستهترا بحياته، مبتذلا في عيشه وملبسه، كثير المزاح، يلعب بالشطرنج مع العوام على قارعة الطريق، ويتعمم بالعمامة حتى تسود وتتقطع. وقف كتبه على أهل العلم قبيل وفاته. له تصانيف كثيرة. ابن خلكان-ص(٣/١٣٧) و(الزركلي-ص(٤/٦٧).

(٣) المبشر بن فاتك (٥٠٠هـ/١١٠٦م): حكيم، أديب، أصله من دمشق، موطنه مصر. له تآليف في علوم الأوائل، وملك من الكتب ما لا يحصى عدده. ابن أبي اصيبعة-ص(١/٢١) والزركلي-ص(٥/٢٧٣).

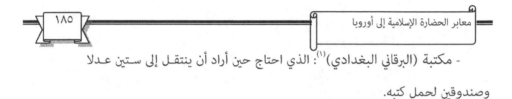

- مكتبة (البرقاني البغدادي)[١]: الذي احتاج حين أراد أن ينتقل إلى ستين عدلا وصندوقين لحمل كتبه.

وصادر (ملك قشتالة)[٢] من البحر سفينة تحمل الكتب إلى (سلطان المغرب) فهي اليوم ثروة مكتبة (الاسكوريال) من المخطوطات. ويصادف المرء هذا النوع من الأخبار في جميع المصادر والتي تتحدث مرة عن عالم في (أصفهان) من الموسرين، توفي سنة (٢٨٢هـ/٨٩٥م) أنفق في كتبه ثلاثمائة ألف درهم. وعن رجل آخر هو (محمد بن نصر الحاجب) المتوفى سنة (٣١٢هـ/٩٢٤م) وخلف كتبا بألفي دينار، وعن مصادرة (حبشي بن معز الدولة) عند عصيانه لأخيه فكان من جملة ما أخذ منه خمسة عشر ألف مجلد سوى الأجزاء وما ليس بمجلد. وعن مكتبة (ابن العميد)[٣] الذي سرق بيته بما فيه، فلما أبلغ أن خزانة كتبه سليمة سري عنه وأسفر عن وجهه.

وهذا كله إن دل على شيء فإنما يدل على مدى قيمة الكتاب والثقافة في المجتمع المديني الإسلامي، ومدى حرص الولاة والرعية على منابعها الأولية.

---

(١) أحمد بن محمد بن أحمد البرقاني البغدادي: عالم بالحديث، من أهل خوارزم. استوطن بغداد، مات فيها سنة (١٠٣٤م).

(٢) فرديناند الثالث (١٢١٧-١٢٥٢م): ملك قشتالة وليون، الذي شن حروبا صليبية على المسلمين. ورفعته الكنيسة إلى مرتبة قديس في الكنيسة الكاثوليكية سنة (١٦٧١م) مكافأة على جرائمه ضد المسلمين.

(٣) محمد بن الحسين العميد بن محمد: وزير، من أئمة الكتاب. كان متوسعا في علو الفلسفة والنجوم. ولي الوزارة لركن الدولة البويهي. وكان حسن السياسة خبيرا بتدبير الملك. مات بهمذان سنة (٩٧٠م).

ج- مكتبات المدارس

لقد كانت المكتبات في المدارس ركنا أساسيا لابد من وجودها، فقد كانت جميع المدارس في العالم الإسلامي تحتوي مكتبات يرجع إليها المدرس والدارس. فالمدرسة النظامية ببغداد اشتهرت مكتبتها شهرتها بمدرسيها، وكانت تجمع نوادر الكتب. وقد ذكر (ابن الجوزي)[١] أنها ستة آلاف. وذكر (ابن الأثير)[٢] أن الخليفة العباسي (الناصر)[٣] أمر بعمارة خزانتها ونقل إليها ألوفا من الكتب الحسنة المثمنة[٤].

وكان للمدرسة المستنصرية ببغداد مكتبة غنية منظمة. نقل إليها يوم افتتاحها ما حمله مئة وستون جملا، وذكر (ابن عنبة)[٥] أن عدد هذه الكتب بلغ ثمانين ألف مجلد.

ولما انشأ (القاضي الفاضل) مدرسته في القاهرة وقف عليها مئة ألف مجلد[٦].

---

(١) عبد الرحمن بن علي ابن الجوزي (٥٩٧هـ/١٢٠١م): علامة عصره في التاريخ والحديث، كثير التصانيف. مولده ووفاته ببغداد. له ثلاثمائة مصنف. ابن خلكان-ص(١٤٠-٣/١٤٢) وابن كثير-ص(١٣/٢٨).

(٢) علي بن محمد ابن الأثير (٦٣٠هـ/١٢٣٣م): المؤرخ الإمام، من علماء النسب والأدب. ولد ونشأ في جزيرة (ابن عمر)، وسكن الموصل، وتجول في البلدان وعاد إلى الموصل، وتوفي بها. له العديد من المصنفات. ابن خلكان-ص(٣٤٨-١/٣٥٠) والزركلي-ص(٣٣١-٥/٣٣٢).

(٣) الناصر العباسي أحمد بن المستضيء: خليفة عباسي، بويع بالخلافة سنة (٥٧٥هـ/١١٧٩م)، وطالت أيامه حتى أنه لم يل من آل العباس أطول مدّة منه. يوصف بالدهاء. وكان له اشتغال بالحديث. توفي سنة (١٢٢٥م).

(٤) ابن كثير-ص(١٣/٦).

(٥) أحمد بن علي ابن عنبة (٨٢٨هـ/١٤٢٤م): مؤرخ، نسابة، عراقي الأصل، توفي ببلدة (كرمان) له العديد من المؤلفات. الزركلي-ص(١/١٧٧).

(٦) شاكر مصطفى-ص(٦٢٦-٢/٦٢٧).

لقد كانت معظم المكتبات منظمة ولا سيما الكبيرة منها. فقد كان لها خزائن تصف بها الكتب بعضها فوق بعض ولها فهارسها، ولكل علم أو فن خزانة ومكانة من الفهرس. أما مكتبة (الحكم) في الأندلس فكانت لها فهارس في غاية التنظيم.

وكان لكل مكتبة كبيرة مشرف أو قيم من أهل الدين والورع، هو الخازن، وهناك ناسخ أو أكثر ومجلد أو أكثر. فكان (سهل بن هارون)[١] خازن بيت الحكمة. و(الشابشتي)[٢] خازن كتب العبيديين. و(ابن مسكويه) خازن مكتبة (ابن العميد).

هذه العناية بالكتب تعكس الموقع الحضاري والثقافي الذي تمتع به المجتمع الإسلامي في دول الإسلام على مر عصورها وأزمانها.

* تأثر جامعات الغرب بالجامعات الإسلامية

لقد عرفنا مدى تأثير الدراسات الإسلامية على النشاط العلمي بالجامعات الأوروبية في العصور الوسطى وحتى نستكمل الموضوع لابد من التطرق إلى تأثر الجامعات الغربية بالجامعات الإسلامية من حيث نشأتها ونظمها، ونستعرض مدى هذا التأثر.

من الأمور الثابتة أن البلاد الإسلامية عرفت الجامعات والحياة الجامعية والنظم المرتبطة بها قبل الغرب الأوروبي بسنين طويلة. ولعلَّ أوضح مثال على

---

(١) سهل بن هارون بن راهبون: كاتب بليغ، حكيم، فارسي الأصل. اتصل بخدمة هارون الرشيد. وخدم المأمون فولاه رئاسة (خزانة الحكمة) ببغداد. كان شعوبيا يتعصب للعجم. توفي سنة (٨٣٠م).

(٢) علي بن محمد الشابشتي: أحد الندماء الأدباء. اتصل بالعزيز العبيدي صاحب مصر، فولاه خزانة كتبه واتخذه نديما وسميرا. توفي سنة (٩٩٨م).

ذلك، الجامعات الإسلامية الشهيرة التي عرفتها المدن الإسلامية العربية (كالجامعة الأزهرية)^(١) التي أسست بمصر في القرن العاشر الميلادي.

يقول (ديورانت): (وفي عام ٩٨٨م أشار الوزير يعقوب بن كلس على الخليفة العزيز أن يعلم على حسابه خمسة وثلاثين طالبا في الجامع الأزهر، وأن يتكفل بنفقات معيشتهم، وبهذا انشأت أقدم جامعة في العالم. ولما نمت هذه المدرسة واتسعت اجتذبت إليها طلابا من جميع أنحاء العالم الإسلامي، كما اجتذبت جامعة باريس بعد مئة عام من ذلك الوقت طلابا من جميع أنحاء أوروبا)^(٢).

أيضا (المدرسة النظامية)^(٣) التي أسسها (نظام الملك) وزير السلطان السلجوقي (ألب أرسلان)^(٤) في القرن الحادي عشر الميلادي في بغداد. وغيرها من

(١) الجامعة الأزهرية: تعتبر أكبر وأقدم جامعة إسلامية. وكان الوزير ابن كلس في طليعة الذين جلسوا للتدريس وهو الذي عين ٣٧ فقيها للقراءة والتدريس، ورتب لهم جرايات شهرية ومساكن. وقصدها الطلاب من مشارق الأرض ومغاربها، ويعيش أهل كل بلد في رواق خاص بهم. وشملت الدراسة فيها على الفلسفة والطب والرياضيات والتاريخ. وتعتبر الآن من أكبر جامعات مصر. تحتوي مكتبتها على: (٨٠،٠٠٠)مجلد، من بينها (٢٠،٠٠٠) مخطوط.
(٢) ديورانت- المصدر السابق-ص(٢٧٢-٢٧٣).
(٣) المدارس النظامية: أشهرها نظامية بغداد التي شيدها نظام الملك، وافتتحها الخليفة القائم بأمر الله العباسي سنة ١٠٤٨م في حفل عظيم. وقام نظام الملك بالتعليم بالمدرسة. وأشهر أساتذتها (الغزالي) و(أبو إسحاق الشيرازي). وأساتذتها جميعا من أهل السنة والجماعة. وقد قصد نظام الملك بإقامتها مقاومة الدعاية للمذهب الفاطمي الذي تبنته الدولة العبيدية في مصر، والذي كان يدعو له (الأزهر) في حينها. واتبع في النظامية الوضع المألوف اليوم في الجامعات المعاصرة، من حيث تعيين المعيدين وزي الأساتذة وإجلالهم وتوفير الحياة الكريمة للطلاب، بإعدادهم بالمأكل والملبس. وبالإقامة في أروقة ملحقة بالمدرسة. وفي النظامية قام بالتدريس (سعدي الفيراري).
(٤) ألب أرسلان: سلطان فارس السلجوقي (١٠٦٣-١٠٧٢م): اعتنق الإسلام وحارب النصارى، وبسط حدود مملكته شرقا وغربا. غزا أرمينيا وبلاد الكرج وأخضع حلب سنة (١٠٧٠م). نمى إليه خبر إمبراطور بيزنطة رومانوس الرابع بأنه حشد جيشا عرمرما يريد غزو بلاد المسلمين، فبادر ألب أرسلان لملاقاته، فهزمه في معركة مانزكرت سنة (١٠٧١م) وأسره. ثم اتجه سنة (١٠٧٢م) إلى بلاد ما وراء النهر، فاغتاله قائد حصن كان قد وقع في أسره سنة (١٠٧٢م).

الجامعات العديدة التي انتشرت في طول البلاد الإسلامية وعرضها، لمؤشر إلى أن المسلمين سبقوا الغرب الأوروبي بأكثر من مئة عام في تاسيس الجامعات العلمية.

لقد نقلت لنا كتب التاريخ الإسلامي صورة رائعة لما كانت عليه الجامعات الإسلامية من تنظيم لا يقل رقيا عما عليه أكبر جامعات الغرب فيما بعد. فقد ذكر المؤرخون عن (المدرسة المستنصرية)[١] التي أسست في بغداد سنة (١٢٣١م)، والتي امتازت بفخامة مبانيها واتساع أروقتها وغنى مكتبتها بالمؤلفات التي تناولت مختلف ضروب المعرفة. وقد رتبت الكتب في تلك المكتبة بحيث يسهل الرجوع إليها لقراءتها أو نسخها؛ ولم تضن إدارة المكتبة على الطلبة بما احتاجوا إليه من أوراق وأقلام وسرج للإضاءة، كما زودت المكتبة بصهاريج خاصة لتبريد مياه الشرب، وساعة مائية عند مدخل البهو الكبير. كذلك شهدت هذه المدرسة نوعا من الحياة الجامعية لم تعرفها الجامعات الأوروبية إلا في العصور الحديثة؛ فكان للأساتذة والطلبة مرتبات شهرية ثابتة، وللمدرسة مطبخ يمدهم بجرايات يومية من الخبز واللحم وغيرها من ألوان الطعام. وحمام ملحق بالمدرسة للطلاب ومارستان له طبيب خاص يحضر كل صباح ليطمئن على الطلبة ويصف للمرضى ما يلزمهم من دواء يعدُّ خصيصا لذلك المشفى[٢].

بعد هذا الاستعراض التاريخي المقتضب لما كانت عليه الجامعات الإسلامية من نظام ورقي وتقدم، يتوضح لنا كيف أن هذه الجامعات عرفت منذ أمد طويل قسطا رفيعا من نظم المدن الجامعية التي لم تعرفها جامعات أوروبا إلا بعد سنين طويلة.

---

(١) نسبة إلى الخليفة المستنصر بالله العباسي، الذي بناها ببغداد على شط دجلة من الجانب الشرقي أيام خلافته.
(٢) ابن الجوزي-ص(٨/٢٤٧) وابن كثير-ص(٩٥-١٢/٩٦).

وبمقارنة النظم التي اتبعت في الجامعات الإسلامية في العصور الوسطى، بنظم الجامعات الأوروبية التي نشأت بعدها، نجد أوجه شبه واضحة لا يمكن أن تكون كلها وليدة المصادفة. فالمواد التي كانت تدرس في الجامعات الإسلامية منذ القرنين العاشر والحادي عشر الميلاديين، تشبه تلك التي أصبحت موضع اهتمام الطلبة الغربيين منذ أواخر القرن الثاني عشر الميلادي، وطبيعة الدراسة المنظمة، والعلاقة بين الأستاذ وتلميذه، والهبات المالية، وشتى نواحي النشاط في الحياة الجامعية كانت بدون شك متشابهة إلى حد بعيد سواء في بغداد أم في (اكسفورد)[١].

لقد عرفت الجامعات الإسلامية نظام المعيدين قبل أن تعرفه الجامعات الأوروبية ومدارسها. فقد عين في الجامعات الإسلامية معيدا لكل مدرس ليعيد على الطلبة ما ألقاه عليهم المدرس من مواضيع حتى يفهموه ويحسنوه، كما يشرح لهم ما يحتاج إلى الشرح[٢].

وإذا كانت مراجع التاريخ الإسلامية قد أجمعت على أن وظيفة التدريس في إحدى الجامعات أو المدارس الإسلامية ظلت جليلة القدر، يخلع السلطان على صاحبها، كما يكتب له توقيعا من ديوان الإنشاء يختلف باختلاف المادة التي يدرسها[٣] فإن الكتّاب الأوروبيين أجمعوا على أن أهم ما امتازت به الجامعات

(١) اكسفورد: مقاطعة إنكليزية داخلية تقع في وسط إنكلترا، وعاصمتها اكسفورد مقر الجامعة ومركز صناعة السيارات. وبها العديد من المحصولات الزراعية.

(٢) المقريزي-السلوك لمعرفة دول الملوك-القاهرة-لجنة التأليف والترجمة والنشر ١٩٦٣-ص(١/٧٠٠).

(٣) السخاوي-التبر المسبوك في ذيل السلوك للمقريزي-مطبعة بولاق -مصر-ص(٢٠٣) والقلقشندي-ص(١١/٢٤٦).

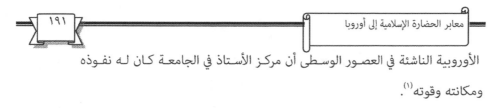

الأوروبية الناشئة في العصور الوسطى أن مركز الأستاذ في الجامعة كان له نفوذه ومكانته وقوته[١].

وإذا كانت شهرة الأستاذ في الجامعات الأوروبية الناشئة هي العامل الأساسي في اجتذاب الطلاب من الأقطار البعيدة إلى الجامعة، حتى أصبح من الأمور المألوفة في الحياة العلمية في أوروبا أن يرحل الطالب من جامعة إلى أخرى ومن بلد إلى آخر ليأخذ العلم على مشاهير أساتذة عصره.

وهذا يطابق ما كان يحدث في العالم الإسلامي من تنقل الطلبة من بلد إلى آخر سعيا وراء أستاذ مشهور أو محدّث ذائع الصيت، والأمثلة على ذلك كثيرة، وكثيرة جدا، فهذا الإمام (السيوطي) يقول عن نفسه: (أخذت العلم عن ستمائة شخص)[٢]. في حين أخذ (السخاوي)[٣] العلم عن أكثر من أربعمائة نفس.

ومن المعروف عن نظم التعليم الإسلامية أن الطالب كان إذا أتم دراسته وتأهل للفتيا والتدريس، أجاز له أستاذه ذلك وكتب له إجازة يذكر فيها اسم الطالب وشيخه ومذهبه وتاريخ الإجازة[٤].

وهذا يشبه إلى حد كبير ما اتبعته الجامعات الأوروبية التي نشأت في أواخر القرن الثاني عشر الميلادي من وضع نظام يكفل للطالب الحصول على شهادة أو ترخيص بالتدريس (Licenta Docendi) بعد أن يجتاز امتحانا[٥].

---

(١) عاشور-ص(٣٠٨).

(٢) نفس المصدر.

(٣) علي بن محمد الهمذاني: عالم بالقراءات والأصول واللغة والتفسير. أصله من سخا بمصر، سكن دمشق، وتوفي فيها سنة (١٢٤٥م).

(٤) القلقشندي-ص(١٤/٣٢٧).

(٥) عاشور-ص(٣٠٩).

وثمة نوع آخر من الإجازات العلمية عرفه المسلمون هو الإجازة (بعراضة الكتب) فيحفظ الطالب كتابا في أي فرع من فروع المعرفة، ثم يعرضه على أحد مشايخ عصره، فيفتح الشيخ الكتاب ويستقرئ الطالب في عدة أماكن مختلفة، فإذا مضى فيها من غير توقف أو تلعثم كتب له شهادة بذلك (عرض على فلان...)[١].

وقد عرف الغرب هذا النوع من الإجازات، فكان الطالب يمتحن في كتاب يختاره ليمنح إجازة (البكالوريا) ويصبح معيدا (Bachelor).

ولفظ بكالوريا لم تهتد القواميس الأوروبية الحديثة إلى تفسير مرض لأصله، لذلك يظن (جيوم) أن كلمة (بكالوريا) ليست إلا تحريفا لعبارة (حق الرواية)[٢].

ومن الأمثلة السابقة يتبين لنا التأثير الواضح للمسلمين في استحداث كثير من التنظيمات والتقاليد التي عرفتها الجامعات الأوروبية متأثرة بمثيلاتها الجامعات الإسلامية، والتي لا يزال معمولاً بها إلى اليوم. وإن التشابه الشديد بين نظم الجامعات الأوروبية ومثيلاتها الجامعات الإسلامية التي سبقتها زمنيا ليؤيد الظن بأن الجامعات الأوروبية أخذت عن الجامعات الإسلامية الكثير من النظم والأساليب والتقاليد.

ويعترف (جيوم) بأن الصلات بين الجامعات الإسلامية والأوروبية في العصور الوسطى أوثق مما يظن، ولكنه يضيف مناقضا هذه الاعترافات: .. أن القول بأن الجامعات الأوروبية تأسست على نمط الجامعات الإسلامية تنقصه الأدلة والبراهين القاطعة[٣].

---

(١) القلقشندي-نفس المصدر.

(٢) جيوم-تراث الإسلام-ص(٢٣٨).

(٣) نفس المصدر.

وإننا لنجزم بأن الجامعات الأوروبية تأثرت - بصورة أو أخرى - بنظم الجامعات الإسلامية، لا سيما أنه لا يوجد ثمة مبرر يحول دون وقوع هذا التأثير، فإذا كان الطلبة الغربيون تدفقوا على الأندلس في القرنين الثاني عشر والثالث عشر الميلاديين لنقل علوم المسلمين. وإذا كانت طبيعة المحاكاة دفعت الإنجليز الذين شاهدوا استخدام المسلمين للبارود في أسبانيا إلى نقل الاختراع إلى بلادهم، فما المانع الذي حال دون الأخذ بنظم الجامعات الإسلامية، وقد شاهد منها الأوروبيون في الأندلس نماذج زاهرة، هذا فضلا عن الأوروبيين الذين قصدوا بلاد المشرق الإسلامي طلبا للعلم، مثل (اديلارد الباثي) ومن بعده (ليوناردو فيبوناتشي) و(بعثة الملك جورج الخامس التعليمية) إلى الأندلس.

أضف إلى ذلك مصادقة مجمع (فيينا الكنسي) في عام (١٣١٢م) على أفكار (بيكون) بشأن تعلم اللغات الإسلامية، وتمت الموافقة عل تعليم اللغة العربية في خمس جامعات أوروبية هي (باريس، واكسفورد، وبولونيا، وسلمنكا)[١] . بالإضافة إلى جامعة (المدينة البابوية)[٢] .

لقد كان الفضل في بناء هذه الجامعات العظيمة وانتشار العلم والمعرفة بين المسلمين إلى الخلفاء الفقهاء الذين عرفوا قيمة العلم ومزاياه في تقدم ورقي بلادهم.

---

(١) جامعة سلمنكا: قامت بأسبانيا سنة (١٢١٨م) من قبل الفنسو التاسع ملك ليون، وهي من أقدم وأشهر المعاهد العلمية في أوروبا. أُعيد تنظيمها سنة ١٢٥٤م من قبل الفنسو العاشر ملك قشتالة. لها مكتبة غنية بالمخطوطات معظمها نهبت من الأندلس بعد اجتياح الفرنجة لها. فيها عدد من الكليات العلمية والإنسانية. وأعيد تنظيمها ثانية من قبل البابا سنة ١٤١٦م. أغلقت في أواخر القرن الثامن عشر، وأعاد البابا بيوس الثاني عشر فتحها سنة ١٩٤٠م.

(٢) زقزوق-ص(٢٨).

ولعلَّ الخليفة العباسي الشهير (المأمون) في المشرق الذي كان يزن ما ينسخه المترجمون من كتب بالذهب أجرا لهم. و(الحكم بن عبد الرحمن الثالث) أمير الأندلس، الذي بلغت فهارس مكتبته (٤٤) فهرسة، وفي كل فهرسة عشرون ورقة ليس فيها إلا ذكر أسماء الدواوين لا غير. وأقام للعلم والعلماء سوقا نافعة جلبت إليه بضائعه من كل قطر.. وكان يبعث في شراء الكتب إلى الأقطار رجالا من التجار ويرسل إليهم الأموال لشرائها حتى جلب منها إلى الأندلس ما لم يعهدوه. وبعث في طلب كتاب (الأغاني) إلى مصنفه (أبي الفرج الأصفهاني)، وأرسل إليه فيه ألف دينار من الذهب العين، فبعث إليه نسخة منه قبل أن يخرجه إلى العراق[١].

ويعترف (ديورات) قائلا: (وكان المسيحيون من رجال الدين وغير رجال الدين يفدون بكامل حريتهم وهم آمنون من جميع أنحاء أوروبا المسيحية إلى قرطبة أو طليطلة أم أشبيلية طلابا للعلم[٢].

(١) ديورانت-الجزء الثاني من المجلد الرابع-ص(٢٨٥).
(٢) نفس المصدر-ص(٢٩٧).

الفصل السابع

الصناعة

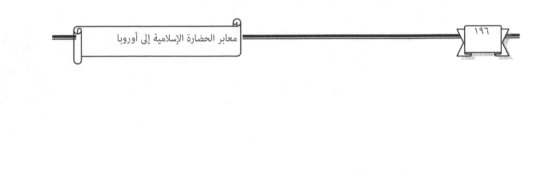

الفصل السابع

الصناعة

لقد كان العرب في الجاهلية أهل بداوة لا يعرفون أي لون من ألوان الصناعة، ولكنهم عندما أفاء الله عليهم بنصره - بعد أن تربوا على عقيدة الإسلام، وحملوا راية التوحيد - واتسعت دولتهم، وشملت بلادا كثيرة، وكان لبعض هذه البلدان مدنيتها وحضارتها الخاصة، مما دعا العرب للاستفادة من هذا التراث الحضاري لشعوب تلك البلاد التي دخلت في دين الإسلام أو لم تدخل، حيث أخذ العرب يقبلون على تلك المدنية وهذا التراث الحضاري بشغف واندفاع، يتعلمون مختلف الصناعات والحرف والفنون التي سبقتهم إليها تلك الأمم، فأجادوها وهذبوها، وأبدعوا فيها. ثم نقلوها بدورهم الإنساني المتميز إلى أوروبا لتستفيد منها.

ومع قابل الأيام استطاع العرب هضم هذا التراث، ليجعلوا منه فنا جديدا خصيصا بهم، يلائم روح معتقدهم، ويتطابق مع شرعة دينهم الإسلامي الحنيف، فلا يتعارض مع ما أحل الله وما حرم.

يقول (لوبون): (... وفي هذه الناحية فاق العرب كل من سبقهم من الأمم، وظهرت قوتهم الإبداعية في مختلف الفنون)[1].

وهكذا استطاع المسلمون - خلال فترة وجيزة - أن يبزّوا أهل تلك الصناعة، وأن يغزوا أوروبا بإنتاجهم الصناعي المبتكر. وفنون كانت وما زالت موضع إكبار الأوروبيين ومثار إعجابهم.

---

(١) لوبون-ص(٥٢٨-٥٣٠).

ولقد تجلت مهارة المسلمين الصناعية واضحة في كثير من الصناعات التي كانت أوروبا لا تعرف إلا الرديء والبدائي منها، مثل صناعة النسيج والجلود والورق والخزف والزجاج.

ففي النسيج نبغ المسلمون في صنع أنواع مختلفة منه، مما حمل أوروبا في العصور الوسطى على الإقبال على المنسوجات العربية إقبالا يتجلى في أسماء الأقمشة العربية التي ما يزال بعضها مستعملا في أوروبا حتى يومنا هذا؛ فقماش (الفستيان) منسوب إلى (الفسطاط)[١] ، وقماش (الدمسقي **Damasks**) منسوب إلى دمشق، وقماش (الموسلين **Muslin**) منسوب إلى الموصل، وقماش (جرينادين **Jrenadines**) منسوب إلى غرناطة، وقماش (التابي **Tabis**) منسوب إلى حي (العتابية ببغداد)، الذي اشتهر بصناعة هذا النوع من القماش، ومنه انتقل إلى أسبانيا وفرنسا وإيطاليا[٢].

لقد حرف الإيطاليون اسم (بغداد إلى **Baldacco**) ثم أطلقوا هذا الاسم الأخير على الحراير الفاخرة المستوردة عن طريق العرب. كما أطلقوه على المظلة الحريرية التي كانت تعلق على (المذبح) في كثير من لكنائس. وصارت تسمى (**Badacchino**). كذلك بلغ من الإقبال على الحراير العربية أن وجد في كنيسة (كانتربوري)[٣] عدة حقائب حريرية صغيرة من صنع العرب، استعملت في حفظ الأختام الرسمية، ويرجع تاريخها إلى أواخر القرن الثالث عشر الميلادي. هذا مع

---

(١) الفسطاط: مدينة بناها عمرو بن العاص عند فتحه لمصر وبنى فيها جامعه الذي ما زال قائما إلى اليوم، وغدت حاضرة مصر الإسلامية حتى أواسط القرن الثالث الهجري. طغت عليها القاهرة فأصبحت تعتبر بعض احيائها القديمة.

(٢) عاشور-ص(٣١٢).

(٣) كانتربوري: مدينة بمقاطعة كنت الإنكليزية، وهي مركز ديني لإنكلترا، أسس فيها القديس أوغسطين ديرا سنة ٥٩٧م. بها كاتدرائية تظهر فيها فنون مختلف العصور.

ملاحظة أن تحريم لبس الحرير على الرجال في الإسلام، أدى إلى ظهور أنواع عديدة من الأقمشـة الحريرية المخلوطة[١].

وعندما وجد الأوروبيون في أواخر العصور الوسطى ومستهل الحديثة أن المنسوجات العربيـة صادفت رواجا كبيرا في بلادهم، واشتد الطلب عليها في الأسواق أدركوا الأهميـة الاقتصادية لصناعة النسيج، وبدأوا ينافسون العرب في صناعتهم وتجارتهم.

أما عن الجلود فقد اشتهرت قرطبة بصناعتها ودبغها حتى أطلق الأوروبيون علـى النـوع الممتاز من الجلود اسم (القرطبـي Cordovan). وفيمـا عـدا المصـنوعات العاديـة المعروفـة اسـتغل المسلمون الجلود في تغليف الكتب، ونبغوا في ذلك نبوغـا أدهـش الأوروبيـين المعاصرين، فـأحرزت (هراة)[٢] - بصفة خاصة - شهرة ذائعة الصيت في فـن تجليد الكتـب. وقد عجـز الأوروبيـون عـن تقليد هذه الصناعة في أول الأمر، ثم اكتفوا في عصر النهضة الإيطالية بعمل نوع من التجليد قريب من الإنتاج الإسلامي وإن لم يبلغ مستواه.

وبرع المسلمون في الصناعات المعدنية، فاستغلوا مناجم النحـاس والزئبـق والحديد والفضـة والذهب؛ وأتقنوا فن تسقية الفولاذ وصناعة السيوف والسلاح التي اشتهرت بها طليطلـة، وصـناعة مفاتيح الأبواب التي شكلوا أسنانها أحيانا وفق بعض الكلمات والأحرف الكوفية. كذلك نبـغ صُنّاع المسلمين في صناعة الحلي الذهبية لتحلية مقابض السيوف والنقش عليها.

---

(١) جورج يعقوب-ص(٥٥).
(٢) هراة: من أمهات مدن خراسان، وهي اليوم من مدن أفغانستان. وفي أقليم فارس، قرب مدينة اصطخر مدينة تحمل نفس الأسم.

ويرجح لوبون أن يكون الأوربيون قد اقتبسوا صناعة الحلي المنقوشة من تلك السلع العربية التي دخلت أوروبا عن طريق التجارة أو التي جلبها معهم الصليبيون عند عودتهم من الشرق[١].

وكانت حاجة البلاد الإسلامية إلى الفولاذ تجعله مادة استيراد أساسية من الهند كالتوابل. وكان يحمل حديده من شرق افريقيا إليها، حتى أصبحت السيوف مشهورة بالهندية، وأصبحت كلمة (آلند) الأسبانية تعني (المرأة المصقولة) من الفولاذ. وكان تصنيعه يجري في دمشق. كما تقدمت تقنية عمل الحديد القادم من أوروبا في المغرب لصنع الأسلحة والدروع. وكانت مصانعه في طليطلة وغرناطة وأشبيلية و(مرسية)[٢] و(المرية)[٣] حيث تصنع السيوف والخوذ والدروع، كما كانت تصنع في مدينة (سبتة)[٤] أسلحة الرمي، وتتوارث الأسر صناعتها. واشتهرت فاس بالسيوف المعتمدة على مناجم (بني سعيد) المجاورة. وكان المسلمون يستوردون السيوف أيضا عن طريق منطقة الأنهار الروسية.

أما النحاس فقد كانت مناجمه في الجزيرة، بأعلى العراق، وفي مراكش وفي أسبانيا، ومنها يُحمل إلى بغداد والقيروان وفاس وقرطبة للتصنيع: (أباريق وأوان

---

(١) لوبون-ص(٥٨٣).

(٢) مرسية: بلدة من البلدان الأندلسية الهامة. بناها عبد الرحمن الأوسط ابن الحكم الأموي. استولى عليها الأسبان سنة (٦٣٦هـ/١٢٣٨م)، وكانت يومئذ في يد أميرها أحمد بن محمد بن هود.

(٣) المرية: من البلاد الهامة في أقصى جنوب الأندلس على البحر المتوسط، عند مدخل جبل طارق.

(٤) سبتة: مدينة مطلة على مضيق جبل طارق في شمالي المغرب الأقصى. امتازت هذه المدينة بطابعها الأندلسي في مظهرها وثقافتها، بل في وضعها السياسي، إذ خضعت للدولة الأموية في الأندلس، ثم سيطر عليها بنو حمود الأدارسة في عصر ملوك الطوائف، ثم دخلت في طاعة المرابطين فالموحدين بالمغرب. استولى عليها البرتغاليون سنة (١٤١٥م) ثم الأسبان سنة (١٥٨٠م)، ولا تزال المدينة بيد الأسبان حتى الآن.

وأقداح ومرايا ومصابيح وشمعدانات ومباخر ومكاحل) وقد يكتفون بالفضة. وكان الحرفيون تجار المواد النحاسية موجودون في جميع أسواق المدن الإسلامية الكبرى. وكان خراج النحاس السنوي بأصفهان عشرة آلاف درهم.

وأما الذهب فكانت القوافل الإسلامية تذهب بعيدا للبحث عنه في أطراف العالم الإسلامي وبخاصة في السودان الغربي وفي جبال القفقاس والأورال والطاي، في الهند، وفي الغرب، وشرقي أفريقيا. ولم تكن الجزيرة العربية في حينها تحوي إلا القليل من مناجم الذهب (معدن بني سليم) وأرمينيا وكرمان وتركستان، وفي وادي التاجة من أسبانيا وجبال النوبة في جنوبي مصر. وكان يستخدم في سك الدنانير وفي الصياغة، ومثله الفضة التي كانت تمتد مناجمها من القفقاس إلى جبال تيان شان وشمال (كابول)[١] كما يوجد في الأندلس بكثافة، ويوجد هناك الزئبق قرب قرطبة، ويعمل به أكثر من ألف رجل. أما الملح فكان بضاعة التجارة الأساسية مع السودان ويحمل إليها بقوافل مع آلاف الجمال.

وعرف المسلمون النفط واستخدموه كمادة حربية للإحراق في النّفاطات، وكدواء لبعض الأمراض. وكان يستخرج في المشرق في إيران والعراق وصقلية. ويحدثنا الرحالة (أبو دلف الخزرجي) من القرن الرابع الهجري عن عيون النفط في (باكويه)[٢] من أعمال شروان في طبرستان. وكيف أن قيالة (ضمان) كل عين منها بمبلغ ألف درهم في اليوم.

---

(١) كابول: عاصمة أفغانستان حاليا، وكانت قديما عاصمة سجستان وطخارستان.

(٢) باكويه: بلد من نواحي الدربند من نواحي الشروان، فيه عين نفط عظيمة، تبلغ جعالتها (ضمانتها) - كما يقول ياقوت الحموي في معجم البلدان - في كل يوم ألف درهم، وإلى جانبها عين أخرى تسيل بنفط أبيض كدهن الزئبق لا تنقطع لا ليلا ولا نهارا، وقبالته مثل الأول.

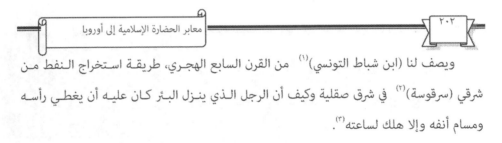

ويصف لنا (ابن شباط التونسي)[١] من القرن السابع الهجري، طريقة استخراج النفط من شرقي (سرقوسة)[٢] في شرق صقلية وكيف أن الرجل الذي ينزل البئر كان عليه أن يغطي رأسه ومسام أنفه وإلا هلك لساعته[٣].

ويقول (كريستي): (.. أنه عندما ازدهرت التجارة بين الشرق والغرب أقبل الأمراء الإيطاليون إقبالا منقطع النظير على التحف والحلي العربية، فاتخذ عمال أولئك الأمراء من المصنوعات العربية نماذج يحاكونها في الجودة والإتقان. وقد ضاعف ذلك من الأثر الذي تركته صناعة المعادن الشرقية في الصنّاع الإيطاليين، حتى نشأت في (البندقية) مدرسة شرقية مهمتها التوفيق بين الصناعة والزخرفة الإسلامية من ناحية والذوق الإيطالي في عصر النهضة من ناحية أخرى[٤].

وينقل لنا (ديورانت) ازدهار التجارة الإسلامية من خلال إيرادات سنة على خزينة الدولة فيقول: (وبلغت الإيرادات في أيام عبد الرحمن الثالث (١٢،٠٤٥،٠٠٠)دينار ذهبي (أي ما يعادل: ٥٧،٢١٣،٧٥٠) دولاراً أمريكياً، وأكبر الظن أن هذا كان يفوق إيرادات حكومات البلاد المسيحية اللاتينية مجتمعة. ولم يكن مصدر هذه الإيرادات هو الضرائب العالية بقدر ما كان أثراً من آثار الحكم الصالح، وتقدم الزراعة والصناعة، ورواج التجارة)[٥]

(١) محمد بن علي بن محمد بن شباط التونسي (٦٨١هـ/١٢٨٢م): أديب متفنن، يعد من علماء هندسة الري وتوزيع المياه. من أهل تورز - من بلاد قسطيلية بأقصى أفريقيا - مولده ووفاته فيها. ولي بها القضاء ودرّس مدة بتونس. ويقال له المصري لأن أحد جدوده استوطن القاهرة زمنا. الزركلي-ص(٦/٢٨٣).

(٢) سرقوسة: أكبر مدن جزيرة صقلية، وتقع على الشاطئ الشرقي من الجزيرة عند مضيق مسينا.

(٣) ابن شباط-وصف الأندلس-نشر أحمد مختار العبادي-ص(١٨٥).

(٤) كرستي-تراث الإسلام-ص(٣٢-٣٣).

(٥) ديورانت-ص(٢٩٢-٢٩٣).

وأغنت مناجم أسبانيا (الأندلس) المسلمين بالذهب، والفضة، والقصدير، والنحاس، والحديد، والرصاص، والشب، والكبريت، والزئبق. وكان المرجان يستخرج من البحر على طول الساحل الأسباني، كما كان اللؤلؤ يصطاد قرب سواحل (قطلونية)[١] ، وكان الياقوت يستخرج من مناجم حول (باجة)[٢] و(مالقة)[٣] . وتقدمت الصناعات المعدنية في البلاد تقدما كبيرا، فاشتهرت (مرسية) بمصنوعاتها من الحديد والشبان، كما اشتهرت (طليطلة) بالسيوف، و(قرطبة) بالدروع. وازدهرت كذلك الصناعات اليدوية، فكانت قرطبة تصنع الجلد القرطبي الذي يستخدمه الحذاؤون في أوروبا المعروفون باسم (Cordwainer) نسبة إلى الجلد القرطبي (Cordovan)، وكان في قرطبة وحدها ١٣،٠٠٠ نسّاج[٤].

ويقول (المقري): (إن ابن فرناس)[٥] القرطبي اخترع في القرن التاسع الميلادي النظارات، والساعات الدقاقة المعقدة التركيب، كما اخترع آلة طائرة. وكان أسطول تجاري يزيد على ألف سفينة يحمل غلات الأندلس ومصنوعاتها إلى أفريقيا وآسيا،

(١) قطلونية هي المنطقة الممتدة في شمال شرقي أسبانيا ومركزها مدينة (برشلونة) على البحر المتوسط. دخلت في الحكم الإسلامي بعد فتح أسبانيا، ثم حاول شارلمان دخولها فأخفق، ثم استولى عليها ملك أراجون سنة ١١٣٧م.

(٢) باجة: مدينة بالأندلس في أقصى الجنوب الغربي منها، وعلى بعد ١٤٠ كم من لشبونة.

(٣) مالقة: مدينة عامرة بالأندلس على شاطئ البحر بين الجزيرة الخضراء والمرية.

(٤) ديورانت-ص(٢٩٤).

(٥) عباس بن فرناس (٢٧٤هـ/٨٨٧م): مخترع أندلسي. من أهل قرطبة، كان في عصر الخليفة عبد الرحمن الثاني ابن الحكم، وكان فيلسوفا شاعرا له علم بالفلك، واتهم في عقيدته. وهو أول من استنبط في الأندلس صناعة الزجاج من الحجارة، وصنع (الميقاتة) لمعرفة الأوقات، ومثل في بيته السماء بنجومها وغيومها وبروقها ورعودها. وأراد تطيير جثمانه، فكسا نفسه الريش، ومد له جناحين طار بهما في الجو مسافة بعيدة، ثم سقط فتأذى بظهره لأنه لم يعمل له ذيلا، ولم يدر أن الطائر إنما يقع على زمكه. فهو أول طيار اخترق الجو. الزركلي-ص(٣/٢٦٤).

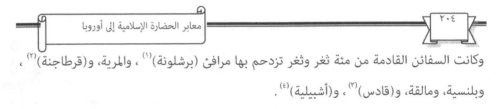

وكانت السفائن القادمة من مئة ثغر وثغر تزدحم بها مرافئ (برشلونة)[١] ، والمرية، و(قرطاجنة)[٢] ، وبلنسية، ومالقة، و(قادس)[٣] ، و(أشبيلية)[٤] .

ومما يوضح أثر الصناعة الإسلامية في الغرب أن علماء المدرسة الألمانية توصلوا أخيرا إلى أن الحلي والزخارف التي عثر عليها في بلاد الشمال - مثل السويد والنرويج والدانمارك - عليها مسحة شرقية إسلامية، مما يثبت أن متاجر المسلمين في العصور الوسطى وصلت إلى تلك الجهات النائية عن طريق (الفولغا). ويؤيد هذا الرأي مئات القطع من النقود العربية التي وجدت في المدن الواقعة على بحر البلطيق وخليج فنلند، مثل: (نو فجرد)[٥] ، و(شلوزيج)، وجزيرة (جوتلاند)، و(جزيرة آلاند) من جزر بحر البلطيق.

وإذا كانت الطباعة أهم حدث عرفته الإنسانية في تاريخها الثقافي، فإن الوصول إلى هذا الاختراع كان متعذراً ومستحيلا بدون الورق. ولا ندّعي هنا أن العرب كانوا أول من صنع الورق، فإن هذا شرف من حق الصينيين وحدهم أن يفخروا به بعد أن ثبت أنهم أول من صنع الورق من شرانق الحرير. وإنما يرجع فضل العرب

---

(١) برشلونة: عاصمة البرتغال حاليا. وكانت عاصمة إقليم قطالونة. فتحها موسى بن نصير سنة (٩٤هـ/٧١٣م)، ثم استولى عليها الأسبان سنة (١٨٥هـ/٨٠١م) وصارت قاعدة مملكة أراجون التي لعبت دورا أساسيا واقتصاديا هاما في البحر المتوسط.

(٢) قرطاجنة: ميناء مدينة مرسية الأسبانية على البحر المتوسط. أسسها الفينيقيون في القرن الثالث ق.م، وبنيت على اطلالها مدينة تونس عاصمة تونس اليوم.

(٣) قادس: جزيرة في غربي الأندلس، قريبة من البر.

(٤) ديورانت-ص(٢٩٤).

(٥) نوفجورد: مدينة تقع في غرب روسيا الأوروبية، على نهر فلخون، بالقرب من بحيرة المن، وهي من أقدم المدن الروسية، وكانت من أكثر المراكز التجارية في أوروبا بالعصور الوسطى. خضعت لموسكو سنة ١٤٧٨م، ودمرّها إيفان الرهيب سنة ١٥٧٠م، ثم استردت أهميتها بعد ذلك.

في هذه الصناعة إلى أنهم استطاعوا أن يستبدلوا الحرير في صناعة الورق بمواد أخرى أكثر توافرا وأيسر منالا، وبذلك تمكنوا من إنتاج الورق بكثرة ووفرة، كما نشروا استعماله لا في الشرق فقط بل في الغرب أيضا، حيث لم يعرف الأوروبيون حتى القرن الثاني عشر الميلادي سوى الرقائق الجلدية في الكتابة.

وأدخل العرب - بعد فتحهم لسمرقند سنة ٧١٢م - صناعة استخراج عجينة من الكتان وغيرها من النباتات ذات الألياف، ثم تجفف هذه العجينة بعد صنعها رقائق رفيعة. ودخلت هذه الصناعة في بلاد الشرق الأدنى واستعملت فيه بدل رقائق الجلد. وافتتح للورق في بغداد عام (١٧٨هـ/٧٩٤م) على يد (الفضل بن يحيى)[١] وزير (هارون الرشيد) مصنعا كان الفريد من نوعه.

ونقل المسلمون هذه الصناعة إلى صقلية وأسبانيا ومنهما انتقلت إلى إيطاليا وفرنسا. وقبل هذا نجد الورق مستخدما في بلاد الصين منذ عام ١٠٥م، ثم نجده في مكة سنة ٧٠٧م، وفي مصر سنة ٨٠٠م، وفي أسبانيا سنة ٩٥٠م، وفي القسطنطينية سنة ١١٠٠م، وفي صقلية سنة ١١٠٢م، وفي إيطاليا سنة ١١٥٤م، وفي المانيا سنة ١٢٢٨م، وفي إنكلترا سنة ١٣٠٩م.

ويسّر هذا الاختراع تأليف الكتب في كل بلد انتقل إليه، ويقول (اليعقوبي): (إنه كان في بغداد على أيامه سنة ٨٩١م أكثر من مئة بائع للكتب، كانت حوانيتهم تستخدم - فضلا عن بيع الكتب - لنسخها، وكتابة الخط المزخرف[٢].

---

(١) الفضل بن يحيى بن خالد البرمكي: وزير الرشيد العباسي، وأخوه في الرضاعة. كان من أجود الناس. استوزره الرشيد مدة قصيرة، ثم ولاه خراسان سنة ١٧٨هـ-٧٩٤م). وأقام هناك إلى أن نكب الرشيد البرامكة سنة (١٨٧هـ/٨٠٣م). فقبض عليه الرشيد وأخذه إلى الرقة مع أبيه يحيى فسجنهما. واستصفى أموال البرامكة، وتوفي في سجنه بالرقة سنة ٨٠٨م.

(٢) ديورانت-ص(١٦٩-١٧٠).

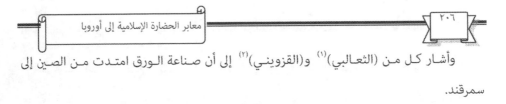

وأشار كل من (الثعالبي)[١] و(القزويني)[٢] إلى أن صناعة الورق امتدت من الصين إلى سمرقند.

وقد عثر على مخطوطة في مكتبة (الأسكوريال) ترجع إلى سنة ١٠٠٩م، وأهمية هذه الوثيقة ترجع إلى أنها تثبت أن المسلمين هم أول من صنع الورق من القطن، وبلغوا في ذلك شأوا مكنهم في نهاية الأمر من صنع الورق من الأسمال القطنية، فضلا عن القنب والكتان.

وقد تبع ظهور الورق وانتشاره ظهور حوانيت الورّاقة والوراقين. ولم تكن تجارة هذه الحوانيت بالورق (الكاغد) ولكنها كانت تبيع الكتب المنسوخة، وصارت بمثابة صالونات لالتقاء رجال العلم والفكر والأدب، واتسع عددها بسرعة مع اتساع صناعة الورق والنسخ.

وذكر اليعقوبي في كلامه عن أرباض بغداد بعد واسط في القرن الثالث الهجري: (أن في ربض وضاح أكثر من مئة حانوت للوراقين)[٣].

(١) عبد الملك بن محمد الثعالبي (٤٢٩هـ/١٠٣٨م): من أئمة اللغة والأدب. من أهل نيسابور وكان فراءا يخيط جلود الثعالب، فنسب إلى صناعته. واشتغل بالأدب والتاريخ فنبغ. وصنف الكتب الكثيرة الممتعة. ابن خلكان-ص(١٧٨-٣/١٨٠) والزركلي-ص(١٦٣-٤/١٦٤).

(٢) زكريا بن محمد القزويني (٦٨٢هـ/١٢٨٣م): مؤرخ، جغرافي، من القضاة. ولد بقزوين ورحل إلى الشام والعراق، فولي قضاء (واسط والحلة) في أيام (المستعصم بالله العباسي)، وصنف عددا من الكتب. الزركلي-ص(٣/٤٦)وغربال-ص(٢/١٣٧٩).

(٣) اليعقوبي-ص(١٧).

وكان في مصر أيام (الطولونين)[١] و(الأخشيدين)[٢] سوق عظيمة للوراقين تعرض فيها الكتب وتدور في دكاكينها المناظرات. وقد تعرض المقريزي في كتابه (الخطط) للحديث عن هذه المحال في مواضع كثيرة. ولم يكن الوراقون بمجرد نساخ للكتب، فقد كان منهم العلماء والمؤلفون. وظهرت من الوراقين شخصيات لامعة (كابن النديم) صاحب (الفهرست)، و(علي بن عيسى) المعروف (بابن كوجك)، وكان وراقا أديبا ألف عدة كتب، وياقوت الحموي صاحب المعجمين الفريدين في العربية. ويذكرون أن الجاحظ كان يكتري دكاكين الوراقين ويبيت فيها للنظر. وكان أبو الفرج الأصفهاني، و(أبو نصر الزجاج)[٣] يلتقيان في دكان بسوق الوراقين في بغداد.ويمكن القول بأن الوراقين كانوا حجر الأساس في ثقافة المدن الإسلامية، وفي نسخ الكتب ونشرها، والسفر بالنسخ من مدينة إلى أخرى لتسويقها ونشر الثقافة الإسلامية في أرجاء الأرض من خلالها.

---

(١) الطولونيون: أقاموا ما سمي بالدولة الطلونية في مصر (٨٦٨-٩٠٤م) وملكوا بالإضافة إلى مصر سورية. مؤسسها أحمد بن طولون. ولي مصر سنة ٨٦٨م، وأعلن استقلالها سنة ٨٧٧م، وورثها بنوه. شيد مدينة القطائع ومسجده الكبير الذي لا يزال قائما، وكان آخر ملوك هذه الأسرة شيبان بن محمد.

(٢) الإخشيديون (الدولة الإخشيدية): تنسب هذه الدولة إلى الإخشيد، وهو لقب لمحمد بن طغج، ومعناه (ملك الملوك). تولت هذه الدولة حكم مصر وسورية في القرن العاشر الميلادي. وكان أول ملوكها محمد بن طغج (٩٣٥-٩٤٦م)، وآخرهم أبو الفوارس أحمد بن علي، الذي سقطت مصر في عهده بيد العبيديين.

(٣) إبراهيم بن السري الزجاج (٣١١هت/٩٢٣م): عالم باللغة والنحو. ولد وممات في بغداد، وكان في فتوته يخرط الزجاج، ومال إلى النحو فعلمه (المبرد) وطلب (عبيد الله بن سليمان) وزير (المعتضد العباسي) مؤدبا لابنه (القاسم) فدله المبرد على الزجاج، فطلبه الوزير، فأدب له ابنه إلى أن ولي الوزارة مكان أبيه، فجعله القاسم من كتّابه، فأصاب في أيامه ثروة كبيرة. الزركلي-ص(١/٤٠).

ومن بغداد انتشرت صناعة الورق في العالم الإسلامي مشرقه ومغربه. وقد حاز مصنع (شاطبة)[1] شهرة واسعة في صناعة الورق الجيد حتى امتدحه (الإدريسي) في القرن الثاني عشر الميلادي.

وعندما عرف الأوربيون الورق عن العرب في القرن الثاني عشر الميلادي، أطلقوا عليه اسم (الصحائف الدمشقية **Charta Damascena**) نظرا لأن دمشق كانت سوقا رئيسيا لتجارة الورق في ذلك العصر.

وكانت أول المصانع التي أقامها المسلمون لصناعة الورق في الأراضي الأوروبية في صقلية وأسبانيا، ومن الأول انتقلت صناعة الورق إلى إيطاليا، ومن الثانية انتقلت صناعته إلى غرب أوروبا.

وعندما تعلم الأوربيون صناعة الورق، أحلوه في الكتابة محل الرقائق الجلدية الباهظة التكاليف، والتي كانت - بسبب ارتفاع أثمانها - كثيراً ما يعاد استعمالها أكثر من مرة بعد إزالة ما عليها من كتابة.

وقد ثبت أن الرهبان الأوربيين كثيرا ما لجأوا في العصور الوسطى إلى محو كتابات قيمة من تراث اليونان والرومان ليكتبوا محلها على الرقائق مواعظ أو كتابات دينية.

وهكذا أدى المسلمون خدمة جليلة لأوروبا، لأنهم علّموا الغربيين طريقة أسهل وأوفر في الكتابة. ويشهد على أثر المسلمين في هذه الناحية كثرة المصطلحات العربية المتعلقة بالورق وصناعته، والتي ما زال بعضها مستعملا بنطقه العربي في اللغات الأوروبية مثل لفظ (رزمة **Rame**).

---

(١) شاطبة: مدينة هامة في شرقي الأندلس جنوبي مدينة بلنسية، وإلى الغرب من مدينة دانية. اشتهرت في العصر الإسلامي بصناعة الورق.

أما صناعة الفخار وما يرتبط بها من القيشاني والخزف، فقد تفوّق المسلمون فيها تفوّقا ظاهرا. وما يزال يوجد حتى اليوم في أسبانيا والبرتغال أنواع مختلفة ونماذج رائعة من تربيعات القيشاني التي خلّفها المسلمون هناك، ولم يجد المسيحيون حرجا في استخدام ذلك القيشاني المصنوع بأيد مسلمة في تزيين كنائسهم وقصورهم.

يقول (جورج يعقوب): (ولم تُوفق أوروبا حتى اليوم في تقليد هذا النوع من الخزف العربي الذي ما زالت بقاياه التي صنعها المسلمون في العصور الوسطى تفوق بكثير تلك التي تصنعها أوروبا اليوم)[١] .

وكان المسلمون يرسمون في هذا الخزف الزخرفة بملح معدني على سطح لامع، ثم تثبت بتعريضها لنار هادئة بطريقة تكسبها بريقا معدنيا يختلف لونها بين أحمر نحاسي وأصفر ضارب للخضرة[٢], ولم يحلّ القرن العاشر الميلادي حتى كان صناعيوا الفخار من العرب يصنعون كل أنواع الآنية الفخارية ما عدا الخزف الصيني، ويجعلونه في أشكال منوعة لا حصر لها.

وظلت صناعة الفخار عند المسلمين ستة قرون لا تضارعها صناعة أخرى في جميع الأقاليم الممتدة من جنوب هضبة (البامير)[٣] وغربها. وكان هذا الفن حكرا على المسلمين لسنين طويلة. وكان أهل الطبقة العليا منهم يحرصون أشد الحرص على جمع روائعه، وكثيرا ما أخذ عنه الشعراء امثال (أبي العلاء المعري)، و(عمر الخيام) تشبيهات واستعارات في أقوالهم الفلسفية. ويحدثنا التاريخ عن مأدبة أقيمت

---

(١) جورج يعقوب-ص(٥٥).

(٢) كريستي-ص(٤٧-٤٨).

(٣) بامير: منطقة جبلية بآسيا الوسطى، يقع معظمها في جمهورية الطاجيق. تمتد إلى الصين وافغانستان.

في القرن التاسع الميلادي ارتجلت فيها القصائد، وأهديت إلى الآنية التي كانت تزدان بها المائدة.

وقد امتاز صانعوا الفخار في (سامراء)[١] وبغداد في ذلك القرن بصنع الفخار اللامع، أو لعلهم هم ابتدعوه ابتداعا. وكانت النقوش التي تحليه ترسم بأكسيد معدني على طبقة من الطين المزجّج، ثم يعرض الإناء بعد ذلك إلى نار ثانية مدخنة مكتومة تحول الصبغة إلى طبقة معدنية رقيقة، وتكسب الطلاء بريقا متعدد الألوان[٢].

وترجع صناعة هذا النوع من الخزف بأيد عربية في أسبانيا إلى القرن العاشر الميلادي حيث قامت مصانع تبيع إنتاجها لجميع أنحاء العالم المعروف عندئذ. وقد اعتاد المسلمون أن ينقشوا على هذه الأواني الخزفية بعض زخارف الخط لكوفي - نسبة إلى مدينة الكوفة العراقية - مثل كلمة (عافية) التي جرت العادة بكتابتها على الأواني المخصصة لحفظ الأدوية. ثم ابتكر صنّاع الفخار في (بلنسية) أنواعا أخرى من زخرفة النبات، هذا فضلا عن (الرنوك)[٣] التي اتخذت في نهاية الأمر للزخرفة[٤].

ولقد قامت مصانع الخزف الإسلامية بأسبانيا بتصنيع أواني خزفية خصيصا (للبابوات والكرادلة)[٥] والأسر النبيلة في أسبانيا والبرتغال وفرنسا وغيرها من البلاد الأوروبية.

---

(١) سامراء: مدينة عراقية تقع على نهر دجلة شمالي بغداد أقام فيها الخليفة المعتصم العباسي، واتخذها سبعة من الخلفاء من بعده مقرا لهم على مدى نصف قرن. أي من سنة (٢٢١-٢٧٩هـ/٨٣٦-٨٩٢م).

(٢) ديورانت-ص(٢٤٩-٢٥٠).

(٣) الرن: شعار الملوك والأمراء الأتراك والمماليك بمصر انتقل إلى ملوك أوروبا.

(٤) ترند-ص(٢٩).

(٥) البابا: الرئيس الأعلى للكنيسة الرومانية الكاثوليكية. الكردينال: أحد الأحبار، وهم صحابة البابا ومستشاروه، ولهم الحق في انتخابه من بينهم.

ويبدو أن آنية الخزف الإسلامية أثارت غيرة في نفوس الإيطاليين، فحاولوا محاكاتها حتى نجحوا في القرن السادس عشر في صناعة نوع من الخزف ذي البريق المعدني، أطلق عليه اسم (ماجوليك) نسبة إلى جزيرة (ميورقة)[١] التي أقام بها المسلمون مصنعا كبيرا لذلك النوع من الخزف؛ وهذه النسبة دليل على أن الإيطاليين استخدموا طرقهم في صناعته من العرب.

وما زالت المتاحف الأوروبية تحوي كثيرا من الأواني الخزفية التي صنعت تقليدا لأواني مسلمي الأندلس، ونستدل على هذا التقليدِ مما عليها من كتابات عربية محرّفة. وقد نشأ هذا التحريف من صانعي الخزف الأوربيين الذين اتخذوا من زخارف الأواني الإسلامية نماذج يحاكونها، دون فهم ما عليها من كتابات، فشوهوا الكتابات العربية لجهلهم بها. ولم ينكر الأوروبيون إعجابهم بالصناعة العربية وتقليدها، إذ يروى عن الكاردينال (اكسيمينزا) أنه قال عن الصنّاع العرب في الأندلس: (ينقصهم إيماننا، وتنقصنا صناعتهم)[٢].

كذلك تقدم المسلمون في صناعة الزجاج تقدما كبيرا، تشهد عليه أوانيهم الزجاجية المذهبة أو المطلية (بالميناء)[٣] ، والمعروف أن بلاد الشام اشتهرت منذ العصور القديمة بصناعة الزجاج لوفرة المواد اللازمة لهذه الصناعة بها، فلما دخلت في نطاق الإسلام، استطاع المسلمون أن يبتدعوا طرازا خاصا بهم في زخرفة الزجاج، وأصبح للزجاج على أيديهم شأن كبير في بلاد أوروبا المسيحية.

وقد أجهد الصنّاع الأوربيون أنفسهم في تقليد صناعة المساحيق، حتى يرى كثير من الباحثين أن جنوب إيطاليا مدين لصانعي الزجاج المسلمين بطرقهما.

---

(١) ميورقة: جزر البليار.

(٢) زكي محمد حسن-فنون الإسلام-ص(٦٦٣).

(٣) الميناء (المينى): جوهر الزجاج (طلاء تغشى به المعادن وغيرها).

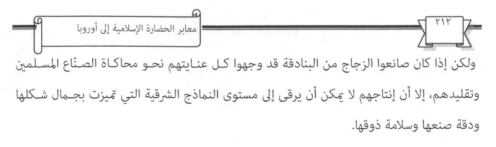

ولكن إذا كان صانعوا الزجاج من البنادقة قد وجهوا كل عنايتهم نحو محاكاة الصنّاع المسلمين وتقليدهم، إلا أن إنتاجهم لا يمكن أن يرقى إلى مستوى النماذج الشرقية التي تميزت بجمال شكلها ودقة صنعها وسلامة ذوقها.

ويقول (ديورانت): (.. وورث المسلمون في صناعة الزجاج - وهو الفن الشديد الاتصال بصناعة الفخار - كل ما امتاز به أهل مصر والشام من حذق وبراعة، فقد لونوا المصابيح بظلال من الألوان البراقة المتعددة، وزينوها بالرصائع والنقوش، ورسوم النبات والأزهار؛ ولعلَّ أهل الشام قد ابتدعوا في ذلك الوقت فن طلاء الزجاج بالميناء، وهو الفن الذي بلغ ذروة مجده في القرن الثالث عشر الميلادي) [(١)].

الرسم والزخرفة

وإذا ما انتقلنا إلى جانب آخر من جوانب النشاط الفني وهو الرسم والزخرفة، لوجدنا أن المسلمين تقيدوا بالامتناع عما حرّمه الله عليهم من صنع التماثيل والرسم. ولكن هذا لم يمنعهم من توجيه ميولهم الفنية في الرسم والزخرفة نحو الزجاج والقاشاني والنسيج والكتب والمباني وغيرها، مستعملين في ذلك عبارات من الخط الكوفي الجميل أو وحدات من الأشكال الهندسية المنسجمة أو زخارف من النبات وأوراق الشجر.

وللخط العربي بصفة خاصة شأن كبير في الزخرفة، وذلك لأنه صالح للزينة بطبيعته، قابل للانسجام مع النقوش الإسلامية وفي ذلك يقول العالم الأثري المرحوم (د. زكي محمد حسن)[(٢)] : (إن معظم الكتابات التي نراها على العمائر

---

(١) ديورانت-ص(٢٥٠).

(٢) د. زكي بن محمد حسن: عالم بالآثار الإسلامية، بحاث مصري. ولد في الخرطوم سنة (١٩٠٨م). ونشأ وتعلم بالقاهرة وتخصص بالتاريخ والآثار الإسلامية. توفي سنة (١٩٥٧م).

والتحف الإسلامية لا يقصد بها تسجيل اسم صاحب التحفة أو مشيد البناء، أو تاريخه، أو التبرك ببعض الآيات القرآنية أو العبارات الدعائية فحسب، بل قصد بها أن تكون عنصرا زخرفيا بذاتها)[١] .

وهكذا ألف الأوربيون شكل الخط العربي بالتدريج مع جهلهم بقراءته. وأكثر العبارات التي استعملها الفنانون المسلمون في الزخرفة الخطية مستمدة من القرآن، وبخاصة (بسم الله الرحمن الرحيم) و(لا إله إلا الله محمد رسول الله).

وقد ذكر (كريستي) دليلين عل إعجاب الأوربيين بالزخارف الخطية العربية مع جهلهم بمعناها، أولهما قطعة من العملة سكها (أوفا Offa) ملك (مرسية)[٢] سنة (٧٥٧-٧٩٦م) وهي محفوظة بالمتحف البريطاني وعليها اسم الملك باللاتينية، وحوله كتابة عربية منقولة نقلا دقيقا رغم أنها تحوي عبارات دينية إسلامية. أما المثل الثاني فهو صليب إيرلندي مطلي بالبرونز البراق يرجع عهده إلى القرن التاسع الميلادي، وكتبت في وسطه عبارة البسملة بالخط الكوفي[٣].

كذلك أشار الباحثون إلى أمثلة كثيرة لكتابات عربية أعجب الأوربيون بفنها الزخرفي ونقلوها دون فهم لتزيين القصور والكنائس. من ذلك كتابة عربية حول رأس السيد المسيح المصور فوق الأبواب التي أنشأها البابا (أيو جنيوس الرابع) (١٤٣١-١٤٤٧م) في كنيسة القديس (بطرس)[٤] ، وخطوط أخرى كوفية على

---

(١) زكي محمد حسن-ص(٥٤٥).

(٢) مملكة مرسية: في إنجلترا الانجلوسكسونية، تتألف من منطقة الأراضي الوسطى. استوطنها الإنجليز حوالي سنة (٥٠٠م). ونشر بندا وولفهر سيادتها على جنوب إنجلترا. وبعد موت أوفا سنة (٧٩٦م)، ضمتها وسكن بالتدريج.

(٣) كريستي-ص(١٧-١٨).

(٤) بطرس: من أتباع السيد المسيح عليه السلام وتلاميذه، كان صيادا، وآمن بالمسيح عليه السلام. رأس الكنيسة في مهدها، وأقام في أنطاكية، ثم نزح إلى روما داعيا. ومات هناك. له كنيسة قديمة بنيت باسمه سنة (٢٢٦م).

قميصي القديس (بطرس) والقديس (بولس)[١] . ويأسف (جوستاف لوبون) لعدم ترجمة كل هذه الكتابات حتى الآن، ويقول - متهكما -: (لعلَّ العبارة العربية التي استعملها الصنّاع الأوربيون في الزخرفة حول رأس المسيح هي عبارة لا إله إلا الله محمد رسول الله)[٢].

وهكذا انتشر استعمال الحروف العربية والزخارف الإسلامية في صناعات أوروبا المسيحية. وزاد من هذا الانتشار كثرة اعتماد أوروبا على البضائع المزخرفة الواردة من البلاد الإسلامية كالأقمشة الحريرية والأواني الخزفية والمصابيح النحاسية، مما فتح الطريق أمام الفن الإسلامي ليغزو أوروبا.

كما أوحى الصنّاع والفنانون العرب إلى صنّاع الغرب بطريقة جديدة في زخرفة جلود الكتب. وكان المجلدون الأوروبيون يزخرفون جلود الكتب بطبع رسوم عليها مستعينين بمكابس معدنية، فتنتج عن ذلك زخارف بارزة تتخللها أجزاء منخفضة. في حين أخذ الصنّاع العرب يزينون الرسوم المطبوعة بملء الأجزاء المنخفضة بطبقات مذهبة[٣].

---

(١) بولس: ولد في طرسوس بآسيا الصغرى. اسمه الأصلي (شاءول)، روماني الجنسية. درس في القدس، ونشأ نشأة يهودية متحمساً لأبيه ووطنه، فكان يضطهد المسيحيين الأول. كُلف من قبل رئيس الكنيس اليهودي بالذهاب إلى دمشق لمقاومة المسيحية سنة (٣٥م). وأصيب في طريقه إلى دمشق بالعمى، ونزل عند المسيحيين وانخرط في سلكهم؛ ثم سمى نفسه بولس. وأصبح أنشط المبشرين بالمسيحية في القرون الأولى. قبض عليه اليهود في أورشليم سنة (٥٧م) وسجنوه لمدة سنتين، ثم أرسل إلى روما، فسجن هناك سنتين. ثم أطلق، وقبض عليه ثانية وسيق إلى روما، وحكم عليه بالإعدام، فصلب وقطع رأسه بالسيف.

(٢) للمزيد من المعلومات حول عصر الملكة (الياصات) راجع كتاب (تاريخ أوروبا الحديث والمعاصر) د. عبد الفتاح حسن أبو عليه-ص(١٥٧-١٦٠).

(٣) لوبون-ص(٥٥٦-٥٥٧).

وسرعان ما انتقلت هذه الطريقة إلى أوروبا عن طريق (البندقية)، حتى أصبحت في القرن السادس عشر الميلادي شائعة بين الأوروبيين والشرقيين على السواء. وعلى الرغم من أن الطرق الآلية حلت اليوم محل الطرق اليدوية في تجليد الكتب إلا أن الأوروبيين ما زالوا يزخرفون الكتب بوسائل كان للصنّاع العرب فضل إبلاغها درجة الكمال. إلا أنه يمكن الجزم بأن الرسوم البديعة الرخامية الشكل التي نرى كثيرا منها على غلف الورق في الكتب وعلى حافات الكتب المجلدة في أوروبا في القرن الثامن عشر الميلادي، كلها مأخوذة من مصادر شرقية[١].

أما الزخرفة التي تتحلى بها المباني، فإن اسم (أرابسك **Arabesqe**) الذي أطلق على الزخارف التقليدية التي تبدو بارزة بروزا بسيطا، والتي عُرفت في إنجلترا منذ عصر الملكة (الياصبات)[٢]، يدل هذا الإسم على أن الغرب مدين بهذه الزخارف إلى المسلمين. وهناك نوع آخر من زخارف المباني عرفته القاهرة، وانتشرت فيها، دون غيرها من البلدان. ونعني بهذه الزخرفة تخطيط واجهات المباني تخطيطا أفقيا عن طريق استعمال طبقة من أحجار قاتمة تتبعها طبقة أخرى من أحجار زاهية. وهكذا.

ومن المرجح أن الواجهات المخططة في المباني الرخامية في (بيزا)[٣]

---

(١) زكي محمد حسن-أطلس الفنون الزخرفية والتصاوير الإسلامية-ص(٢٨٢) وما بعدها.
(٢) كريستي-ص(٩١).
(٣) بيزا: مدينة إيطالية. عاصمة مقاطعة بيزا بوسط إيطاليا. كانت جمهورية بحرية قوية. حاربت العرب في البحر المتوسط نهاية القرن الحادي عشر الميلادي وكانت لها امتيازات تجارية في بلاد الشرق في أثناء الحروب الصليبية. سقطت سنة ١٤٠٦م بيد فلورنسا. ازدهرت في القرنين (١٣-١٤م). نشأ فيها جاليلو. وتشتهر بيزا ببرجها المائل الشهير الذي يرتفع (٥٤،٩٠م) ويميل (٤،٢٧م).

و(جنوا)[1] و(فلورنسا)[2] وغيرها من المدن الإيطالية، إنما اقتبست فكرتها من القاهرة التي كانت تربطها بالإيطاليين علاقات تجارية وثيقة في العصور الوسطى[3].

كذلك أخذ الغربيون عن المسلمين استخدام الزخارف البارزة الموجودة في العمائر القوطية، وكذلك الزخارف الحجرية التي تملأ بها النوافذ في تلك العمارة ليركب بينها الزجاج، وربما كانت هذه الزخارف الأخيرة مأخوذة عما بالمساجد من نوافذ مثقّبة حجرية أو جصية.

ويقول كريستي: إن أوروبا ظلت نحو ألف سنة تنظر إلى الفن الإسلامي، على أنه أعجوبة نادرة. وكثير من الأوروبيين ما زالوا يحرصون على اقتناء التحف الشرقية والإسلامية، التي أصبحت من لوازم الترف ومظاهر الأبهة، منذ عصر النهضة الإيطالية. وفي ذلك العصر بالذات أخذ الأوروبيون يدرسون بعناية أصول الزخرفة الإسلامية وقوانينها. وبدأوا يطبقون هذه القوانين بروح جديدة في تحف أوروبية خالصة. وفي القرن السادس عشر عاد التأثير الشرقي في الرسوم ينتشر

---

(١) جنوا: مدينة إيطالية، وهي عاصمة إقليم ليجوريا، وهي الميناء الرئيسي لإيطاليا. ازدهرت أيام حكم الرومان، كانت لها حروب طويلة مع بيزا، فقد انتصرت عليها سنة ١٢٨٤م. جلبت لها الحروب الصليبية ثروة عظيمة. هزمت أمام البنادقة سنة ١٢٥٨م. حكمها الإفرنسيون فترة، ثم انتزعت استقلالها سنة ١٥٢٨م. تبادل الأسبان والفرنسيين والنمساويين السيطرة عليها، ثم استقلت سنة ١٧٤٦م، ولكن نزلت لفرنسا عن كورسيكا، ضمها نابليون إلى فرنسا سنة ١٨٠٥م.

(٢) فلورنسا: مدينة إيطالية، عاصمة تسكانيا بإيطاليا الوسطى. وهي من أصول الدولة الرومانية القديمة. كان لها مركزا تجاريا وثقافيا هاما بعد عام ١٢٠٠م. جلبت لها صناعة الحرير والخزف والمجوهرات ثروة طائلة. كانت ما بين عامي (١٨٦٥و١٨٧٠م) عاصمة لإيطاليا. كانت مهد النهضة الإيطالية ومركزها الرئيسي. شهدت موجة من الإبداع من القرن الرابع عشر إلى القرن الخامس عشر الميلادي. منها دانتي والعديد من الفنانين والعلماء ولعلَّ هذه المدينة كانت حاضرة الفن في العالم.

(٣) مارتن برجز-تراث الإسلام-ص(١٥٤-١٥٥).

بطريقة جديدة عن طريق كتب النماذج التي كثرت نتيجة لاختراع الطباعة، وهكذا قدر للفن الإسلامي أن ينعش فن الغرب بين حين وآخر، ويسقيه من ذلك المعين الذي اعتبره الأوربيون منهلا دائما للغرب أكثر منه إرثا خلّفه الإسلام)[١].

فن العمارة

لقد بلغ الفن الإسلامي في العمارة أسمى درجات الرقي والروعة، وليس هذا مجال وصف المساجد والتكايا والزوايا ودور العلم والقبور الإسلامية في المشرق والمغرب الإسلامي، وما ظهر فيها من روعة وإبداع وفن تشهد على تقدم المسلمين في فن العمارة، وإنما نكتفي هنا بإشارة عاجلة إلى المؤثرات المعمارية العربية في المباني الأوروبية.

وقد أجمع الباحثون على أن أعظم ما ابتكرته قرطبة في فن العمارة هو طريقة عمل الأقبية التي تقوم على عقود متقاطعة وأضلاع ظاهرة. وهذه الطريقة تحل المعضلة الأساسية في العمارة، وهي عمل السقف، (وذلك بالطريقة نفسها التي اتبعت في العمارة القوطية في أوروبا بعد ذلك بقرنين من الزمان)[٢].

ويؤكد المستشرق جورج يعقوب ذلك بقوله: (إن كل العوامل التي خلقت الفن القوطي، وصلت أوروبا عن طريق المسلمين. فالعقود المدببة التي استخدمها الفن القوطي في القرن الثاني عشر الميلادي بدلا من العقود المستديرة، كانت معروفة قبل ذلك في الشرق الإسلامي. وقد ظهر العقد المدبب في قياس الروضة - مقياس نهر النيل في مصر، ثم مسجد أخيضر في العراق - الذي يرجع إلى أواخر

---

(١) كريستي-ص(٩٦-٩٩).
(٢) ترند-ص(٢٤).

القرن الثامن الميلادي، ثم في جامع ابن طولون في مصر، الذي شيد في القرن التاسع الميلادي، وقد دفع ذلك بعض الباحثين إلى أن يؤكدوا استعمال المسلمين للقوس المدبب في مبانيهم منذ القرن السابع الميلادي)(١).

كما استخدم الطراز القوطي المشربيات والشرفات، وهذه نجدها في سور جامع أحمد بن طولون، الذي يمتاز بشرفات زخرفية يمكن اعتبارها أول نموذج للأسوار ذات النوافذ والشرفات التي نراها بعد ذلك منتشرة في الطراز القوطي في أوروبا.

ويقول (مارتن برجز): (إن ظاهرة الشرفات الزخرفية والمخرمة أتت إلى القاهرة من العراق، وانتقلت بعد ذلك إلى إيطاليا حيث أصبحت من مظاهر العمارة القوطية في أوروبا)(٢).

أما ظاهرة تحلية الأعمدة في المباني القوطية بتيجان على هيئة ناقوس، فقد سبق الشرق الإسلامي الغرب أيضا في ابتكارها، إذ نجد مسجد سامراء الذي يرجع إلى أواسط القرن التاسع الميلادي، حليت أعمدته بتيجان على هيئة ناقوس، مما يرجح انتقال هذه الظاهرة إلى غرب أوروبا.

كما أخذ الغرب الأوروبي عن العرب استخدام العقود ذات الفصوص المتعددة، والعمد المندمجة في أركان الدعائم، وهي ظاهرة إسلامية ترجع إلى القرن الثامن أو التاسع الميلادي. ولعل هذه المؤثرات تظهر واضحة في طراز العمارة القوطية والتي جعلت المهندس الإنكليزي الشهير (رن wren) يطلق على هذا الطراز اسم (الفن العربي).

---

(١) عاشور-ص(٣٢٢).
(٢) مارتن برجز-ص(١٣٥-١٥٨).

ويبدو أن مآذن المساجد - وبخاصة مساجد القاهرة في القرنين الرابع عشر والخامس عشر الميلاديين - كان لها تأثير واضح في أبراج النواقيس في كنائس إيطاليا في عصر النهضة؛ وهي التي نقل عنها (رن)[1] ما صححه من أبراج عند ترميم وإعادة بناء (كتدرائية بولس) في لندن. وقد هدمت مآذن المساجد القديمة في الأندلس - بعد دخول الأسبان إليها - ولم يبق منها سوى برج واحد في أشبيلية، يرجع إلى القرن الثاني عشر الميلادي، ولكن الباحثين استطاعوا معرفة اشكالها بالاستناد إلى أشكال أبراج كنائس طليطلة التي روعي فيها محاكاة مآذن المساجد الإسلامية. (ولو أقام العرب في بلاد الأندلس مآذن مماثلة لمآذنهم في القاهرة لكان نصارى الأسبان قد قلدوها حتما)[2].

وفي (أرغونة) نجد أبراج الكنائس منفصلة عنها انفصال المآذن عن المساجد في العمارة الإسلامية. أما الظاهرة التي نلاحظها في مساجد القاهرة، وهي عمل شرفات على شكل أسنان المنشار، (فمن المعقول ان يكون تأثر بها قصر (الدوق)[3] بالبندقية وغيره من القصور المشابهة)[4].

ويقول (فرجسون Fergusson) وهو يصف مآذن المساجد الإسلامية: (أنها أعظم الأبراج رشاقة في العالم كله)[5].

---

(١) رن (سيركر يستوفر): معماري إنجليزي ممتاز. اتسمت أعماله بالفخامة والأناقة. وضع تخطيطا جديدا للندن بعد حريق عام ١٦٦٦م، لكنه لم ينفذ. بنى نحو خمسين كنيسة في لندن (١٦٧٠-١٧١١م) أعظمها كاتدرائية القديس بولس. مات عام (١٧٢٣م).

(٢) لوبون-ص(٥٦٢).

(٣) لقب الحاكم.

(٤) فرجسون (سير صمويل): شاعر ومؤلف إيرلندي. ألف عدة كتب قيمة في الآثار. مات سنة (١٨٨٦م).

(٥) ديورانت-ص(٢٤٤-٢٤٦).

ويعترف ديورنت قائلا: (وأكبر الظن أننا مدينون بما بلغه فن الزخرفة في عظمة وفخامة إلى المسلمين. ويتابع قائلا: (وقد كشف العصر الحديث في بلاد فارس وحدها، وهي جزء صغير من بلاد المسلمين)، عن صروح فخمة لم يكن يدور بخلدنا أنها توجد في تلك البلاد، وإن كان كشف آثارها من الحادثات الكبرى في إزاحة الستار عن الماضي المجهول وإن كان هذا الكشف قد جاء بعد أوانه بزمن طويل).

أما فن العمارة الحربي فيلاحظ أن الصليبيين أخذوا عن المسلمين كثيراً من فنون التحصين وعمل الاستحكامات عن طريق تقليد القلاع الإسلامية التي شاهدوا منها نماذج عديدة في بلاد الشام ومصر. وقد أشرنا من قبل إلى انتقال نظام المشربيات من المباني الإسلامية إلى اوروبا، حيث ظهرت في الطراز القوطي. وهنا نضيف أن هذه المشربيات لم يستخدمها المسلمون في المباني المدنية فحسب، بل في القلاع الحربية وفي أسوار المدن كوسيلة من وسائل الدفاع، وهذه المشربيات عبارة عن دعائم يتقارب بعضها من بعض، وتحمل فوقها حواجز بارزة، وبين كل دعامتين فتحة مقفولة بباب مستور يمكن أن تصوب السهام منه إلى رؤوس المحاصرين الذين يحاولون أن يحفروا تحت الجدران أو يشعلوا تحتها النيران؛ ما يمكن من هذه المشربيات أن يصب الزيت والماء المغليان على رؤوس المحاصرين.

ولعلَّ المشربيات الموجودة فوق باب النصر - أحد أبواب القاهرة - أقدم بنحو قرن من أية مشربية عرفت في أوروبا. ذلك أن اقدم أمثلة لدينا لهذه الظاهرة المعمارية في أوروبا، نجدها في (شاتوجيار Chatean Gaittard) سنة (١١٨٤م) و(شاتين Chatittion) سنة (١١٨٦م) و(نوريتش Norwich) سنة (١١٨٧م) و(رونشستر)سنة (١١٩٣م) - علما أن باب النصر الذي ذكرنا أقيم سنة (١٠٨٧م) - وبمقارنة التواريخ السابقة يبدو جليا أن الصليبيين اقتبسوا فكرة هذه الظاهرة المعمارية عن المسلمين، ولا يمكن أن يكون العكس صحيحا.

وثمة ظاهرة أخرى في فن العمارة الحربي اقتبسها الغرب عن المسلمين في مصر وبلاد الشام إبان عصر الحروب الصليبية، وهي جعل المدخل الحربي من باب القلعة إلى داخلها متعرجا أو على شكل زاوية قائمة، حتى لا يتمكن العدو إذا وصل قرب الباب من رؤية الفناء الداخلي للحصن أو يصوب سهامه إلى من فيه.

وهكذا يبدو لنا أثر المسلمين في الفنون الأوروبية واضحا جليا، ليس فقط في البلاد التي أقام بها المسلمون مثل صقلية وأسبانيا، وإنما أيضا في غيرها من البلاد الأوروبية مثل إيطاليا وفرنسا وإنجلترا. ففي إيطاليا تتضح كثير من مظاهر العمارة الإسلامية في مباني (امالفي)[1] و(سالرنو) و(البندقية). وفي فرنسا نجد كثيراً من الكنائس والحصون تأثرت في تصميمها وزخرفتها بالفنون الإسلامية، حتى أن باب كنيسة (بوي **Puy**) تكسوه كتابات عربية واضحة. وفي إنجلترا توجد أمثلة نادرة من الزخارف الإسلامية، وظهرت هذه الزخارف بوضوح في كنيسة (نورثمبتون **Northampton**)[2]، وفي غيرها من الكنائس والحصون. وهنا يصح أن نشير إلى أن الأوروبيين في العصور الوسطى استخدموا كثيرا من المعماريين المسلمين منذ عصر (شارلمان)، مما ساعد على نقل الفنون الإسلامية إلى الغرب الأوروبي.

---

(١) أمالفي: مدينة في جنوب إيطاليا على خليج سالرنو. وهي أول جمهورية إيطالية بحرية في القرن التاسع الميلادي. احتلها النورمنديون سنة (١١٣١م)، ثم خرّبتها بيزة سنة (١١٣٥م)، واكتسح البحر جزءا منها سنة (١٣٤٣م)، بها كاتدرائية من الطراز الصقلي العربي. بدئ بإنشائها في القرن العاشر الميلادي.

(٢) نور ثمبتون: مدينة في وسط إنجلترا على نهر تيز، كانت مركزاً هاماً في أيام الإنجليز والداناركيين، وبها إحدى أربع كنائس مستديرة في إنجلترا.

الفصل الثامن

القيم والأخلاق

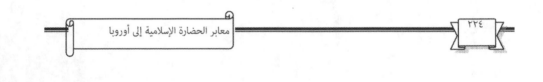

الفصل الثامن

القيم والأخلاق

لم تكن آثار المسلمين على الغربيين في الميادين التي سبق وتحدثنا عنها فقط، بل تعدتها إلى جملة من القيم والأخلاق الإسلامية السامية إلى حد كبير. فهذا (جيوم) يقول: (سوف نرى عندما تخرج إلى النور الكنوز المودعة في دور الكتب الأوروبية أن تاثير العرب الخالد في العصور الوسطى كان أجلَّ شأنا وأكبر خطراً مما عرفنا حتى اليوم)[١].

وهذا (فولتير) يرد على محدثيه عندما ذكروا أمامه (لوثر)، و(كلفن) قائلا: (كلاهما لا يصلح أن يكون حذاء لمحمد) - وقد قال فولتير هذه الجملة أمام البرنس سيندورف النمساوي الذي صار فيما بعد رئيسا لوزراء سلطنة النمسا - وعندما دخل (بونابرت)[٢] (فيينا)[٣] كان هذا البرنس هو رئيس الحكومة فيها، وكان قد نقل هذه

---

(١) جيوم-ص(٣٢٣).

(٢) نابليون بونابرت: إمبراطور الفرنسيين. تمكن من طرد الإنجليز من طولون سنة ١٧٩٣م. عين قائدا للحملة الإيطالية فانتصر فيها فأصبح بطل فرنسا. ثم قاد حملة إلى مصر سنة (١٧٩٨م) فهزم المماليك واحتل مصر، وارتكب فيها أبشع المذابح بحق المصريين. أغرق الإنكليز أسطوله في أبي قير، ثم قام بحملة على سورية سنة ١٧٩٩م فأخفق أمام حصون عكا. ترك مصر عائدا إلى فرنسا، واختير قنصلا أول لفرنسا، ووضع القانون الذي سمي باسمه، ثم قاد جيشا وهزم النمساويين عام ١٨٠٠م. توج إمبراطورا للفرنسيين سنة ١٨٠٤م، وملك إيطاليا سنة ١٨٠٥م، وتعاونت كل أوروبا عليه وهزموه سنة ١٨١٣م، فنزل عن العرش، ونفي إلى البا، وعاد إلى فرنسا مع حفنة من الضباط واستولى على الحكم لمئة يوم، لينتهي بهزيمة مدمرة في معركة واترلو سنة ١٨١٥م، فنزل عن العرش ثانية، وسلّم نفسه إلى الإنجليز فنفي إلى سنت هيلانة. مات بداء السرطان سنة ١٨٢١م.

(٣) فيينا: عاصمة النمسا، وفيها جامعة اسست سنة ١٣٦٥م. حاصرها العثمانيون سنة ١٥٢٩م دون أن يتمكنوا من فتحها، وحاصروها ثانية سنة ١٦٨٣م فاخفقوا في فتحها أيضا. بلغت ذروة مجدها في القرنين الثامن عشر والتاسع عشر الميلاديين كمركز للعلوم والفنون. فيها العديد من المتاحف والاثار.

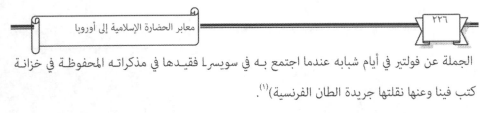

الجملة عن فولتير في أيام شبابه عندما اجتمع به في سويسرا فقيدها في مذكراته المحفوظة في خزانة كتب فينا وعنها نقلتها جريدة الطان الفرنسية)[1].

والواقع أننا قبل دراسة هذه الكنوز المخبوءة التي أشار إليها (جيوم) نجد آثار المسلمين أعظم من أن تقدر أو يحاط بها؛ ليس فقط في ميادين الآداب والعلوم والفنون التي تعرضنا لها، بل أيضا في غيرها من ميادين الحضارة التي حلت أينما حل المسلمون. وفي كل مناحي الحياة العامة والاقتصادية والاجتماعية.. ولعلَّ أهم هذه المؤثرات الإسلامية على أوروبا - في نظري - كان في المثل العليا والأخلاق التي كسبناها من تعاليم ديننا الإسلامي الحنيف، ولخّصها لنا نبينا عليه الصلاة والسلام بقوله: (الدين المعاملة) فنقلناها إلى الغرب فتلقفها كالظامئ والجائع، وتحلّلنا نحن منها وللأسف الشديد فيما بعد.

وفي هذا السياق يقول أحد فلاسفة الغرب: (.. ويكفي أن العرب علّموا الأوروبيين أجلَّ الصفات الإنسانية التي يجب أن يتحلى بها البشر، وهي صفة التسامح الديني. وقد بلغ من تسامح العرب في أسبانيا (الأندلس) أنهم سمحوا لأساقفة المسيحيين بعقد مؤتمراتهم ومجامعهم الدينية، مثل (مجمع أشبيلية) الذي عقد سنة (٧٨٢م)، و(مجمع قرطبة) الذي عقد سنة (٨٥٢م). ويكفي أن اليهود المنبوذين في كل أوروبا تمتعوا بحقوقهم كاملة في ظل الدولة الإسلامية الوحيدة في أوروبا (الأندلس).

ولعلَّ من أهم الأمثلة الصادقة لتسامح المسلمين الديني تجاه المسيحية ما جاء في كتاب (ديورانت) قصة الحضارة، وكتاب (النعنعي) تاريخ الدولة الأموية في الأندلس، حادثة جرت في عهد حكم العرب لأسبانيا الأندلسية، نوردها كما ذكرها ديورانت والنعنعي في كتابيهما دون تعليق:

---

(١) شكيب أرسلان-لماذا تأخر المسلمون-القاهرة-البشير للطباعة والنشر-ص(١٢٩-١٣٠).

يضرب ديورانت والنعنعي هذه القصة مثالا للتسامح الديني عند العرب فيقولا: (..مثال ذلك أن فتاة حسناء من فتيات قرطبة، معروفة لدينا باسم (فلورا) فحسب، ولدت لأبوين من دينين مختلفين، فلما توفي أبوها المسلم اعتزمت أن تعتنق الدين المسيحي، وفرّت من بيت أخيها إلى بيت أحد المسيحيين، ولكن أخاها قبض عليها وضربها، وأصرت الفتاة على الارتداد عن دين أبيها، وسيقت إلى إحدى المحاكم الإسلامية. وأمر القاضي بضربها وإن كان في مقدوره أن يحكم بإعدامها. ومع هذا فقد فرّت مرة أخرى إلى بيت مسيحي حيث التقت بقس شاب يدعى (أولوجيوس Eulogius) أحبها حبا روحيا عارما. وبينما كانت الفتاة مختبئة في أحد الأديرة، إذ قتل قس يدعى (برفكتوس Pcrfectos)، لأنه تكلم في حق النبي (محمد) أمام بعض المسلمين؛ وقد وعدوه بألا يشوا به؛ ولكن أقواله بلغت من العنف درجة رُوّع لها مستمعوه فأبلغوا عنه ولاة الأمور. وكان في وسع (بروفكتوس) أن ينجو من العقاب إذا أنكر ما قال، ولكنه بدل أن يفعل هذا كرر أمام القاضي قوله عن محمداً أنه: كان خادما للشيطان (قاتله الله) فما كان من القاضي إلا أن حكم عليه بالسجن بضعة أشهر لعلَّ هذا يصلح حاله، ولكنه لم ينصلح، وتمادى في أقواله فحكم عليه بالإعدام. وظل وهو يساق إلى المشنقة يسب النبي، ويقول: (إنه مدّع، زان، ولدته جهنم[1] وابتهج المسلمون بمقتله، واحتفل المسيحيون بدفنه احتفالا مهيبا، وعدّوه من القدّيسين سنة (٨٥٠م). وأشعل مقتله نيران الحقد في قلوب الطائفتين. فتألفت جماعة من المتعصبين المسيحيين بزعامة (أولوجيوس) وجعلت هدفها سبَّ النبي علنا، والترحيب بالقتل اعتقادا منها بأن مصير من يقتل من أفرادها هو الجنة. وذهب راهب قرطبي يدعى (إسحاق) إلى القاضي وعرض عليه

(١) لقد أثبتنا هذه الألفاظ وما قبلها كما هي رغم ما فيها من تطاول على مقام النبي الكريم صلى الله عليه وسلم، حتى يقدر القارئ شناعة الجرم الذي ارتكبه قائلها.

رغبته في اعتناق الإسلام، وسر القاضي من هذا وبدأ يشرح له مبادئ الدين الإسلامي، ولكن الراهب قطع عليه شرحه وقال: (إن نبيكم قد كذب عليكم وخدعكم؛ ألا لعنة الله عليه لأنه قد جرَّ معه هذا العدد العظيم من البائسين إلى الجحيم). فزجره القاضي وسأله هل هو ثمل ؟ فرد عليه الراهب بقوله: (إني مالك لقواي فاحكم علي بالإعدام) فأمر القاضي بسجنه ولكنه استأذن (عبد الرحمن الثاني)[1] بأن يخرجه على أن بعقله خبالا، غير أن موكب جنازة (برفكتوس) وما أحاط بها من روعة وفخامة كان قد أثار حفيظة الخليفة فأمر بإعدام الراهب. وبعد يومين من هذا الحادث جرؤ جندي من الفرنجة في حرس القصر على سبّ النبي علناً؛ فكان جزاؤه الإعدام. وفي يوم الأحد التالي وقف ستة من الرهبان أمام القاضي وسبوا النبي ولم يطلبوا لأنفسهم الإعدام فحسب بل طلبوا فوق ذلك أن يُعذّبوا أشد العذاب، فحكم عليهم بالإعدام. وحذا حذوهم قس، وشماس، وراهب. وابتهج لذلك أفراد الجماعة؛ ولكن كثيرين من المسيحيين - من رجال الدين وغير رجال الدين - لم يرضوا عن هذا التسابق للموت، وقالوا لتلك الفئة المتحمسة: (إن السلطان يسمح لنا بأن نمارس شعائر ديننا، ولا يضطهدنا، فما الداعي إذن لهذا التعصب الشديد؟). ودعا عبد الرحمن إلى عقد مجلس الأساقفة المسيحيين. فأصدر المجلس قراراً بلوم طائفة المتحمسين المتعصبين، وهددهم بأن يتخذ ضدهم إجراءات عنيفة إذا لم ينقطعوا عن إثارة الفتن، فما كان من (أولجيوس) إلا أن أخذ يندد بأعضاء المجلس ويصفهم بالجبن. وزادت هذه

(١) عبد الرحمن الثاني ابن الحكم بن هشام: رابع امراء بني أمية في الأندلس. بويع سنة (٢٠٦هـ/٨٢١م). كان عالما واسع الثقافة. وكان يحب العمران، فبنى القصور والمساجد. أنشأ دار لصناعة السفن. وكانت أيام حكمه هادئة كثرت فيها الأموال بأيدي الناس. قاد غزوات كثيرة على الفرنجة. كان أول من تشبّه بالخلفاء في التأنّق والزينة. توفي بقرطبة سنة (٢٣٨هـ/٨٥٢م)، وكان عمره اثنين وستين سنة. وخلّف من الأولاد ١٥٠ من الذكور و٥٠ من الإناث.

الحركة من تحمّس (فلورا) فغادرت الدير الذي تقيم فيه وجاءت هي وفتاة أخرى تدعى (مارية) إلى القاضي فأمر القاضي بسجنهما. وحملهما بعض أصدقائهما على أن يرجعا عن أقوالهما، ولكن (أولجيوس) تغلّب عليهما وأقنعهما بأن يرضيا بالقتل، فقتلتا. وشجّع هذا (أولجيوس) فأخذ يطالب بضحايا جدد، فأقبل على المحكمة قساوسة، ورهبان، ونساء يسبون النبي ويطلبون أن يعدموا سنة (٨٥٢م)[1]. وأعدم (أولجيوس) نفسه بعد سبع سنين من ذلك الوقت، وخمدت الفتنة بعد سبع سنين من موته فلم نسمع بين عامي (٨٥٩و٩٨٣م) إلا عن حادثتين من حوادث السبِّ والقتل، ولم نسمع عن حوادث أخرى من هذا النوع في أثناء الحكم الإسلامي في أسبانيا[2].

كما امتاز العرب بصفات الفروسية وأخلاقها الكريمة التي اقتبسها الأوروبيون بعد ذلك منهم. فقد كان للفروسية عندهم شروطها، فلا يكون المرء فارسا إلا إذا تحلى بخصال عشر: (التقوى، والشجاعة، ورقة الشمائل، والقريحة الشعرية،

---

(١) وليس أدل على روح التسامح التي كانت تسود ذلك العصر من سماح المسلمين لمواطنيهم المسيحيين بالاحتفال بدفن القس الذي سبَّ النبي باقبح الألفاظ احتفالا فخما مهيبا. وعدم التجائهم إلى قمعها دفعة واحدة، واكتفائهم بالحكم على من يتقدمون إلى القضاة ليطعنوا في الدين ويسبوا الرسول. تُرى ماذا سيكون موقف أي حكومة من الحكومات الغربية في هذه الأيام لو تألفت مثل هذه الجماعة لهذا الغرض ؟ ولعلَّ الجواب فيما فعله الأسبان بالمسلمين بعد أن دخلوا الأندلس، وما لقيه المسلمون من قسوة ووحشية منهم، إضافة إلى محو الأسبان جميع الآثار الإسلامية في العلوم والفنون والآداب، التي خلّفها العرب في أسبانيا الأندلسية، ويكفي شهادة على تعصب فرنسا الديني بعدم السماح لبعض الفتيات المسلمات بوضع الحجاب في أواخر القرن العشرين، واليوم تتناقل الفضائيات ما يتعرض له المسلمون في أمريكا وأوروبا - بحجة محاربة الإرهاب - من مضايقات وعذابات تصل في بعضها إلى القتل أو السجن أو التسفير.

(٢) ديورانت-ص(٢٩٨-٣٠٠) والنعنعي-ص(٢٣٤-٢٣٩) ود. عبد الرحمن علي الحجي-التاريخ الأندلسي-دار القلم-دمشق ط٣ ١٩٨٧-ص(٢٤٢-٢٤٣).

والفصاحة، والقوة، والمهارة في ركوب الخيل، والقدرة على استعمال السيف والرمح والنشاب). ويمكننا أن نتصور الفارق الكبير بين هذه المبادئ التي اتخذها العرب شعارا للفروسية وبين الفروسية كما تصورها الغربيون في القرن الحادي عشر الميلادي ممثلة في شخص السيد (القمبياطور El-Camdeador)[١] الذي تفيض سيرته بحوادث النهب والسرقة والغدر ونقض العهد. وقد حدث أن دخل مدينة بلنسية صلحا، ثم أحرق أميرها، وبعد ذلك لم يحجم عن شي أمه العجوز على النار ليكرهها على كشف ما كان يظن وجوده في قصرها من كنوز. واعتبر الأسبان ذلك المجرم بطلا أسطوريا، صيغت حوله الأساطير والخرافات وقصص البطولات الخرقاء، رغم أنه لم يزد على كونه مغامراً جشعاً بشعاً، سفّاكاً للدماء، فتّاكاً بالعُزل والأبرياء. يسير حيث تكون الغنائم والأسلاب، دون اعتبار لمثل دينية أو غيرها[٢].

وقد أنصف أحد مؤرخي الإنكليز في وصفه لمثل هذا المغامر قائلا: (نخطئ خطأ فاحشا إذا اعتبرنا محاربي ليون وقشتالة شيئا ما يداني مثالية شرف الفروسية والبطولة، كما نرتكب خطأ حين نتخيلهم رجالا نبلاء مهذبين. فنصارى الشمال الأسباني يكونون أعجب مغاير ممكن لأقرانهم الأندلسيين).

وشتان بين هذا السلوك، ومسلك والي قرطبة عندما حاصر طليطلة سنة (١١٣٩م)، وقد أرسلت إليه الملكة (بيرانجيز) التي كانت بالمدينة تبلغه أنه ليس من

(١) القمبياطور هو diaz de bivar: وترجع أهميته في الأدب إلى القصص التي دارت حول أعماله في الصراع بين المسلمين والمسيحيين في أسبانيا في القرن الحادي عشر الميلادي. وحياته تمثل صورة البطل عند الأوروبيين في ذلك العصر. واسمه (روديجو أو روذريق). كان من جنود شانجة، أو الفنسو السادس ملك قشتالة وليون. ونكب هذا بلنسية فخرّبها وأحرق رئيسها أبا أحمد بن جحاف حيا، ثم أقدم بعد ذلك على شي أمه العجوز على النار ليكرهها على كشف ما كان يظن أنه كنوز ابنها.

(٢) نفس المصدر-ص(٥٩٧).

الشجاعة والشرف وكرم الأخلاق أن يقوم بطل فارس بحصار امرأة؛ فارتد القائد المسلم عندما سمع ذلك وأبى أن يتم عمله الحربي ضد المدينة.

لقد شجعت الأخلاق الكريمة والخصال الحميدة التي تحلى بها المسلمون من أمانة وكرم وإخلاص ووفاء ورحمة ملوك قشتالة وناربون وأرغونة، وغيرهم من الحكام المسيحيين على الذهاب آمنين إلى قرطبة المسلمة ليعالجهم أطباؤها المشهورون[١].

وهكذا نجد أن (جوستاف لوبون) لا يتمالك نفسه أمام هذه الحقائق، فنراه يعترف بصراحة ووضوح بتأثير المسلمين في الأخلاق والطبائع الأوروبية، فيقول: (تخلّص النصارى من همجيتهم بفضل اتصالهم بالعرب واقتباسهم منهم الطبائع النبيلة ومبادئ فروسيتهم التي فيها مراعاة النساء والشيوخ والأولاد واحترام العهود والوفاء بالوعود)[٢].

وهو هنا يشير إلى العبارة التي ذكرها (بارتلمي سانت هيلير) حيث قال: (لقد هُذّبت طبائع أمرائنا الإقطاعيين الخشنة في العصور الوسطى بفضل علاقتهم بالعرب وتقليدهم لها؛ فتعلم أشرافنا وفرساننا رقة العواطف ولين الطبائع وحسن الأخلاق دون أن يفقدوا شيئا من شجاعتهم. وإني أشك في أن النصرانية وحدها كانت تستطيع أن تأتي مثل ذلك التأثير مهما يبالغ في إكرامها).

ثم يعقب (لوبون) على ذلك قائلا: (لماذا إذا ينكر علماء الوقت الحاضر - الذين يضعون مبدأ حرية الفكر فوق كل اعتبار ديني - تأثير العرب ؟ إنني لا أرى سوى جواب واحد عن هذا السؤال، وهو ان استقلالنا الفكري لم يكن في غير

(١) عاشور-حضارة ونظم أوروبا في العصور الوسطى-ص(٣٢٩). وعبد الرحمن علي الحجي-ص(٢٤٢-٢٤٣).
(٢) لوبون - نفس المصدر-ص(٥٩٩).

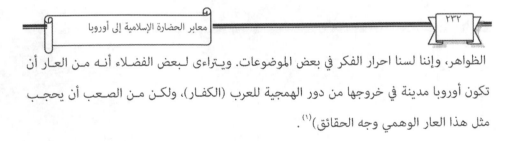

الظواهر، وإننا لسنا احرار الفكر في بعض الموضوعات. ويتراءى لبعض الفضلاء أنه من العار أن تكون أوروبا مدينة في خروجها من دور الهمجية للعرب (الكفار)، ولكن من الصعب أن يحجب مثل هذا العار الوهمي وجه الحقائق)[١].

---

(١) لوبون- ص(٢٩٦-٣٠٠).

المصادر والمراجع

١- آثار البلاد وأخبار العباد-زكريا القزويني-بيروت ١٩٦٠م.

٢- أثر الشرق في الغرب-جورج يعقوب.

٣- أحداث وأعلام-سمير شيخاني-بيروت-مؤسسة عز الدين للطباعة والنشر ١٩٨٩م.

٤- أحسن التقاسيم في معرفة الأقاليم-محمد بن أحمد المقدسي-ليدن ١٩٠٦م.

٥- أخبار العلماء بأخبار الحكماء-القفطي-بيروت.

٦- اختيارات من كتاب الأغاني-أبو الفرج الصفهاني-صنعة د. إحسان النص-بيروت-مؤسسة الرسالة ط٢ ١٩٨٢م.

٧- آراء ابن العربي الكلامية-ابن الربي-تحقيق عمار الطالبي-الجزائر.

٨- الاستشراق والخلفية الفكرية للصراع الحضاري-د. محمود حمدي زقزوق-كتاب الأمة-مطابع الدوحة الحديثة ١٩٨٣م.

٩- الإسلام في فجر عظمته-موريس لومبارد-ترجمة حسين العودات-دمشق ١٩٧٩م.

١٠- الإسلام والرأسمالية-مكسيم رودنسون-ترجمة نزيه الحكيم-بيروت-دار الطليعة ١٩٦٨م.

١١- أطلس الفنون الزخرفية والتصاوير الإسلامية-زكي محمد حسن.

١٢- الأعلاق الخطيرة-ابن شداد- ترجمة سورديل-دمشق ١٩٥٨م.

١٣- الأعلام-خير الدين زركلي-بيروت-دار العلم للملايين ط٩ -١٩٩٠م.

١٤- الاكتفاء (تاريخ الندلس)-ابن الكربوس-تحقيق العبادي-مدريد ١٩٧١م.

١٥- أوروبا في العصور الوسطى-التاريخ السياسي-د. سعيد عبد الفتاح عاشور ط٨-القاهرة-مكتبة النجلو المصرية ١٩٨١م.

١٦- البداية والنهاية-ابن كثير-بيروت-مكتبة المعارف ١٩٩٠م.

١٧- البلدان-اليعقوبي.

١٨- البوسنة والهرسك شلال دم يتدفق-محمد فاروق الإمام-عمان-دار عمار للنشر والتوزيع ١٩٩٣م.

١٩- البيان والتبين-الجاحظ-تحقيق عبد السلام هارون-القاهرة ١٩٤٨م.

٢٠- البيان المغرب في أخبار الأندلس والمغرب-ابن عذاري-بيروت ١٩٥٠م.

٢١- تاريخ ابن خلدون-ابن خلدون-بيروت-مؤسسة جمال للطباعة والنشر.

٢٢- تاريخ الإسلام-الذهبي-بيروت-دار الكتاب العربي ١٩٨٨م.

٢٣- التاريخ الأندلسي-تقي الدين عارف الدوري-بغداد-مطبعة الرشاد ١٩٩٠م.

٢٤- التاريخ الأندلسي-د. عبد الرحمن علي الحجي-دمشق دار القلم ط٣-١٩٨٧م.

٢٥- تاريخ أوروبا الحديث والمعاصر-د. عبد الفتاح حسن أبو علية-الرياض-دار المريخ.

٢٦- تاريخ أوروبا في الصور الوسطى-د سعيد عبد الفتاح عاشور-بيروت-دار النهضة العربية ١٩٧٦م.

٢٧- تاريخ الدولتين-الزركشي-تونس ١٢٨٩هـ.

٢٨- تاريخ الدولة الأموية في الأندلس-د. عبد المجيد نعنعي-بيروت-دار النهضة العربية.

٢٩- تاريخ الطبري-الطبري-بيروت-دار الكتب العلمي ١٩٨٨م.

٣٠- تاريخ العرب العام-جان جاك سديو-ترجمة عادل زعيتر-القاهرة ١٩٤٨م.

٣١- تاريخ غزوات العرب-جوزيف رينو-ترجمة شكيب أرسلان-بيروت ١٩٦٦م.

٣٢- التبر المسبوك في ذيل السلوك-المقريزي-القاهرة-مطبعة بولاق-مصر.

٣٣- تراث الإسلام-ترند-ترجمة د. حسين مؤنث-القاهرة ١٩٣٦م (أسبانيا والبرتغال).

٣٤- تراث الإسلام-توماس آرنولد-بيروت ١٩٧٨م.

٣٥- تراث الإسلام-جب-بيروت-دار الطليعة ٢-١٩٧٢م.

٣٦- تراث الإسلام-شاخت وبوز رث-الكويت-سلسلة عالم المعرفة.

٣٧- تراث الإسلام-كريستي.

٣٨- تراث الإسلام-مارتن برجز.

٣٩- تراث الإسلام-غوستاف-ترجمة عبد العزيز توفيق جاويد-القاهرة ١٩٦٥م.

٤٠- تراث الإسلام-جيوم.

٤١- تهذيب الرياسة وترتيب السياسة-القلعي-الزرقاء-مكتبة المنار ١٩٨٥م.

٤٢- جوانب من تاريخ بيروت في العهدين المملوكي والعثماني-محمد عدنان بخيت-دراسات عربية وإسلامية.

٤٣- حسن المحاضرة في تاريخ مصر والقاهرة-السيوطي-القاهرة.

٤٤- حضارة الإسلام-غوستاف فون جروينبا-ترجمة عبد العزيز جاويد-القاهرة ١٩٥٦م.

٤٥- الحضارة والتنظيم الأوروبية في العصور الوسطى-السيد الباز العريني-بيروت-دار النهضة العربية.

٤٦- حضارة ونظم أوروبا في العصور الوسطى-د. سعيد عبد الفتـاح عاسـور-بيروت-دار النهضـة العربية.

٤٧- الخطط المقريزية-المقريزي-بيروت.

٤٨- رحلة ابن جبير-ابن جبير-القاهرة-دار الكتاب العربي.

٤٩- رسائل إخوان الصفا-القاهرة ١٩٢٨م.

٥٠- روائع وطرائف-إبراهيم النعمة-بغداد-مطبعة الخلود ١٩٩٠م.

٥١- السلوك لمعرفة دول الملوك-المقريزي-القاهرة-لجنة التاليف والترجمة والنشر ١٩٦٣م.

٥٢- صبح الأعشى-القلقشندي-القاهرة-دار الكتب المصرية ١٩٢٢م.

٥٣- الطبقات الكبرى-ابن سعد-بيروت-دار صادر.

٥٤- طبقات الأمم-جغرافية الأندلس وأوروبا-صاعد الأندلسي-القاهرة.

٥٥- ظهر الإسلام-أحمد أمين.

٥٦- العرب في أسبانيا-استانلي لين بول-ترجمة علي الجارم-القاهرة ١٩٦٠م.

٥٧- العقد الثمين في تاريخ البلد الأمين-تقي الدين الفاسي-بيروت-مؤسسة الرسالة ١٩٨٦م.

٥٨- عيون الأنباء في طبقات الطباء-ابن أبي صيبعة-بيروت ١٩٦٥م.

٥٩- فنون الإسلام-زكي محمد حسن.

٦٠- الفهرست-ابن النديم-القاهرة ١٣٤٨هـ.

٦١- قصة الحضارة-زل زايزل ديورانت-بيروت-دار الجيل ١٩٨٨م.

٦٢- الكامل في التاريخ-ابن الأثير-بيروت-دار الكتاب العرب ط٢-١٩٦٧م.

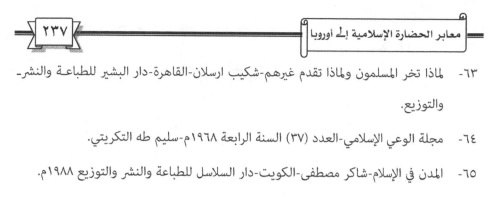

٦٣- لماذا تخر المسلمون ولماذا تقدم غيرهم-شكيب ارسلان-القاهرة-دار البشير للطباعة والنشر- والتوزيع.

٦٤- مجلة الوعي الإسلامي-العدد (٣٧) السنة الرابعة ١٩٦٨م-سليم طه التكريتي.

٦٥- المدن في الإسلام-شاكر مصطفى-الكويت-دار السلاسل للطباعة والنشر والتوزيع ١٩٨٨م.

٦٦- مروج الذهب-المسعودي-بيروت-دار الفكر ١٩٨٩م.

٦٧- المسالك والممالك (جغرافية الأندلس وأوروبا ووصف أفريقية والمغرب) أبو عبيد البكري.

٦٨- المطرب من أشعار أهل المغرب-تحقيق إبراهيم الأبياري وآخرين-القاهرة ١٩٥٤م.

٦٩- معجم البلدان-ياقوت الحوي-بيروت-دار الفكر-دار صادر.

٧٠- المكتبة الأندلسية-تحقيق إبراهيم الأبياري-بيروت-دار الكتاب اللبناني ١٩٨٩م:

- أخبار مجموعة

- تاريخ افتتاح الأندلس

- تاريخ علماء الأندلس

- قضاة قرطبة

- جذوة المقتبس - جزءان

- فهرسة ابن خير - جزءان

- كتاب الصلة - ثلاثة أجزاء

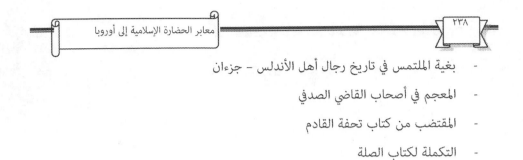

- بغية الملتمس في تاريخ رجال أهل الأندلس – جزءان

- المعجم في أصحاب القاضي الصدفي

- المقتضب من كتاب تحفة القادم

- التكملة لكتاب الصلة

٧١- المنتظم في تاريخ الملوك والأمم-ابن الجوزي-بغداد-الدار الوطنية ١٩٩٠م.

٧٢- موسوعة السياسة-د. عبد الوهاب الكيالي-بيروت-المؤسسة العربية للدراسات والنشر- ١٩٩٠م.

٧٣- الموسوعة العربية لميسرة-محمد شفيق غربال-القاهرة-دار إحياء التراث ١٩٦٥.

٧٤- الموسوعة الميسرة-الندوة العالمية للشباب الإسلامي-الرياض ط٢-١٩٨٩م.

٧٥- نفح الطيب في غصن الأندلس الرطيب-المقري التلمساني-تحقيق محمد محي الدين عبد الحميد-بيروت ١٩٤٩م.

٧٦- وصف الأندلس-ابن شباط-نشر أحمد مختار العبادي.

٧٧- وفيات الأعيان-ابن خلكان-بيروت-دار الثقافة.

الفهرس

كتب للمؤلف محمد فاروق الإمام
(كتاب معابر الحضارة/ دار المأمون)

- البوسنة والهرسك شلال دم يتدفق: طبع.
- مجموعة الحياة السياسية في سورية:

١- العهد العثماني (١٨٥٧ – ١٩١٨م): طبع.

٢- العهد الفيصلي (١٩١٨ – ١٩٢٠م): طبع.

٣- عهد الانتداب الفرنسي (١٩٢٠- ١٩٤٥م): مخطوط.

٤- عهد الاستقلال (١٩٤٥-١٩٧٠م): مخطوط.

٥- حزب البعث العربي الاشتراكي (صفحات مجهولة): مخطوط.

٦- حقيقة الصراع بين جماعة الإخوان المسلمين والنظام في سوريا (١٩٧٠ – ٢٠٠٠م): مخطوط.

٧- معابر الحضارة الإسلامية إلى أوروبا: طبع.

٨- الخوارج تاريخ وعقيدة: خطوط.

٩- الحجاج رجل بني أمية الأسطورة: خطوط.

١٠- الجوائح في الإسلام: مخطوط.

١١- أعلام فقهاء أفريقيا: مخطوط.

١٢- الدولة الأغلبية: مخطوط.

١٣- وقفات مع محنة الردة: مخطوط.

١٤- أزمة حقوق الإنسان في العالم العربي: مخطوط.

١٥- وجوب تنصيب الإمام: مخطوط.

١٦- حقوق الإنسان بين الشريعة والقانون: مخطوط.

١٧- الصحوة الإسلامية: مخطوط.

١٨- موسوعة (حدث في مثل هذا اليوم) ١٢ جزء: مخطوط.

١٩-